Hans Ostwald

Vagabunden

Über dieses Buch

„Dies Buch führt uns zu Menschen, die neben uns her leben, mit denen wir öfter in oberflächliche Berührung kommen, und die doch durch ihre anders gearteten Sitten und Begriffe wie durch ihre Sprache Jahrhunderte von uns getrennt zu sein scheinen. Es ist schon manchmal versucht worden, in dies versteckte Leben hineinzuleuchten, aber Ostwald hat sich nicht damit begnügt, in Herbergen erzählenden und aufschneidenden Stromern zuzuhören und diese Erzählungen dann – humoristisch gefärbt – wiederzugeben, sondern er suchte die Vagabunden in ihrem Element auf der Landstraße und in den Schlafsälen der Herbergen auf, lebte mit ihnen und zog mit ihnen auf den Landstraßen durchs Land, teilte Leid und Freud. Seine Schilderungen sind originell und echt, von keinem literarischen oder Nebenzweck gefärbt. Das Buch wird allein schon durch seinen ungewöhnlichen Stoff sehr viel Beachtung finden."

Verlagswerbung für die Erstausgabe im Jahr 1900

Hans Ostwald

Vagabunden

Ein autobiographischer Roman

Comino-Verlag

Die Erstausgabe erschien 1900 unter dem Titel „Vagabonden“ im Verlag Bruno und Paul Cassirer

Neu herausgegeben und mit Erläuterungen versehen von Paul Seeliger

Der Text dieser Ausgabe folgt der siebten, neubearbeiteten Auflage, die 1928 im Hesse & Becker Verlag erschien.

Umschlag unter Verwendung des von Hans Baluschek (1870–1935) gestalteten Umschlags der Erstausgabe

comino-verlag.de
info@comino-verlag.de
ISBN 978-3-945831-15-1

Auch als E-Book (ISBN 978-3-945831-16-8) erhältlich

Vorwort

Ähnlich wie Günter Wallraffs berühmte Sozialreportage „Ganz unten“, die 1985 einen sensationellen Verkaufserfolg erzielte, überraschte Hans Ostwald 1900 mit dem autobiographischen Roman „Vagabonden“ (spätere Ausgaben „Vagabunden“) die Öffentlichkeit.

Während Wallraff in die Rolle des Türken Ali schlüpfte, um die Arbeitsbedingungen „ganz unten“ zu erkunden und darüber zu berichten, beruht Ostwalds Buch auf seinem Tagebuch, das er während seiner Zeit als vagabundierender Handwerksbursche schrieb. 1893, nach dem Ende seiner Lehre als Goldschmied, fand Ostwald keine Arbeit und ging deshalb auf Wanderung. In den 18 Monaten auf der Straße und in den einschlägigen Herbergen lernte er die Menschen kennen, deren Schicksale und Nöte er beschreibt. Der seinerzeit sehr bekannte Schriftsteller, Dramaturg und Regisseur Felix Hollaender ermutigte ihn, seine Erlebnisse in Form eines Romans zu erzählen.

Beide – Wallraff und Ostwald – stießen auf ein ungeahnt großes Interesse an einer – heute würde man sagen – Parallelwelt. Deren Existenz kannte man zwar, aber den Kontakt zu den Menschen, die in dieser Welt lebten, scheute man.

Dabei war gerade diese Welt der Landstreicher, um nur eines der vielen Wörter für die „mittellosen Menschen ohne festen Wohnsitz“ (Amtsjargon) zu benutzen, schon so alt und verfestigt, dass sie eine über Generationen weitergegebene Sprache entwickelt hatte. Einzelne Begriffe wie z. B. Klinken putzen oder Kohldampf schieben, haben sogar Eingang in die allgemeine Umgangssprache gefunden.

Im englischsprachigen Raum ist der Klassiker der Literatur des „teilnehmenden Beobachtens“ das ebenfalls auf eigenem Erleben beruhende, 1933 erschienene Erstlingswerk von George Orwell „Down and Out in Paris and London“ (1978 erstmals auf Deutsch: „Erledigt in Paris und London“). Wallraffs und Orwells Beobachtungen liefern noch heute wichtige Erkenntnisse über das Leben am unteren Rande der Gesellschaft. Sie sind in Deutschland bzw. Großbritannien Schullektüre. Aber Ostwalds „Vagabunden“ wurde zuletzt 1980 gedruckt und geriet danach vollkommen in Vergessenheit, obwohl heute wieder vermehrt arme Menschen – insbesondere in den Städten – auf den Straßen und unter Brücken für alle sichtbar leben und den Bürgern wieder die hergebrachten Ausdrücke für die bettelnden Armen in den Sinn kommen.

Für die 1928 erschienene überarbeitete Ausgabe von „Vagabunden“ warb der Verlag mit diesen Worten:

„Vagabunden: das sind die wandernden Handwerksburschen, die Kunden, die Tippelbrüder, die Entgleisten. Ihr Leben und Treiben schildert Hans Ostwald in diesem Roman anschaulich und wirklichkeitsgetreu. Er verklärt diese Armen und Ärmsten nicht, wie es etwa Leo Tolstoi tut, aber durch das Buch zittert trotz aller Derbheit eine leise Klage und Anklage.“

Obwohl mittlerweile in Deutschland der Sozialstaat das Existenzminimum der Menschen in Not garantiert, erschreckt man bei der Lektüre des Buches, wie sehr bestimmte Probleme und Verhaltensweisen, Nöte und Tricks zum Überleben heute wieder aktuell sind. Das zeigt sich bis in die ganz eigene Sprache der Vagabunden, der Ostwald viel Aufmerksamkeit schenkt, indem er ihre wichtigsten Ausdrücke einfach benutzt und in Klammern die Übersetzung liefert.

Diese Ausgabe folgt der überarbeiteten Ausgabe von 1928. Die Veränderungen gegenüber der Ausgabe von 1900 sind geringfügig. Im Original schreibt der Autor an seine Schwester über seine Erlebnisse auf der Straße, wohin es ihn nach einem Streit mit dem Vater getrieben hat. Diese familiäre Ansprache fällt fast durchgängig weg. Deutlich bleibt aber, dass er nicht aus materieller Not vagabundiert. Ansonsten wurden Begriffe den sich veränderten Zeiten angepasst. Aus Gendarmen wurden fast durchgängig Landjäger.

Während für die Ausgabe von 1980 der Text gekürzt wurde, mitunter ganze Kapitel, haben wir keine Kürzungen vorgenommen. Rechtschreibung und Zeichensetzung haben wir behutsam den heutigen Lesegewohnheiten und Regeln angepasst. Setzfehler der Originalausgabe haben wir dabei stillschweigend korrigiert. Einige Veränderungen – wie z. B. Schreibweisen von Namen – werden in den Anmerkungen erklärt sowie einige heute nicht mehr geläufige Begriffe.

In der E-Book-Ausgabe dieses Buches werden die Seitenzahlen der gedruckten Ausgabe zwecks Orientierung und zum korrekten Zitieren mitgeführt. Die beiden Ausgaben können also parallel benutzt werden.

Felix Hollaender in Verehrung

1. Kapitel
Ausmarsch

Ich ging hinaus zur Stadt. Bald kam ich durch die letzten Straßen. Vor mir lagen schon brache Baublocks, Stein- und Zimmerplätze.

Ich war auf dem Wege.

So lange hatte es geregnet. Jetzt aber leuchtete die Frühlingssonne in ihrer ganzen Milde und Heiterkeit. Auf der Straße spielten die Kinder in dichten Schwärmen. Junge Frauen gingen spazieren mit den Jüngsten an der Hand, die schwankend Gehversuche machten: die Allerkleinsten wurden von den Müttern oder größeren Geschwistern auf dem Arm getragen. Steingefährte und Fabrikwagen ratterten vorüber. Aus der großen Fabrik am Kanal klang das puffende und zischende Atmen der Dampfmaschinen. Die Schornsteine bliesen ihren Qualm gegen den lichten Frühlingshimmel.

Überall Arbeit, Tätigkeit, Beschäftigung.

Nur ich musste hier so müßig gehen. Ich konnte mich nicht beteiligen an dem allgemeinen Schaffen. Ich durfte mich nicht so betätigen, wie es meinen Wünschen, meinen Fähigkeiten wohlgetan hätte. –

Im Park wandelten alte Herren mit ihren Töchtern. Junge Ehepaare radelten vorüber. In den Bäumen lärmten und lockten die Vögel mit Liebesliedern voll Frühlingsverlangen. Ein streng süßer Duft wehte hier.

Einige Tische der Restaurationsgärten jenseits der Chaussee waren schon umgeben von Ausflüglern, über die der spärliche Schatten der jungen Bäume fiel.

Drüben, hinten den Wiesen, arbeiteten Frauen auf den kleinen Parzellen der Tauben-Kolonien. Dahinter hasteten die Züge der Ringbahn vorbei. Die Straßen von Rixdorf, die über den Bahndamm sahen, waren in den weißlichen Flimmer der Frühlingsluft gehüllt. Aus den vielen Fabrikschloten, die zwischen den Hausmauern aufragten, drängte sich Qualm empor, langsam, aber unaufhörlich.

Jetzt kam ich an Gärtnereien vorüber. Aus den süß duftenden Goldlackfeldern jäteten alte, verschrumpelte Frauen das Unkraut. Zwischen dürren Wiesen grünten die ersten Getreidefelder. Die vereinzelten Häuser der Vororte tauchten auf. Die Schornsteine, die Türme, die Häuserblocks der Stadt verschwanden immer mehr. Und immer wieder huschten Radler vorbei, immer wieder kamen Geschäftswagen aus den großen Färbereien und Fabriken der Oberspree, deren Schornsteine über dem vor mir liegenden Kiefern Wäldchen aufragten.

Überall Arbeit, überall Arbeit.

Ich lief ihr entgegen – und doch – und doch musste ich ausmarschieren.

Am Waldessaum, wo das helle Gehänge einer Birke über dem Dunkelgrün einer Kieferschonung leuchtete, wendete ich mich zum letzten Mal nach der Stadt. Der Dunst und der Frühlingsschimmer verdeckte sie ganz. Nur an dem dunkler gefärbten Luftballen, der da lagerte, konnte ich sie erkennen.

Da ging ich aufatmend mit großen Schritten weiter, hinein in den Wald. Vor mir lag ja die Weite, die lockende Weite. Und die Stadt, in der ich so gelitten, lag hinter mir!

Bald war ich im hochstämmigen Kiefernwald. Und dann kamen die Gartenwirtschaften.

Aus der einen tollte eine Schar junger Mädchen heraus, hell und frisch gekleidet wie die Freude. Ich hatte meinen Mantel ausgezogen und ihn über die Schulter gehängt. Die Mädchen trugen auch alle ihre Mäntel und Jäckchen lose.

Sie scherzten und kicherten, einige zogen sich die Handschuhe aus, andere trällerten.

Wenn ich meine Taschen voll Geld gehabt hätte! –

Aber es fiel mir noch zur rechten Zeit ein, dass meine Kleidung recht schäbig war und dass ich wohl doch nicht zu den lustigen Geschöpfen gepasst hätte. So marschierte ich denn in gleichmäßigem Schritt vorbei.

Da hörte ich es hinter mir kichern. Eine große Lust, mich umzudrehen und die harmlos Heiteren anzusprechen, überkam mich.

Ich bezwang mich jedoch.

Das Lachen wurde lauter.

Eine mahnende Stimme sagte leise: Pst, nicht so laut!

Und nun wollte ich mit den Scherzenden heiter sein. Meine trüben Gedanken flogen fort bei dem Lachen, das immer noch hinter meinem Rücken ertönte. Rasch drehte ich mich um.

Dicht hinter mir ging eins der Mädchen. Sie hatte ihr Jäckchen, wie ich meinen Mantel, über die Schulter geworfen und machte mir meinen eiligen Gang nach, alles stark übertreibend, ins Lächerliche ziehend, voll boshaften Spottes.

Im ersten Augenblick hätte ich sie schlagen mögen. Aber jäh ward es mir klar:

Du bist ja ein Ausgestoßener. Du musst in deinem schäbigen Kleid und den geflickten Hosen allerdings nicht aussehen wie ein sorgloser Ausflügler.

Sie hielten mich gewiss für einen Landstreicher.

Voll Groll über ihre Freude an einem Unglücklichen, voll Scham, und wie wenn ich plötzlich wehrlos gemacht worden wäre, wendete ich mich mit gesenktem Kopfe ab und ging weiter.

Zuerst war es still, dann scholl es pruschend hinter mir her, so dass ich nicht rasch genug gehen konnte, um ihnen aus den Augen zu kommen. Und noch lange hörte ich hinter den Stämmen das gedankenlose Lachen, das harmlos heiter schien und doch voller Gift des Hohnes und der Schadenfreude war.

Das durch den Wald vom Fluss herüberlachende Weiß der sonnengebleichten Segel der Steinkähne konnte mir die Niedergeschlagenheit nicht nehmen. Und da brach es in mir, als ich den Duft der gefallenen Nadeln einatmete; die Sonnenflecken, die auf dem dürren Boden blinkten, die rötlichen Stämme, die hoch oben ihre Büschel ineinander drängten, das Flimmern über den Wiesen jenseits des Flusses, das Wiegen der Sonnenstrahlen auf dem Wasser – die ganze, ruhige Heiterkeit des Frühlingsnachmittags konnte mich nicht fröhlich machen – ich liebe den Vater, von dem ich gestern so voll Zorn ging. Aber weil ich ihn liebe, will ich auch von ihm liebevoll, geachtet angesehen werden. Ich kann nicht anders. Wenn es auch unser beider Unglück ist.

Ach, dass ich ihn gestern so verlassen musste!

In all meine Verzweiflung und in meinen Jammer klangen laute Stimmen.

Ich sah zur Seite.

Da saßen auf einer kleinen Bodenerhöhung Fabrikmädchen, knochig, die Anmut zerstört von der Maschinenbedienung, ohne Hut und in fadenscheinigen Röcken. Sie waren wohl in den Johannisthaler Spinnereien gewesen, um nach Arbeit zu fragen. Launig rief eine Rothaarige, die ihre niedrige Stirn mit abgezirkelten Locken verdeckt hatte, mir zu:

„Na, warum ziehste denn nich de Strimpe un de Stiebeln ooch aus? De Fußsohlen kosten doch nischt!“

Ich musste mit ihnen lachen, als sie mich nun herausfordernd anblickten. So weh es mir tat – eins wusste ich: Ich gehörte jetzt wirklich zu den Herumgestoßenen, zu denen, die sich untereinander noch mit dem vertraulichen Du anreden. Und weil mich die anderen Menschen dafür ansahen, ward ich auch in meinem Innern so. Der Gedanke wuchs in mir und wuchs – ich fühlte den inneren Zwang, einmal das Leben der Unsteten, der Landstreicher, mit zu leben.

2. Kapitel
Der erste Schreck

Als ich über die Brücke bei Köpenick ging, kamen die Seminaristen aus dem alten Schloss, das so still zwischen den Bäumen lag. In Trupps und Schwärmen gingen sie über die Brücke, hinter und zwischen ihnen Kinder und Frauen und Beamte.

Ich fühlte, wie sie mir nachsahen, ich wagte es nicht, fest aufzutreten, traute mich nicht, mich umzusehen, und doch fühlte ich all die Augen hinter mir herstarren.

Unsicher, heiß am ganzen Körper, ging ich durch die schmalen Straßen mit dem bald holperigen, bald glatten Kleinstadtpflaster, wo es noch manche Häuser gibt, die nicht mehr als ein Stockwerk hoch sind, und hinter deren Fenstern die Mädchen und Frauen mit neugierigen Gesichtern sitzen und nähen.

Gleich vorn an dem kleinen Platz vor dem Seminar erlebte ich den ersten Schreck.

Um die Ecke eines vorspringenden Hauses kam ein Polizist. Seine Mütze, seine Aufschläge blendeten mir förmlich die Augen. Wenn der mich jetzt angehalten, nach meinen Papieren gefragt hätte!

Da ich ja Papiere hatte, brauchte ich mich wohl nicht zu fürchten. Aber es bedrückte mich doch, wie er so merkwürdig an mir vorbeisah, mit einem Blick, der mir sagte:

Ich sehe dich, du armer Reisender. Aber ich will dich noch mal laufen lassen, das heißt – wenn ich dich etwa beim Betteln erwische! … Schnell ging ich in die nächste Straße.

Ich suchte nun nach einer Gastwirtschaft, in der ich ein Nachtlager hätte finden können. Doch sahen mir alle zu fein, zu teuer aus. Mit meinen wenigen Groschen musste ich ja sparsam sein.

Und ich wagte es auch nicht, jemand anzusprechen, um ihn nach einem billigen Nachtlager zu fragen. Ich hatte das Gefühl, als ginge der Polizist immer hinter mir, als verfolge er mich, um mich festnehmen zu können. Und wenn ich einen ansprach, so musste das aussehen, als ob ich ihn angebettelt hätte.

Ganz verwirrt war ich schon wieder am anderen Ende der Stadt angekommen, ohne eine Gastwirtschaft, die mir passend erschien, gefunden zu haben. Ich ging die Vorstadtstraßen mit ihren neuen Häusern voll kleiner Wohnungen zurück.

Da stieß ich wieder auf den Polizisten.

Diesmal traf mich ein kurzer, prüfender und warnender Blick. Doch er ließ mich ruhig weitergehen.

Und als ich an der nächsten Ecke war, sah ich mich rasch um – richtig, da ging er mit seinem breiten Rücken schon bei den letzten Häusern. Rasch trat ich hinter das Haus. Den ersten Menschen, der mir begegnete, fragte ich nach einer Herberge. Es war ein junger Knecht. Er sprach gleich freundlich mit mir und wies mir den Weg.

Ich war ihm dankbarer, als wenn er mir Geld gegeben hätte.

3. Kapitel
Bei den Rollern in Köpenick

Da lag es vor mir, über der kleinen Tür die schwarze Schrift: Fremdenlogis.

In dem niedrigen, sauberen Gastzimmer stand die kleine, behende Wirtin in weißer Schürze. Als ich sie fragte, ob sie ein Bett für mich habe, sagte sie barsch:

„Ja, das können Sie haben."

Ganz verschüchtert setzte ich mich in eine Ecke. Sie schien es nicht gern zu sehen, dass ich in der Gaststube blieb. Und als ich sie nach Speisen fragte, meinte sie, sie habe gar keine. Aber schließlich brachte sie mir doch Brot und Wurst und war auch etwas freundlicher zu mir. Vielleicht fühlte sie auch den Neuling heraus und behandelte mich aus Mitleid nicht so schroff, wie sie sonst mit ihren Schlafgästen umgehen mochte.

Dass ich nicht dort saß, wo ich als Fremder hingehörte, merkte ich bald. Außer mir waren nur noch bessere Bürger anwesend, Handwerksmeister und Lehrer. Sie waren lustig und fröhlich.

Ich saß still und einsam in meiner Ecke und konnte so recht über meine Lage nachdenken. Ich schien für niemand vorhanden zu sein. Wie ein Eindringling kam ich mir vor. Um allem Drückenden zu entgehen, wusste ich nichts Besseres, als mir die auf meinem Tisch stehende Tinte heranzurücken und zu schreiben, all meine Erlebnisse mitzuteilen.

Wenn auch kein Landstreicher weiter als ich im Zimmer war – an den rechten Ort war ich doch gekommen. An den Wänden hingen Bekanntmachungen der Verbände der Maurer, Zimmerer, Holzarbeiter und anderer Vereinigungen mit Unterstützungs- und Beitragsangaben und dem Hinweis auf die Zahlstelle, wo Reisegelder abzuheben seien. Ich war also in eine Herberge gekommen, der von den sozialdemokratischen Gewerkschaften die Wandernden zugewiesen wurden – oder wo diese vielmehr freiwillig verkehren und so die Gewerkschaften ein Interesse haben, ihre Bekanntmachungen auszuhängen.

Als ich eine Zeitlang geschrieben hatte, kam der Polizist herein.

Ich hatte wohl den Schatten, den er beim Vorbeigehen durch die Fenster warf, über die Tische und Stühle laufen sehen, ihn selbst jedoch nicht erkannt. Aber diesmal empfand ich bei seinem Anblick keine Furcht oder Beklemmung. Hier schien ich sicher zu sein; ich fühlte mich wohlgeborgen.

Der Polizist trat auf den Schanktisch zu und ließ sich ein Glas Bier geben. Während er trank, sprach er mit den Gästen und gab einer Karten spielenden Gruppe gute Ratschläge. Mich hatte er, wie es mir schien, mit Willen nicht angesehen. Jetzt zitterte ich nicht mehr vor seinem Blick. Ja, es wäre mir lieb gewesen, wenn ich ihm voll ins Auge hätte schauen können.

Aber er beachtete mich gar nicht.

Als er ging und schon an der Tür war, sagte er plötzlich:

„Herrjeh! Da hätte ich bald vergessen, das Bier zu bezahlen."

Dabei sah er die Wirtin so merkwürdig an.

Doch sie blieb ganz ruhig und hielt die Hand hin. Da sagte er, zögernd nach der Tasche fassend:

„Können Sie denn rausgeben? Ich habe nur Großgeld bei mir."

Die Wirtin schien ihn durchaus nicht verstehen zu wollen. Sie hielt die Hand immer noch auf und meinte ganz kalt, sie könne wechseln.

Nun bekam er einen roten Kopf – aber nicht vor Scham; schwollen doch zwei dicke Zornesfalten über der fleischigen Nase. Unter großen Anstrengungen holte er seinen Geldbeutel hervor und gab ein Markstück hin.

„Na“, sagte die Wirtin fein lächelnd, „das ist ja nicht so groß, dass man es nicht kleinkriegen könnte.“

Er ging etwas kleinlaut hinaus – die Gäste und die Wirtin lächelten sich verständnisvoll zu.

Indem kamen neue Gäste, starke, gesunde Männer, das Gesicht von der Luft gerötet. Sie sprachen davon, dass sie übermorgen, am Mittwoch, mit ihren Wäschewagen in die Stadt fahren müssten. Und dann kritisierten sie die Tätigkeit ihrer – Rollmänner –, Handwerksburschen, die ihnen ihre Wäsche drehten.

„Wie gesagt“, meinte der eine Wäscher, „ich bin ganz zufrieden mit meinem Roller. Er kommt pünktlich, dreht still und ruhig von früh um sechs bis abends um acht. Na, und wenn's mal etwas länger dauert, sagt er kein Wort.“

„Na, weeßte, wer soll denn det jlooben?“, erwiderten andere erregt. „Hä, unse sind ooch jrade so anständig! Wenn 't mal 'ne halbe Stunde länger dauert, woll'n se jleich zujclejt ha'm. Un for fufzehn Fennje de Stunde woll'n se ooch nich mehr drehn. Heutzudage bilden sich selbst de Stromer wat in.“

„Ja“, machte der erste überlegen, „für fünfzehn Pfennige – dafür drehn sie natürlich nicht mehr. Bei mir haben sie zwanzig Pfennig und volles Essen. Und wenn's mal abends bis zehn dauert, gibt's ooch noch 'n paar Zigarren … Und übrigens – warum soll'n denn die Handwerksburschen nicht ein bisschen auf sich halten?“

„Ja, das is ooch weiter nischt bei – Jott, die paar Fennje jibt man doch schließlich janz jern so'n armen Deibel; der hat doch weiter nischt!“

„Naja, jewiss doch, Jefühlsduselei! Ihr seid ja diejenichten, die't ha'm. Aber – ihr verderbt euch janz alleene det Jeschäft."

Wegwerfend, hastig waren die letzten Sätze hervorgestoßen worden. Hass und Wut lag in ihnen. Doch die andern blieben ruhig.

Der erste Redner stand gelassen auf und fragte die Wirtin:

„Kann ich den Großen wiederbekommen, den ich neulich hatte? Unter denselben Bedingungen, ließe ich ihm sagen", rief er dem Dienstmädchen nach, das auf den Wink der Wirtin hinausging nach dem Hof.

In der Tür erschien ein Mann, dessen schmierige, aus der Fasson gegangene Kleidung und zerbeulter Hut den armen Reisenden verriet.

Da hatte ich nun den ersten Kameraden meines jetzigen Daseins.

Er trat schüchtern bis an die Ecke des Schanktisches, griff in die Brusttasche seines Rockes, holte eine flache Flasche hervor und forderte Kornschnaps.

Die Wirtin goss ihm stillschweigend ein. Sie würdigte ihn nicht eines Blickes. Auch als sie sein Geld einstrich, sagte sie kein Wort. Sonst hatte sie den zahlenden Gästen stets ein Danke! geboten.

Da musste sie unter den Pfennigen des Handwerksburschen etwas entdeckt haben, was nicht stimmte. Sie rief den schon auf dem Flur Gehenden zurück und schob ihm höhnisch etwas mit spitzen Fingern hin:

„Na, das möchte Ihnen wohl so passen! 'ne Kellnermarke[1] anstatt 'n Zweipfennigstück! Das unterlassen Sie man! Das ist hier nicht angebracht – solche Dummheiten!"

---

1 Kellnermarken sind Wertmarken für Bier und dienten noch bis vor wenigen Jahrzehnten zur zügigen Abrechnung des gezapften Bieres

Der Handwerksbursche griff danach:

„Aber – aber ick – ick habe nischt jemerkt. Et war ja nich mein Jeld. Ich hol' ja nur für'n Bank-Friedrich. Der hat mir't jejeben."

Er drehte das Blechstück zwischen den Fingern, beugte sich zurück nach der Lampe und besah es zweifelnd.

Der Wirtin wurde das zu langweilig.

„Na – entweder Geld – oder'n Korn zurück."

Er drehte und wendete sich:

„Aber – ick kann mir dat jar nich denken … Ick weeß nich –"

„Das ist nu ganz gleich. Ich habe nicht soviel Zeit!", machte die ungeduldige Wirtin.

Da fing er an, in seinen Taschen zu kramen. Erst griff er in die Kleidertasche vorn am Rock. Doch fanden seine steifen, dicken Finger dort nichts; dann fuhr er in die Hosentaschen. Erst in die rechte und dann in die linke. Er trat dabei hin und her, machte ein ganz betrübtes Gesicht und kehrte schließlich eine Tasche um. Als er ein kleines Loch darin entdeckte, sah er die Wirtin fragend an und schüttelte den wirren Kopf.

Sie blieb ärgerlich, sagte jedoch nichts.

Die Gäste lächelten und kicherten schon.

Nun kramte er die Rocktasche durch, holte ein schmutziges rotes Taschentuch aus der Brusttasche und schüttelte es.

Nichts fiel heraus.

---

zwischen Bedienungspersonal und Wirt bzw. Schankpersonal. Zum Arbeitsbeginn erhielten die Kellner eine bestimmte Anzahl der hauseigenen Kellnermarken und bezahlten damit am Ausschank die erhaltenen Biere. So ersparte man sich Strichlisten und ähnliche Verfahren. Für Außenstehende hatten diese Marken also keinen Wert. Heute sind die Biermarken beliebte Sammlerstücke.

Dann fingerte er in den Taschen seiner zerlöcherten Weste herum, bohrte bis in die vorderen Ecken des Kleidungsstückes durch das Futter – mit leeren Fingern kamen seine Hände zum Vorschein. Ganz verzweifelt stand er da. Er ließ den Kopf auf die Brust sinken und murmelte:

„Wenn ick nu sage, dat war keen Jeldstück, denn glooben sie 't mir nich und hau'n mir."

Die Wirtin lachte mit den Gästen, ließ ihn aber nicht ziehen.

Da kam ihm wohl ein rettender Gedanke. Er richtete sich auf, fuhr in die innere Brusttasche, holte sein Notizbuch mit seinen Papieren heraus und legte eine Dreipfennigmarke auf den Tisch.

„Nun muss ich mein Bargeld zugeben", sagte er wehmütig, steckte den Pfennig, den er herausbekommen, ein und ging ganz niedergeschlagen hinaus.

Ich konnte von meiner Ecke aus sehen, wie er sich auf dem Flur schadlos hielt und sich mit einem langen Schluck aus der Flasche tröstete.

Kaum war er hinaus, so kam von der Straße ein Dienstmädchen herein, rund, stramm, mit blanken Armen, einen frischen Wassergeruch mit sich tragend.

Sie käme von Herrn Plinsch. Er möchte gern den kleinen Mann morgen zum Rollen haben.

„Ja, schön, ich werd's ihm bestellen", meinte die Wirtin, „er ist eben hinausgegangen."

Das Dienstmädchen trat rasch auf die Tür zu:

„Dann kann ich ihn wohl gleich selbst fragen? Herr Plinsch will ihn doch durchaus haben. Und da – da ist es doch sicherer – "

Sie wurde rot und verlegen, als alle aufsahen nach ihr hin.

„Wenn ich ihm das sage, ist es auch sicher!", antwortete die Wirtin, leicht gereizt. – „Aber gehen Sie meinetwegen!"

Mit abgewandtem Kopf schlüpfte das Mädchen hinaus.

Ich gestehe gern, dass mich das Gebaren des Mädchens gereizt hatte und ich ihr schnell, ganz leise auftretend, folgte.

4. Kapitel
In der Fremdenstube

Auf dem schlecht gepflasterten Hof konnte ich zuerst wenig erkennen. Nur die Umrisse kleiner Gebäude und Stallungen traten aus der verhüllenden Dunkelheit undeutlich hervor. Dem Wohnhause gegenüber lag ein größeres Häuschen, aus dem schallender Lärm drang. In die Fenster konnte ich nicht sehen; sie waren mit Brettern verstellt, durch deren Ritzen einzelne Lichtstreifen glühten. Doch erhellten sie nicht den Hof.

Da kam aus der Gegend, wo die Tür des Häuschens sein musste, ein gedämpftes Geflüster. Misstrauisch fragte der Mann, der sich Schnaps gekauft hatte:

„Warum will mich denn der Wäscher – gerade mich?"

Des Mädchens Stimme klang etwas verlegen:

„Ja – weeß ick? … Nu kann ick doch sagen, dass de kommst?" – Etwas Flehendes lag in den letzten Worten.

„Ja – na, mir is't ejal, wo ick meinen Draht kriege."

Das Mädchen schien mit dieser Antwort noch nicht zufrieden; es blieb vor ihm stehen.

Und plötzlich sagte er ärgerlich und laut:

„Det is wieder deine Ausknobelei janz alleene … Wat willste denn von mir?"

Das Mädchen wollte sich verteidigen. Doch stockte es gleich und fing dann an zu weinen.

Da wurde die Tür des kleinen Hauses aufgerissen, und das Licht einer großen Petroleum-Hängelampe fiel auf die beiden. Ein Schwarm dunkler Gestalten drängte neugierig heraus.

Das Mädchen flüchtete über den Hof zurück in das Lokal.

Die Männer lachten dröhnend hinter ihr drein. Sie zogen den Draußenstehenden unter fröhlichen Zurufen hinein in die Stube:

„Na ja, der Willem hat immer solche Heimlichkeiten! – Nu schmeiß mal wat! – Donnerwetter, wer so'n Schwein hat, muss schon wat springen lassen. – Is schon det Uffjebot bestellt?"

Unwillig ging Willem hinein. Einer wollte hinter ihm die Tür schließen. Da musste er mich wohl gesehen haben und sagte kameradschaftlich zu mir:

„Nu los, komm' rin!"

Zögernd folgte ich ihm. Ich fühlte, dass ich die Kunden[2] beleidigt hätte, wenn ich mich wieder ins Gastzimmer zurückzog. Mit scheuer Neugier trat ich ein.

Während Willem die Flasche einem starkgebauten Manne gab und die andern noch ihren Spaß mit ihm trieben, konnte ich mir in Ruhe die Stube ansehen.

Sie war nicht allzu hoch, aber ziemlich lang. Gleich vorn an der Ecke neben der Tür stand ein klotziger Kachelofen, der trotz des frühlingswarmen Wetters geheizt war. An der einen Seite saßen ein paar alte Männer. Der eine, ein kleines, dürres Geschöpf, hatte die Beine auf die Bank gezogen und die vertrockneten Arme darauf gelegt. Trotz des Lärms schien er zu schlafen; röchelnd schnarchte er. Der andere Alte sah gleichgültig aus seinen kleinen Augen in

2 Reisender, Handwerksbursche (Hans Ostwald: Rinnsteinsprache. Lexikon der Gauner-, Dirnen- und Landstreichersprache, Berlin 1906, S. 90)

dem aufgedunsenen Gesicht auf die Gruppe, die sich um Willem drängte. Sie waren wohl beide am frühen Morgen nass geworden und noch nicht ganz getrocknet.

Ihre Kleider schienen zu dampfen an dem heißen Ofen, auf dessen anderen Seiten Stiefel standen – große und kleine, schmale und breite, ausgetretene, mit Riestern[3] dicht beflickte Schaftstiefel, wie von Landarbeitern, und Halbschuhe, auf denen noch Spuren von Lack zu sehen waren. Über den meisten lagen Strümpfe und Teile von solchen und allerlei Lappen, die wohl als Fußlappen dienen mochten. In der Nähe des Ofens hingen an der Wand, von der fleckenweise die Tünche und der Putz abgestoßen waren, mehrere Röcke und Jacken. Das alles gab einen scharfen Dunst von sich, der durch Tabaksqualm und durch den Verwesungsgeruch und den Schnapsatem, den der aufgedunsene Alte von sich stieß, noch übler wurde. Die Luft war so geschwängert mit Ausstrahlungen und Dünsten, dass die an der geschwärzten Decke hängende Lampe nur schwelte.

Von den drei Fenstern ging auch keins zu öffnen. Die Bretter hätten weggenommen werden müssen; dann konnte jeder hineinsehen – und das schienen die Anwesenden nicht gern zu haben. So ganz unbeobachtet fühlten sie sich wohl am heimischsten.

Sie drückten sich auf den wenigen Bänken um die zwei wackligen Tische und sprachen laut miteinander. Einer schien den andern überschreien zu wollen. Willem stand in ihrer Mitte und ließ hilflos den ganzen Spott über sich ergehen. Seine Lippen zuckten, die kleinen Augen flackerten unruhig.

„Aber ick mach mir ja jar nischt aus det Mädel!“, brachte er endlich gequält hervor.

---

3 der Riester, Lederflicken auf dem Schuh

„Nu hört doch! Nu will er uns ooch noch ankohlen!“

Ein untersetzter Mann sprang auf und hielt ihm die geballte Faust vor das Gesicht: „Wir sind doch keene Linkmichel (Neulinge), dass du uns so’ne miese Geschichten anschmierst!“

Er schien ihn schlagen zu wollen.

Willem hielt zitternd still.

Doch sprangen jetzt andere dazwischen. Einige zogen den Aufgeregten fort, andere ermahnten Willem, die Finne, womit sie die Flasche meinten, neu füllen zu lassen.

Er beteuerte, kein Geld zu haben. Jetzt fingen sie an, ihn zu stoßen, doch mehr aus Scherz, ohne dass es ihn weh tat, wie er mir später erzählte.

Mir aber schien es, dass sie ihn stark misshandelten, und so trat ich denn auf sie zu:

„Na, lasst man den armen Kerl zufrieden. Hier ist ein Groschen zu Schnaps.“

Die Handwerksburschen lachten. Und auch Willem lachte mit, wenn auch nicht so herzhaft wie die anderen.

Ich fühlte, dass ich irgendeine Dummheit begangen hatte.

Da trat der starkgebaute Mann, dem Willem vorher die Flasche gegeben hatte, auf mich zu, legte mir die Hände auf die Schultern und sagte mit einem herablassend väterlichen Ton:

„Linkmichel! Dass du noch nicht zünftig bist, haben wir sofort gesehen. Aber wenn du schon mit uns an einem Tisch acheln (essen) willst, dann schmeiß mal ’ne Leuchtkugel!“

Er lächelte mich freundlich an und nahm mir nach einem Weilchen den Hut aus der Hand, drückte ihn mir auf den Kopf und meinte:

„Un denn behalte man getrost deinen Obermann auf dem Kopfe.“

Ich wusste nicht, was eine Leuchtkugel ist, gab aber wie selbstverständlich ein Fünfzigpfennigstück hin. Ebenso selbstverständlich hatte Willem die Hand aufgehalten und war mit der Schnapsflasche hinausgelaufen.

Die Kunden nahmen mich in ihre Mitte und forschten mich mit einer gewissen Überlegenheit aus. Wann ich fremd gemacht (die Arbeit verlassen) hätte, ob ich Heringsbändiger (Kaufmann) sei, wohin ich wolle und anderes mehr. Der Untersetzte und andere wandten sich mit offener Verachtung von mir ab. Der aber, der mir den Hut auf den Kopf gedrückt, schien seine Freude an mir zu haben. Aus seinen vergnügt blickenden Augen sah er mich mitleidig an. Mehrere, die am anderen Tisch saßen, mit aufgestützten Armen, düster vor sich hin blickend, starrten feindselig herüber. Und als ich äußerte, dass ich des schönen Frühlings wegen unterwegs sei, rief einer mir zu:

„Du Heringsbändiger, wenn du erst plattmachen (im Freien übernachten) musst, geflebbt (vom Polizisten oder Gendarmen[4] untersucht) wirst oder Kohldampf schieben (hungern) musst – dann wirste dir schon wieder Schenigelei (Arbeit) suchen. Überhaupt – du Protz – tu dir hier nich so dicke, als ob du alleene fremd gemacht hättest; rausgesengelt haben se dir. Un wenn du uns noch lange verkohlen willst, denn schmeiß' ick dir 'n Schemel in't Gesichte."

4 Bis in die 1930er Jahre hießen im deutschen Sprachraum die Polizeikräfte, die speziell für die Aufrechterhaltung der öffentlichen Ordnung in ländlichen Gebieten zuständig waren, je nach Region und Zeitraum Landjäger, Landdragoner, Polizeidragoner oder Gendarmen. Sie waren beritten oder zu Fuß, teilweise militärisch organisiert, unterstanden aber zivilen Behörden. Die noch heute bekannte Wurstsorte Landjäger, eine luftgetrocknete bzw. geräucherte feste Wurst, soll ihren Namen aufgrund der Wurst und Amtsperson gemeinsamen Steifheit bzw. farblichen Erscheinung bekommen haben.

Um den Mund dessen, der mich ausgefragt hatte, lief ein leichtes Lächeln. Er stellte sich mir als Maschinenbauer vor und zeigte dabei seine schwieligen Fäuste, was den Krakeeler sofort beruhigte.

Zugleich kam Willem mit der Leuchtkugel wieder. Es war Kornbranntwein, für den er vierzig Pfennig gezahlt hatte. Die übrigen zehn Pfennig gab er mir wieder zurück. Das verwirrte mich etwas. Ich hatte nicht geglaubt, strenge Ehrlichkeit unter den Kunden zu finden.

Willem bekam zuletzt sein Teil aus der Flasche. Er setzte sich auch nicht. Wie wenn die anderen alle zu vornehmen Standes seien, blieb er an der Wand stehen. Sein rundliches, graues Gesicht hatte etwas unendlich Demütiges und Traurig-Ergebungsvolles an sich. Alle behandelten ihn von oben herab. Er war ihr Bedienter. Er bekam wohl, wenn er ein Stück Kautabak geholt hatte, ein größeres Stück als die andern. Aber alle stießen ihn herum, keiner sprach kameradschaftlich mit ihm. Selbst der Maschinenbauer und seine Freunde schienen ihn nicht als vollberechtigt anzusehen.

5. Kapitel
Die erste Nacht

Am zweiten Tisch waren sie unterdessen in scharfen Wortwechsel geraten. Ein etwas aufgeputzter Mensch mit phantastisch wirrem Haar, dessen längliches Gesicht und unruhige, von unten aufblickende Augen große Verschlagenheit zeigten, wurde von seinen Nachbarn bedrängt. Sie hänselten und verhöhnten ihn. Er könne ja gar keine Taschenspielereien. Er wolle sich wohl wichtig machen?

Mit einer missachtenden Würde wendete er sich an Willem:

„Nicht wahr, Willem, du hast oft genug gesehen, wie ich aus einer Schellen-Sieben eine Kreuz-Neun gemacht habe und so weiter?“

„Ja, ja, ja!“, beteuerte Willem wichtig.

Doch die den Taschenspieler umringenden Kunden gaben sich nicht mit dieser Beteuerung zufrieden. Eine Weile noch blieb er gelassen. Dann zeigten sich über seinen brauenlosen Augen rote Striche – und mit einemmal sprang er auf und schrie mit gellender Stimme:

„Hier, meine Herrschaften, ist zu sehen Bosko, der weltberühmte Zauberkünstler, der be-, ver- und entzaubert, der das größte Wunder vollbringt, so dass selbst Kaiser und Könige ihn bewundern! –“

Er wollte in seiner Anpreisung fortfahren; doch schrien sie ihn an, er solle doch ihnen nicht den Blak vormachen. Den Quatsch könne er sich schenken. Der eigne sich für die Bauern, aber nicht für sie, für ehrliche Tippelbrüder.

Und so fing er denn an, allerlei Kartenkunststücke zu machen. Auch ließ er Messer und ähnliche Sachen in seinem Hut verschwinden.

Die Kunden sahen nach ihm hin, doch lag in ihren Gesichtern eine erzwungene Geringschätzung; keiner wollte zugestehen, dass er sich von solchen Spielereien fesseln lasse.

Als der Taschenspieler in seiner schäbigen Kleidung alle seine Kunststücke vorgebracht hatte, mit großen Gesten und wichtigen Mienen, matt beleuchtet von dem jämmerlichen Licht der Lampe, sagte der, der ihn zu der Darstellung herausgefordert hatte:

„Gott, weeßte, wat sind denn det for Kinkerlitzken! Die kannste ooch bloß de Bauern vormachen. Een Mensch, der'n bissken wat kennen jelernt hat, macht sich doch lustig über dir.“

Der wegwerfende Ton reizte den Taschenspieler; dass er sich vor den Kunden lächerlich gemacht haben konnte, kränkte ihn dazu so, dass er mit zitternder Stimme sagte:

„Du – du! … Du bist nicht im Zirkus aufgetreten als Seilkünstler, du hast dir nicht die Füße gebrochen – du – du kannst eben so wat nich!"

„Och, hört doch, jetzt wärmt er wieder den ollen Kohl uff!", wendete sich sein Gegner an die Umstehenden.

Sie lachten höhnisch und versuchten durch Stichelreden die beiden aneinanderzuhetzen.

Der Taschenspieler wollte sich gerade voll Wut auf den andern stürzen, da wurde die klapprige Tür aufgestoßen.

Ein breitschulteriger, dicker Mann trat herein.

Er hatte nicht die graue Gesichtsfarbe und die zerstörten Gesichtslinien der Handwerksburschen. Auch ihre Niedergeschlagenheit, die sie durch gegenseitige Bedrohungen verdecken wollten, ihre gemachte Sorglosigkeit und ihr erzwungenes, gewaltsames Selbstvertrauen waren bei ihm nicht zu finden. Mit seinen glatten Backen und scharfen Augen sah er aus wie ein Gastwirt. Voll ruhiger Sicherheit, wie sie ein geordnetes Leben verleiht, sagte er:

„Na, der Skandal ist ja bis nach vorn zu hören. Es ist am besten, ihr geht schlafen."

Sofort waren alle still.

Er ging einen Schritt hinein in die Stube und sah sich um. Da drängten schon mehrere an ihn heran, zogen ihre schmutzigen Geldbeutel und reichten dem Mann dreißig Pfennig sowie ihre Papiere hin.

Der Maschinenbauer sagte gutmütig zu mir:

„Wenn du ein Bett haben willst – geh, zahl dreißig Poscher (Pfennige). Sonst musst du'n Zehner (Zehnpfennigstück) schmeißen, willst du nur hier auf der Bank oder auf'm Tisch pennen."

Nachdem ich und etwa fünf andere dreißig Pfennig gezahlt, fragte ich den Wirt, was er für ein Ausweispapier haben wolle.

„Ganz gleich welches!“, sagte er barsch.

Dann drängten sich die übrigen hinzu und gaben ihren Zehner ab. Nur Willem stand an der Wand und sah betrübt zu.

Der Wirt ging hinaus, als er kassiert hatte. Willem schlich ihm sofort nach. Ich wollte meine Sachen aus dem Gastzimmer holen und ging auch hinaus. Da fand ich Willem mit dem Wirt in leisem Gespräch auf dem Hofe.

„Seh'n Sie“, sagte Willem leise zum Herbergsvater; „ick bin ja schon für morjen bestellt. Und morjen abend zahl' ick für heute mit. Ja, Vater?!“

Selbst in seinem Flüstern war seine Unterwürfigkeit zu erkennen.

Der Herbergsvater hörte ihn ruhig an; er schien auch den Vorschlag annehmen zu wollen. Dann aber schüttelte er den Kopf, als hätte er sich besonnen, und ließ Willem stehen:

„Nee, ich pumpe nich – ohne Ausnahme! Hat's der eine, will's der andre. Das gibt's nicht! Nee, nee …“

Mit großen Schritten ging er fort.

Willem sah sich verstört um. Als er mich bemerkte, meinte er:

„Ja – der pumpt nischt … Es geht ja auch nicht … Man kann's ihm ja nicht verdenken … Nu muss ich eben mal wieder plattmachen.“

Ich konnte mir wohl denken, dass er damit meine, er müsse im Freien übernachten. Ich sah ihn beben in dem dünnen Rock, den er über einem schmutzigen Barchenthemd[5]

5 Mischgewebe aus Baumwoll- und Leinenfäden mit einer rauen und einer glatten Seite, das für Futterstoffe und Bettwäsche verwendet wird

und einer durch einen Riemen gehaltenen, zu langen Hose trug. Da drückte ich ihm rasch einen Nickel in die Hand und ging, meine Sachen zu holen.

Er kam mir voll Freude nach, konnte aber nicht sprechen. Mit mir zugleich trat er in den Schankraum, reichte mit lachendem Gesicht das Geld dem Wirt, der mich mit einem forschenden, halb strafenden Blick streifte, und nahm dann meinen Mantel und meinen Stock, ehe ich es erfassen konnte. Ich wollte ihm wehren, doch war er schon wieder hinaus.

An der Tür des Hinterhauses stand ein Mann in Hemdärmeln und blauer Schürze, der Hausdiener des Fremdenlogis, mit einem brennenden Licht. Mit rauer Stimme rief er in die Stube hinein:

„Wer ein Bett bezahlt hat, kann mit nach oben kommen!"

Willem wollte mir meine Sachen hinauftragen, doch nahm ich sie ihm ab und folgte den andern, die hinter dem Hausdiener eine steile Treppe hinaufgingen. Bei einem letzten Blick in den Warteraum hatte ich noch sehen können, dass wohl doppelt so viel unten blieben, als ein Bett bezahlt hatten. Es waren meist jüngere Leute, während meine Schlafgenossen ohne Ausnahme die Dreißig schon überschritten hatten. Und noch eins fiel mir angenehm auf.

Betrunken war von allen nur der Alte, Aufgedunsene am Ofen. Einzelne rochen wohl noch nach Schnaps, doch hatten sie nur wenig getrunken.

Als ich nun aber ins Schlafzimmer trat, wehte mir ein übler Fuselgeruch entgegen. In dem Giebelzimmer, dessen schräge Decke nur an der einen Seite ein Aufrechtstehen erlaubte, standen acht Betten, sechs an der Senkung des Daches nebeneinander, zwei an der gegenüberliegenden Seite der Länge nach gestellt. Die Bettstellen waren schmal, aber das Bettzeug schien sauber zu sein. Ich wollte es untersuchen und griff nach dem Bett, das mir für die Nacht vom Hausdiener bestimmt worden war.

Da fuhr er mich an:

„Nich ans Bett! – Du weeßt doch, erst Spannemann machen! (auf Ungeziefer untersuchen.) – Nee, das kann ich entschieden nich erlauben, wenn du auch sonst sauber aussiehst. Aber dann könnten dat ja alle so machen wollen. Und nachher find' ick bei eenem Bienen (Läuse) –ja, wat soll ick denn machen? Denn hat er det Bett schon anjefasst, und denn heeßt et, nu kann ick doch ooch drin schlafen."

Er wendete sich an die andern, unter denen auch der Maschinenbauer war:

„Nu dat is doch bloß richtig!"

Sie mussten hier wohl schon bekannt sein, dass er so vertraut zu ihnen sprach, wie wenn er sich vor ihnen entschuldigen müsse, wie wenn sie seine Worte bestätigen sollten. Und in misstrauischem Zusannnenhalt stimmten sie ihm zu:

„Nee, vorher darf keener in't Bett. Erst Spannemann machen, sonst drägt er eenem schließlich de Bienen in de Sachen."

Ich erfuhr bald, was Spannemann heißt. Der Maschinenbauer hatte sich rasch mit großer Gewandtheit bis auf Hose und Hemd entkleidet. Mit wenigen geschickten Bewegungen zog er das Hemd über den Kopf und reichte es dem Hausdiener. Der gab ihm den Leuchter, und so stand er mit nacktem Oberkörper vor ihm, beschienen von dem Schimmer der Kerze.

Die anderen entkleideten sich im dämmerigen Hintergrund und hängten ihre Röcke und Hüte auf Riegel, die vorn an der Tür eingeschlagen waren. Seine Stiefel mit den hineingesteckten Strümpfen stellte jeder unter seinen

Haken. Ganz fremdartig erschienen mir die Männer mit den entblößten Armen, Rücken und Brüsten.

Der Hausdiener trat dicht an das Licht heran, ließ den Hemdkragen über die eine Hand gleiten, dann den Hemdrücken, streifte mit dem Nagel die Nähte der Ärmelansätze auf, warf noch einen flüchtigen Blick über das ganze Hemd und gab es dann dem Maschinenbauer zurück. Der hängte es zu seinen übrigen Sachen, zog die Hose ab und schlüpfte vollständig nackt in sein Bett.

Die andern standen schon mit den Hemden in der Hand beim Hausdiener. Eins hinter dem andern wurde untersucht, einer hinter dem andern schlüpfte nackt in sein Bett.

Ich beeilte mich mit dem Auskleiden, kam jedoch zuletzt an die Reihe. Ich trage immer wollene Hemden. Da hatten sich einige kleine Fusseln gebildet.

Sofort machte der Hausdiener ein bedenkliches Gesicht, besah die Stellen genauer und hielt sie über das brennende Licht. Es knisterte kaum hörbar, wie immer, wenn Wollfäden versengt werden.

„Na, ich dachte schon, du hättest Bienen!", meinte der Hausdiener und gab mir mein Hemd zurück: „Da hast du deine Staude."

Nun wies er mir mein Bett an, und dabei sah ich, dass der die Stube erfüllende Schnapsgeruch von meinem Nachbarn zur Rechten kam, der im tiefen Schlafe der Trunkenen bereits schnarchte. Das war der zweite Trunkene, den ich unter allen gefunden. Und dicht neben dem sollte ich nun schlafen, überweht von seinem betäubenden Hauch.

Ein quälender Ekel überwältigte mich. Nur mit größter Beherrschung zwang ich mich dazu, ins Bett zu gehen. Doch vermochte ich es nicht wie die andern, mein Hemd auszuziehen, wenn auch die Bezüge der Bettstücke recht sauber aussahen. Wer weiß, wer wohl am vorhergehenden Abend sich in dieselben Kissen gelegt hatte! …

Zitternd vor Ekel hatte ich endlich die Decke über meinen Kopf gezogen. Bald fühlte ich mich wohler in den Kissen. Es war gar nicht so schlecht, das Bett. Über einem frisch gestopften Strohsack lag ein weiches Unterbett mit Federn, das Kopfkissen war recht voll, und auch die Bettdecke wärmte gut.

Aber der Fuseldunst, den mein Nachbar über mich hinwegatmete, ließ mich nicht ganz zu den wohligen Empfindungen kommen, die man sonst nach einem langen Marsch empfindet, wenn man sich ausstrecken kann. Immer wieder ward es mir übel von dem Verwesungsgeruch.

Der Hausdiener war unterdessen gegangen; er hatte uns noch auf das Waschgeschirr aufmerksam gemacht, das auf einer schmalen Kommode stand. Das Licht hatte er mit fortgenommen. Doch kam durch ein kleines Fenster an der Giebelwand und durch eine Dachluke über meinem Kopf ein milder Mondschimmer.

Die Kunden waren nicht gleich still. Sie erzählten noch einander und machten sich lustig über den Taschenspieler, der mit seinen Schwindeleien nur bei Bauern Glück habe.

Er sei gar kein Seiltänzer. Im Übrigen seien seine Kunststücke gar nicht interessant. So'n Schwindel habe doch nichts zu bedeuten. Ja, Akrobatenkunststücke, wie man sie in Berlin im Zirkus sehen könne, dazu gehöre doch Kraft und Übung. Das andere hätte keinen Zweck.

Einer erhob sich und stieß das Fenster auf:

„Sonst wird die Luft zu schlecht. Und jeder Professor sagt, dass ein bisschen Nachtluft weniger schadet als die Ausdünstungen zu vieler Menschen!"

Die Berufung auf die Autorität des Professors wirkte. Nicht einer protestierte gegen die Öffnung der Fenster. Sie schienen, um ihren Worten Nachdruck zu geben, um sich selbst einen Schein von Autorität zu geben, sich gern auf Autoritäten zu stützen.

Sie besprachen noch mancherlei.

Mit meinen aufgeregten Sinnen hörte ich wohl alles. Doch prägte sich mir nichts mehr deutlich ein. Ich spürte nur das raue Atemholen der Schlafenden, als sie nicht mehr redeten. Und von dem entsetzlichen Schnapsgeruch konnte ich kaum atmen.

Lange noch sah ich durch die Luke, die sich dicht über meinem Kopf öffnete, in das tiefruhende Dunkel der Nacht …

6. Kapitel
Morgen in der Penne

Nach einer unruhigen Nacht, in der ich mehrmals aus dem schweren Schlaf vollkommener Erschöpfung aufschrak, erwachte ich am frühen Morgen durch das Geräusch von schweren Tritten.

Mein Nachbar zur Rechten wusch sich. Die Stiefel hatte er bereits an.

Die meisten waren wach und sprachen miteinander. Sie beklagten, dass es regnete.

Ich wollte mich auch an der Unterhaltung beteiligen, um nicht etwa als eingebildet zu gelten. Doch gaben sie mir nur eine kühle Antwort. Sie belächelten mich, den Unerfahrenen, den Andersgearteten, nicht in verletzender, sondern in gutmütiger Weise.

Ich hatte gemeint, dass man bei solchem Wetter doch unmöglich marschieren könne.

„Na, wat willste denn machen?“, fragte der Mann, der sich wusch. Eine Antwort schien er nicht auf seine Frage zu erwarten. Während er seine Hände einseifte, wandte er sich zu einem andern: „Bin ich jestern Abend fett jewesen! In einer Kneipe drüben in Johannisthal wollte mich einer durchaus für seinen Landsmann halten. Et war woll so'n kleener dicker Jemüsehändler, ooch schon nich' mehr janz nichtern. Wie ick'n so um 'ne kleene Jabe anspreche, meent er, ick misste ooch aus Schneidemühl sin. Ne, sage ick, ick bin aus Stralsund. Männeken, sagt er, det is nich wahr! Reden Se keenen Stuss. Jott, warum woll'n Se denn nich zujeben, det se runterjekommen sin? Det kann den jebildetsten Menschen passieren. Man bloß keene falsche Scham nich; det kann mir höll'sch ticksch machen. Na, sage ick, Se wern mir doch nich meinen Jeburtsort absprechen woll'n? Im Ibrigen bin ick in Berlin jroß jewor'n. Woll'n wa wetten? schreit er janz falsch. Woll'n wa wetten, det Se 'n Schneidemühler sind? Jawoll, uff wat'n? meene ick nu, wie wenn ick Angst hätte. Na, uff 'ne Lage Schnäpse, sagt er denn. Da hol' ick stillverjniecht meine Papiere vor – un nu musste er schon uff'n Boom ruff un 'ne Lage pfeffern. An meine Fleppen (Legitimationspapiere) jiebt's doch nischt zu mauern.“

Er wusch sich das Gesicht und erzählte, während er sich an dem einen der beiden dünnen und schmalen Handtücher trocknete, dass er von jedem der Gäste zehn Pfennig bekommen habe. Das alles sei in einem Hause geschehen, wo ein Gendarm wohne. Er habe eben keine Angst vor dem Teckel[6].

6 Spitznamen für Wachtmeister und Polizisten, auch berittene, wegen der „Deckel“ genannten Polizeimütze oder der ledernen Kopfbedeckung Tschako.

Die anderen gingen auf seine Renommistereien nicht ein. Es waren alles ältere Leute. Ihr Ton war ruhig und gesetzt. Und als er nun sagte, er habe an eine Mark und fünfzig Pfennig am Abend zusammengehabt – es hätte aber gerade Schnaps darauf gestanden – achtete niemand mehr auf ihn. Etwas kleinlaut ging er mit Guten Morgen! hinunter.

Die meisten standen jetzt mit mir zusammen auf. Beim Ankleiden sah ich, wie sich einer die Schuppen von Beinflechten abzog, sich scheuerte und kratzte. Es durchschauerte mich wieder vor Ekel, wenn ich daran dachte, dass dieser vielleicht in der vorhergehenden Nacht in meinem Bett geschlafen hatte.

Eins beruhigte mich – dass sie alle saubere Wäsche trugen. Auch besaßen sie derbe Stiefel und ebensolche Kleidung, so dass sie von gutgestellten Arbeitern nicht zu unterscheiden waren.

Jene, die zum Rollen bestellt waren, beeilten sich, pünktlich auf ihrem Posten zu sein, um ihre Stelle nicht zu verlieren. Einer erzählte, dass er vier Tage in der Woche rolle; die anderen meinten, auch sie hätten meist so oft zu tun. Es wäre ja immer unbestimmt, aber doch besser als das Klinkenputzen, als das Betteln.

Wir wuschen uns dann in dem einen kleinen Waschnapf, einer nach dem anderen. Mit dem wenigen Wasser (für alle war nur ein kleiner Eimer hingestellt) mussten wir recht sparsam umgehen. Jeder hatte sein Stück Seife und seinen Kamm in der Tasche bei sich. Wegen ihrer Sachen hatten sie kein Misstrauen gegeneinander. Keiner beobachtete den andern mit verdachtsvollen Blicken. Einige schliefen ruhig weiter, ohne sich darum zu kümmern, dass ein anderer ihre dicht an der Tür hängenden Sachen hätte mit hinausnehmen können. Das schienen hier also die Wohlhabenden, Soliden unter den Kunden zu sein.

Ich hatte schon am Abend bemerkt, dass sie sich absonderten von den andern, sich mehr fühlten. Jetzt merkte ich, dass sie auch mich nicht für voll ansahen. Aber sie behandelten mich nicht so herrisch und verachtend, wie sie die übrigen behandelt hatten.

Ich fragte, ob man wohl in einem Tage nach Fürstenwalde kommen könne.

„Ja, gewiss", sagte der Maschinenbauer; „aber dann musste ganz gewaltig tapern. Und wat willste denn gleich in Fürstenwalde? Da is nich viel zu holen. Sieh dich doch erst in Friedrichshagen um, da machste deinen Draht ooch, un Schlafgelegenheit findste da reichlich."

Ein andrer wollte mir auch mit Ratschlägen dienen und sagte:

„Geh doch zurück nach Berlin. Unterwegs kannste schon wat machen. Da sind alle die Vorörter; wenn se auch nich viel Villen haben – wenn du tüchtig ankloppst und dich vorsiehst, kannst du schon wat machen. Und morgen gehst du raus nach Spandau. Da schaffst du auch tüchtig unterwegs und kannst in der Spandauer Heimat (Herberge zur Heimat) übernachten; die ist draußen in der Neustadt nach Nauen zu ... Sieh mal, Angst brauchst du nicht gleich zu haben. Du bist noch jung und hast gute Kluft (Kleidung) an. Dich flebbt so leicht kein Putz (Polizist). Und die Hauptsache ist, dass man sich in die Häuser traut. Ich weiß ja, wenn man noch so jung is, will das nich so recht gehen. Aber warum willst du dich schenieren? Jott, det eener mal ohne Arbeit is, det kommt schon vor. Also man bloß nich zimperlich! Natürlich, wenn man zum ersten Mal weg is von Muttern, wenn man zum ersten Mal ankloppen soll an 'ne fremde Tür. Aber das ist immer noch besser, als wenn du deine paar Groschen, die du hast, jetzt gleich verbrauchst. Die hebe dir man auf für 'ne Reise, für'n Ende Bahnfahrt oder für'n paar neue Trittchen – du weeßt doch, wat det is? – Na, also 'n Paar Stiefel. Und man keene Angst haben."

Auch der Maschinenbauer wollte mir die Angst ausreden: „Wenn du dir vorgenommen hast, nach Fürstenwalde zu gehen, dann geh. Aber seh dir ordentlich um – in der Gegend trifft man manchmal Tippelschicksen – Frauenzimmer, die auf der Walze sind. Bloß lass dich nicht zu sehr mit ihnen ein – weeßte, das is 'ne Schwefelbande!"

Der andere lachte:

„Det is ja jerade wat für'n unschuldiges Kind! Wenn du Glück hast und du kriegst so 'ne Schickse, brauchst du nich mehr fechten; dann sorgt die für die Fettigkeiten, für Wurst und andere Präpelei, dass dir die Plautze platzt. Und denn vermehrst du dich – das heeßt, deine Beene tragen denn nich bloß eenen – zu Hunderten schleppen deine Beene alles, was über ihnen wächst – lauter Bienen!"

Er lachte laut auf.

Ein Dritter summte vor sich hin:

„Man sagt sehr oft, das Reisen,
Das habe großen Reiz,
So hört man immer preisen
Die wunderschöne Schweiz.
Doch mit dem Übernachten,
Nee, Kinder, das lasst sein,
Da muß man ja verschmachten,
Sieht man ins Bett hinein! –
Das ist ein großes Bienenhaus;
Darinnen sind die grauen Bienen.
Die gehn so leicht nicht wieder raus
Wie aus dem richt'gen Bienenhaus.
Die beißen, kratzen, und sie stechen.

Holdriaholdrio, Holdriaholdrio!
Und immer war ein jeder froh,
Wenn er dem Bienenhaus entfloh!“

Der Maschinenbauer lächelte verständnisvoll, sagte jedoch zu mir:

„Nee, nee, es ist schon besser, du gehst den Schicksen aus dem Wege. Wenn du erst mal Ungeziefer hast – dann is nischt mehr zu wollen. Denn mit dem Ausbrennen – na, da sind nachher deine Weitchen (Hosen), deine Kreuzspanne (Weste) und dein Wallmusch (Rock) futsch. Und wenn du erst so weit runter bist, in keene Heimat mehr darfst, immer in de Schnapspennen auf der Ofenbank oder im Rauscher (Stroh) schlafen musst – weeßt de – lieber ’n Strick!“

Ihre ganze Lustigkeit war mit einemmal verschwunden. Traurig und wehmütig kleideten sie sich fertig an. – Dann gingen wir die steile Treppe hinab.

In der Haustür blieben sie stehen und sahen in die Luft, die mit dem dichten Netz des feinen Landregens gefüllt war. Drüber hing das gleichmäßige Grau der Regenwolken am ganzen Himmel. Ein leichter Schauer überzog die gelbgrauen Gesichter der Kunden.

Ich konnte nicht verstehen, warum sie mir Mut zusprechen wollten. Mich erschreckte der Regen nicht. Und was sonst vor mir lag – es reizte mich eher, als es mich abgestoßen hätte.

Ich wollte es schon überwinden.

In diesem Augenblick kamen aus der Wartestube mehrere der Kunden, die in der Nacht dort geschlafen hatten. Ein scharfer, ekler Dunst zog heraus – der Maschinenbauer und seine Freunde sagten:

„Eh, lieber weiter, wenn’s auch regnet. Besser ist die Luft doch draußen als hier.“

Mit aufgekrempeltem Kragen, die Hände in den Taschen, den Kopf vorgebeugt, gingen sie hinaus in den Regen …

Ich ließ mir vorn im Gastzimmer meine Papiere geben, zugleich mit den Kunden aus der Wartestube. Diese Kunden waren ungewaschen und ungekämmt, sie schritten ohne Imbiss auf die Straße …

Dann trank ich meinen Kaffee und verzehrte mein Brötchen, alles so sauber hergerichtet wie in einem besseren Restaurant, zahlte zwanzig Pfennig dafür und verließ mit zuversichtlichem Mut, den Kopf emporgerichtet, meine erste Penne. Ich wollte noch was Ordentliches erleben und dann zu den echten Kunden gehören, nicht so wie ein hilfloses Kind von ihnen behandelt werden.

Ich hatte ja noch so viel Kraft, Tapferkeit, Mut und Lebenswillen in mir!

7. Kapitel
Die Tippelschickse

Zwischen all den Arbeitern, die jetzt zur Arbeit hasteten, kam ich mir nicht so abgesondert vor wie am Abend unter den ausschwärmenden Seminaristen und Frauen. Ich fiel wohl auch nicht so auf; die Kinder, die in Gruppen zur Schule gingen, starrten mir nicht so nach wie gestern. Das mochte auch der Regen machen, der alles mit seinem feuchten Dunst verschleierte. Das Ganze wirkte auf mich so erheiternd und erfrischend mit seinem Morgenduft und der Morgenstimmung, dass ich leise singend immer rascher vorwärts schritt.

So war ich bis an die einzelnen Häuser der Vorstadt gekommen, wo die Gärten größer wurden und einige

Felder sich zwischen die Gebäude schoben. Hier kamen mir Mägde mit Milchkannen entgegen. Mädchen, die an den Hofbrunnen Gefäße scheuerten, riefen denen lustige Bemerkungen über mich zu.

Heute kränkte mich das nicht. Es verstärkte meine Heiterkeit und mein Vertrauen in mich, meine Zuversicht in das, was ich mir gestern vorgenommen. Ihre Worte klangen auch nicht höhnisch und erniedrigend, sondern so zutraulich, wie diese Menschen stets miteinander sprechen und wie sie zu Männern sind, die zu ihnen gehören.

Das trübe Wetter, die dichte Feuchtigkeit, die mich in dem Wald hinter Köpenick umfing, hatten keinen Einfluss auf mich. Voller Erwartung marschierte ich vorwärts – was mochte mir wohl an dem ersten Tage, wo ich mit Absicht als Walzbruder unterwegs war, auf der Landstraße begegnen? Was für Erfahrungen brachte mir der erste Marsch als echtem Tippler? Eine Untersuchung vom Gendarmen, Bekanntschaft mit Tippelschicksen, Begegnungen mit anderen Handwerksburschen, Landstraßenfreundschaften? Nahm mich wohl irgendein Wagen ein Stück Wegs mit?

Ich hatte abends noch mit dem Maschinenbauer über dieses Fahren auf der Landstraße gesprochen. Er hatte gemeint, daran sei nicht zu denken. Man spreche die Bauern stets vergebens an, wenn man von ihnen mitgenommen werden möchte. Meist erhalte man nicht einmal eine Antwort; die Bauern führen ruhig, ohne den Kunden zu beachten, weiter. Einmal, nicht weit von Lübeck, hätte er wohl mal zwei Stunden Fahrgelegenheit gehabt. Doch das wäre das einzige Mal gewesen, so lange er schon tipple. Und er tipple nun doch schon lange genug. Vier Jahre sei er mit wenigen Unterbrechungen unterwegs, immer auf der Landstraße.

Ich wollte ihm nicht glauben, dass er schon so lange ohne Arbeit sei.

Da zeigte er mir seine Papiere. Als Maschinenbauer war er zum letzten Mal vor vier Jahren tätig gewesen. Inzwischen hatte er hier und da aushilfsweise als Möbelträger und Kohlenschipper gearbeitet – immer nur, um nicht wegen Arbeitsscheu angehalten, um nicht ins Arbeitshaus gesteckt zu werden. Er wäre wohl gern wieder in eine Fabrik gegangen. Aber sie hätten ihm nichts Rechtes zugetraut, weil er schon so lange aus seinem Berufe heraus war. Traurig fügte er hinzu, dass es nun für ihn immer schwerer werde, wieder in seinen Beruf einzutreten. Je länger er unterwegs sei, je weniger traue man ihm zu. Und er traue sich auch selbst schon nichts mehr zu. Man verliere zuletzt den Glauben an sich selbst und werde träge, die Unternehmungslust verschwände. Und schließlich fühle man sich in dem ungeregelten, fragwürdigen Kundenleben am wohlsten. Man könne sich gar nicht mehr an eine gleichmäßige Arbeit, an ein geordnetes Dasein gewöhnen. Man richte sich gewissermaßen als Kunde ein. Und so werde man wider Willen so ein echter Stromer, wie es ja auch manche gebe, die das nicht erst zu werden brauchten, die von früher Jugend an auf der Landstraße liegen, aus reiner Lust am Wandern, vollkommen unfähig, sich schaffend zu betätigen.

Alles, was er mir erzählt hatte, kehrte unterwegs in mein Gedächtnis zurück. Das Begehren erwachte in mir, auch solche Menschen kennenzulernen. Doch konnte ich mir nicht denken, dass einem mit der Zeit jede Unternehmungsfähigkeit geraubt würde.

Ich hatte mich auch gestern mit dem Maschinenbauer darum gestritten. Doch hatten wir nicht einig werden können. Ebenso darüber nicht, ob die Bauern einen wirklich nicht mitnehmen. Er behauptete, die Unfreundlichkeit der Bauern sei weniger ihrem Misstrauen zuzuschreiben. Sie fürchteten sich nicht vor einem Landstreicher, da sie wüssten, dass er wegen seines dürftigen Lebens nicht so kräftig sei wie sie. Aber sie verachteten ihn, da er keinen festen Wohnsitz habe, das Abscheulichste, was sich ein Bauer, der Besitzer von Haus und Feld, denken könne. Der Heimatlose sei für die Bauern immer ein Vagabund, ein Tagedieb, einer ihrer ärgsten Feinde, der ja auch ernte, ohne zu säen. – Hierbei lächelte der Maschinenbauer. – Sobald sie aber glauben, einen wirtschaftlich Ebenbürtigen vor sich zu haben, seien sie freundlich und zuvorkommend. Ich sollte mich in den Dorfwirtschaften nur als Agent oder Reisender ausgeben. Dann bekäme ich öfter Fahrgelegenheit.

Gleich heute früh wollte ich sehen, ob er recht hatte. Die ersten Wagen, die an mir vorüberfuhren, wagte ich noch nicht anzurufen. Als ich aber Friedrichshagen hinter den Bäumen liegen sah, quoll ein fröhlicher Übermut in mir auf.

Ich rief dem ersten Kutscher, der in der Richtung meines Zieles fuhr, zu, ob er nicht ein bisschen Platz hätte für einen abgespannten, lahmen Wandersmann.

Es war ein junger Bursche auf einem Milchwagen; neben ihm saß seine Schwester. Sie lächelten beide ganz leicht; ohne ein Wort zu erwidern, fuhren sie weiter

Auf dem nächsten Wagen saß ein älterer Bauer mit Feldgeräten.

Aber auch er hielt nicht an, um mich auf seinen Wagen zu nehmen. Ja, er lächelte noch nicht einmal auf meinen Zuruf. Starr und gleichgültig sah er geradeaus.

Und alle anderen fuhren so an mir vorbei, ohne auf meine Bitte zu achten. Einzelne erwiderten wohl meinen Gruß, aber das war auch alles …

In eine der letzten Schenken von Friedrichshagen trat ich ein, um zu frühstücken. Ich saß noch nicht lange am Tisch, als ein Wagen vorfuhr und ein dicker Bäcker, der nebenbei Landwirtschaft zu betreiben schien, hereinkam. Er setzte sich zu mir an den Tisch, und während er mit dem Wirt unterhandelte, kamen wir ins Gespräch.

Ich gab mich für einen Inseratensammler und Zeitungsagenten aus. Das schien ihm zu imponieren, und in der Art der Händler, die bei einem ihrer Abnehmer sich in einen guten Ruf setzen wollen und sich freuen, jemand gefunden zu haben, der ihnen dazu hilft, lud er mich zum Mittrinken ein und wollte mich nachher auch, ohne dass ich ihn darum gebeten, nach Rahnsdorf mitnehmen.

Ich nahm selbstverständlich gern an.

Plötzlich – wir waren noch beim Trinken, und ich dachte eben darüber nach, dass der Maschinenbauer doch wohl recht habe – wurde die Tür geöffnet, und ein junges Mädchen kam herein.

Sie hatte etwas Scheues und doch etwas Freches, Verkommenes im Gesicht. Das Traurig-Bedrückte der Landstreicher lag auch auf ihrer Stirn. Um den ausdruckslosen Mund ruhte so viel Gleichgültigkeit und Trägheit, wie ich sie bis jetzt bei keinem Kunden gefunden hatte. Der untere Teil des Gesichts, besonders das Kinn, entbehrte jeder Energie. Es war noch schwächer ausgebildet, als es sonst bei Frauen zu sein pflegt. Der Ausdruck großer Kindlichkeit und Unschuld wollte nicht zu dem aufdringlichen, schamlosen Blick der Augen stimmen.

So merkwürdig wie ihr Gesicht waren auch ihre Kleider. Die Röcke zu lang und zerschlissen, die Bluse frisch gewaschen und mit alten Schleifen aufgeputzt, die in der Farbe nicht dazu passten. Auf dem Kopf trug sie einen alten Strohhut, der eine ganz eigenartige Form angenommen hatte. Und darüber hing ein großes Umschlagtuch, durch dessen Löcher ihre reichen schwarzen Haare glänzten.

Sie verlangte für zehn Pfennig Milch, eine alte, aus einer Konservenbüchse gefertigte Kanne dem Wirt reichend. Der gab ihr das Verlangte mit bemerkbarem Ekel.

Sie hatte schon ihre Kanne in der Hand. Doch ging sie noch nicht. Suchend betrachtete sie alle Tische und sah bittend zum Wirt auf.

„Na, was willst du denn noch?“, fragte er mürrisch.

„Haben Sie nicht eine abgerauchte Zigarre?“

„Du meinst einen Stummel? – Nein, es ist keiner da.“

Sie blieb noch stehen. Der Wirt wollte grob werden, da reckte sich der junge Hausdiener hinter dem Ladentisch empor, wo er Gläser gewaschen hatte, und meinte in gutmütig schüchterner Weise:

„Ich habe ein paar beiseite gelegt – wenn ich sie nicht in den Müll geworfen habe. Ich werde mal gleich nachsehen.“

Er ging nach dem Hof und brachte einen ziemlich großen Stummel an.

Das Mädchen bat nun um ein Streichholz, steckte die Zigarre in den Mund und brannte sie an.

Mit Dankesworten ging sie hinaus.

Wir lachten über das Mädchen, das so tapfer Zigarren rauchte. Eine ganze Weile folgten wir ihr mit den Blicken. Sie mochte noch nicht hundert Schritt weit gegangen sein, da trat aus dem Walde ein junger Mann. Sie gab ihm die Zigarre. Während er tüchtig qualmte, verschwanden sie zwischen den Bäumen. –

8. Kapitel
Auch so'n Kunde!

„Ein nettes Ding!", lachte der Bäcker höhnisch.

„Und der Kerl erst!", fügte der Gastwirt hinzu.

„Wieso nett?", fragte ich.

„Na, det müssen Sie doch zujeben – so'n Frauenzimmer ist keen Schuss Pulver wert", antwortete der Bäcker.

„Wenn ich schon zugebe, dass sie vielleicht kein Engel ist – aber wer weiß, wie so'n Mädel zu solchem Dasein gekommen ist ..."

„Det is ja janz schön – aber an so'n Ding is Hopfen und Malz verloren."

Er trank sein Bier aus und rechnete mit dem Wirt ab.

Seine wegwerfende Art reizte mich.

Erregt fragte ich, ob er so ein Mädchen oder solchen Kerl wohl auf seinem Wagen mitnehmen würde, wenn sie ihn bäten?

„Nee – unter keenen Umständen lasse ick so'n Frauenzimmer oder so'n Kunden uff meinen Wagen", erwiderte der Bäcker.

„Na – dann – dann verzichte ich auch darauf!", sagte ich kalt und schneidend, mit Stolz mich aufrichtend, „ich bin auch so'n Kunde!"

Damit warf ich die Tür knallend hinter mir zu und ging auf der Chaussee weiter.

9. Kapitel
Von den Schicksen

Im Walde kam ein Mann, der hinter einem dunklen Wacholderbusch gesessen, an mich heran. Ich sah wohl, dass auch er ein Kunde war. Doch hatte – neben dem verschüchterten Wesen – jener etwas Finsteres, Fanatisches an sich. In seiner Kleidung lag eine gesuchte, starre und kleinliche Ordnung. Trotzdem seine Jacke schäbig war, trug er Manschetten, kleine, schmale Gummimanschetten. Seine Stiefel waren heruntergetreten, die Hosen ausgefranst und an den Knien abgescheuert – aber der kleine Schleifenschlips war genau in die Mitte des geschlossenen, weißen Stehkragens gebunden.

Als er sich erhob, klopfte er erst die Nadeln von seiner geflickten Hose, zupfte die Jacke und rückte den Hut zurecht. Das alles sah nicht etwa geckenhaft aus, sondern unbeholfen und erzwungen.

Dann trat er, den kleinen Berliner (Ränzel[7]) auf den Rücken schwingend, auf mich zu:

„Warum marschierest du so lustig? Denke daran, was dir bevorsteht! Gehe in dich und wisse, es kommt großes Elend über dich!"

Im Ton hatte er durchaus nichts Lächerliches oder Verspottendes. Voller Ernst, drohend und entrüstet trat er mir entgegen. Fast wie ein Prophet.

Der trübe Himmel, die neblige Luft, das sonnenlose Düster des Kiefernwaldes, die Gleichmäßigkeit der Forst, das ewige Wiederkehren derselben Stammgruppen, derselben gleichmäßig hohen Bäume mit den nackten Rinden,

---

7 das Ränzel, ein kleiner Ranzen, Tornister, auf dem Rücken zu tragen oder zum umhängen

die gerade, weit vor uns sich hinziehende, ebene Chaussee – alles verstärkte seine Rede.

Ich weiß nicht mehr, was er noch sagte. Es war voll Kummer, Finsternis, Unzufriedenheit mit der weltlichen Welt, voll Verzweiflung und Jammer.

„Ja, welchen Zweck hat alle diese Arbeit?", fragte er zum Schluss. „Nur, dass sie die Menschen aufeinanderhetzt, entzweit, dass sie alle, die von ihr geschmückt werden, übermütig und hoffärtig macht. Aber die Rache wird nicht ausbleiben, die Rache, die Rache. Es wird über sie kommen, und sie werden in sich gehen müssen! ..."

So marschierten wir eine Stunde lang; er schon eine ganze Weile schweigend. Da fragte ich, was er denn von den Tippelschicksen halte. Er sei doch schon eine ganze Zeit so unterwegs, wie es scheine. Ob er welche kennengelernt habe?

„O gewiss, mehr wohl, als du denken magst", antwortete er mit lächelnd verzerrtem Gesicht. „Schlangen sind sie alle miteinander. Die ausgeprägteste Faulheit und Unfähigkeit treibt sie auf die Landstraße. Es ist alles bei ihnen außer Rand und Band. Sie stehlen wie die Raben. Und ihre Falschheit! – Einmal bietet sich mir auch so ein Frauenzimmer an. Ihre teuflische Schönheit konnte mich jedoch nicht zum Wanken bringen. Und dann sah ich auch, dass ihre Schönheit nur die täuschende Hülle war für ihr verfaultes Innere – sie war durch und durch krank. Das brachte mich in gerechten Zorn, und ich schlug sie. Oh, sie wusste, dass sie das verdient hatte! Sie ließ es sich ruhig gefallen. Sie wimmerte nur um ein Almosen, das ich ihr schließlich gab, eingedenk des Wortes: Gebet denen, die nichts haben, die Hälfte eures Mantels. – Und dann drohte ich ihr, ich würde sie ins Krankenhaus bringen. Doch da flehte sie mich an: Ich will ja nicht ins Krankenhaus – ich kann ja nicht ins Krankenhaus – ich fürchte mich ja so – ich kann ja nicht! – Na, zuletzt ließ ich sie stehen und ging lachend davon. Was soll ich mich um eine solche Gezeichnete kümmern? – Mag sie zugrunde gehen, wie es ihr beschieden ist. Mag sie noch vielen die Ursache zum Untergang werden!"

Er verzerrte wieder das Gesicht in seiner grauenhaft lächelnden Weise. Aber dieser letzte Ausbruch musste ihn auch zugleich erschöpft und beruhigt haben. Er erzählte freundlicher, dass er in der Duisburger Herberge eines Nachmittags mit fünf anderen Kunden am eisernen Ofen gesessen. Darunter sei auch ein Einarmiger gewesen, der außer diesem Geburtsfehler ganz schön und kräftig gewachsen war. Sie hätten sich ihre Leiden geklagt und zuletzt auch von Tippelschicksen gesprochen. Der Einarmige habe erzählt, dass er am vorhergehenden Abend sechs dieser Weiber in einer Krefelder Herberge getroffen habe. Sie wären noch ziemlich frische, junge Dinger gewesen. Eine, ein tolles, blondes Mädchen, habe ihm den Vorschlag gemacht, mit ihm zusammen zu gehen. Er wolle ihr heute Bescheid bringen, unten am alten Rheinhafen. Was wir dazu meinten.

Da hätte ihn mein Begleiter gewarnt; er solle nicht darauf eingehen. Wenn man mit so einem Weib herumziehe, habe man manchmal für zwei zu sorgen. Die machten zu viel Scherereien. Es käme doch oft genug vor, dass der Mann betteln gehen müsse. Während er in den Häusern sei, stehe das Mädchen draußen herum; der Gendarm sehe sie und wisse sofort, dass der Kunde nicht weit sei; er warte, bis der kommt, und verhafte beide. Der Einarmige habe das auch eingesehen.

„Na, und so hat denn das Mädchen an dem Abend vergeblich unten am Rhein gewartet!", fügte er in seiner hämischen Art hinzu.

Nach einem längeren Marsch meinte er, dass die Schicksen oft so dumm seien, zu zweien mit einem Kunden zu gehen, dem sie alles heranholten. Es gäbe überhaupt merkwürdige Weiber unter ihnen, die für ihren Schecks[8] die unglaublichsten Dinge unternähmen.

„Ja", sagte ich, „das habe ich heut früh gesehen. Da fand ich Mutter und Tochter bei einem Kunden."

Er wurde wieder unruhig. Seine tiefliegenden Augen flackerten finster. Ehe ich ausgeredet hatte, rief er heftig:

„In welcher Richtung sind sie gegangen? Die Bande! Die – die – "

Ich beschrieb ihm ihren Weg.

„So, so! Jetzt soll es sie ereilen! Komm mit. Nun sollst du sie mal kennenlernen in ihrer ganzen Verderbnis."

Damit packte er meine Hand, wandte sich seitwärts, sprang über den Chausseegraben und zerrte mich mit.

10. Kapitel
Kundenfrühstück

Bald blickte durch die Stämme das Wasser des Müggelsees. Graue Nebelwände schwebten über ihm, so dass wir das jenseitige Ufer nicht sehen konnten. Umgefallene, abgestorbene Akazienstämme lagen in den Tümpeln, die wie große schwarze Flecke den weißen Sand des Ufers unterbrachen. Einige Meter unter uns zog sich das breite Ufer wie eine gewundene Heerstraße hin.

„Hier müssen sie vorbeikommen", sagte mein Begleiter, der sich als Tischler Albert zu erkennen gegeben hatte.

---

8 männlicher Begleiter einer Schickse (Ostwald: Rinnsteinsprache, S. 129)

Wir setzten uns auf die Baumwurzeln, die wie Riesenfänge verscharrter vorweltlicher Vögel aus dem abfallenden Ufer ragten. Während ich meine Blicke in den dämmernden Dunst unter den Stämmen sandte, erzählte Albert, dass er das Mädchen kenne. Es sei schon von Jugend auf nicht von der Landstraße gekommen. Die Mutter sei eine Tippelschickse gewesen und habe das Kind benutzt, um das Mitleid der Frauen zu wecken. Ihr letzter Schecks habe plötzlich eine kleine Erbschaft in seinem Heimatsdorfe gemacht. Nun habe er sie geheiratet. Sie hätten das Mädchen zu sich genommen. Da habe das Mädchen sich in einen Gesellen des Mannes verliebt. Und da der Vater nicht wollte, dass sie einen solchen mittellosen Menschen heirate, sei sie mit dem Gesellen davongelaufen. Und die Mutter, die ganz töricht an dem Mädchen hänge, sei mitgelaufen.

Der Mann habe ihre Spur bis nach Berlin verfolgen können. Da habe er sie verloren. In der Herberge hätte er, Albert, den Mann kennen gelernt, und daher wisse er, dass jenes Mädchen, das ich heute gesehen habe, dessen Tochter sei.

Er sagte das mit großer Bestimmtheit, trotzdem er das Mädchen noch nicht gesehen hatte.

So saßen wir eine ganze Weile im Hinterhalt.

Ab und zu lachte er in seiner schadenfrohen Art und sagte:

„Diesmal lasse ich sie nicht locker. Sobald ich einen Teckel sehe, übergebe ich sie ihm; das wäre ja noch schöner, wenn sie bei solchem Kerl, wie bei ihrem Schecks, bleiben sollte!“

Wir warteten vergebens. Nirgends zeigte sich das bunte Kleid des Mädchens. Nicht auf dem tiefer liegenden Uferstreifen, nicht zwischen den Bäumen und auch nicht auf der Chaussee, die wir genau im Auge behielten.

Ich sagte, dass ich nicht glaube, die Frauenzimmer kämen mit ihrem Kerl hier entlang. Er wies mich unwillig zur Ruhe.

Schließlich zuckte es in seinem Gesicht vor Ungeduld. Er sprang auf und hieß mich ihm folgen. Gebückt schlich er in der Richtung, die wir gekommen, zurück. Jede Erdsenkung benutzte er. Mehrere Mal warf er sich hin und lauschte, ob er sie nicht kommen höre. Doch ließ sich nur das Geräusch der von den Nadeln gleitenden, auf die vertrockneten Gräser fallenden Tropfen vernehmen. Hier und da raschelte etwas im dürren Laub. Aber von den Dreien war nichts zu sehen.

Bis an eine wilde, heideartige Schonung waren wir gekommen. Aus dem dürftigen, weißlichen Hügelsand reckten sich einzelne krüppelige Kiefern. An zerstreuten Stellen zog sich braungrünes Gras über die Armut des Bodens. Hier gingen wir aufgerichtet vorwärts. Gerade bogen wir um einige buschartige Bäume. Da sahen wir die Gesuchten plötzlich vor uns.

Unter einer schräg gewachsenen jungen Birke saß die Mutter des Mädchens. Sie war so gekleidet, wie arme Leute meist gekleidet zu sein pflegen: mit geflicktem Rock und Jacke, über Kopf und Schultern ein löcheriges Tuch.

Dennoch unterschied sie eins von den armen Frauen, die ich bisher gesehen: ihre Füße waren unbekleidet. Und ihr Gesicht hatte auch nicht den verarbeiteten, freudlosen und stumpfen Ausdruck der armen Frauen. Wenn es auch nichts von der Lebhaftigkeit und Frische ihrer Tochter, von deren anmutiger Selbstverständlichkeit des Lasters hatte, so war doch zu erkennen, dass die beiden Frauen zusammengehörten. Der schamlose, aufdringliche Blick war allerdings bei der Alten um ein gut Teil gemeiner und kräftiger als bei der Jungen. Scheu und Bedrücktheit, Gleichgültigkeit und angeborene Trägheit waren durchaus in Frechheit und Verkommenheit ausgewachsen; all das viel stärker bei der Alten als bei der Jungen. Nur ein Zug berührte besonders sympathisch. Um den verschwommenen Mund lag eine mütterliche Weichheit, wie sie manchmal ein Weib im tiefsten Sumpfe bewahrt, wie sie in der größten Finsternis noch mitunter aufleuchtet.

Schräg neben der Frau sahen die bunten Tücher des Mädchens hinter einem dunklen Wacholderbusch hervor. Auf der andern Seite des Busches, der zu schmal war, um zwei beieinander sitzende Menschen zu verdecken, war ein Am des jungen Burschen zu erkennen.

Unsere Schritte in dem weichen Sand waren nicht von ihnen gehört worden. Das Liebespärchen beugte sich zueinander, und die Alte sah nicht auf von ihrer mütterlichen Arbeit; sie nähte still weiter an dem Rocke des Burschen. Dieses ruhige Bild, das sie boten, hatte etwas Traumhaftes an sich. Es überraschten diese Stellungen, diese Tätigkeit im Freien, im frühlingsfrischen Nebel.

Albert zerstörte rasch meinen Genuss an dem Neuen und Befremdlichen.

„Na, da seid ihr ja!“, sagte er, ohne seinen ihm so lieben Ton zu ändern. „Kunde?“, fragte er gleich hinterher.

„Kenn Kunde!“, antwortete die Alte, die erschreckt aufgesehen hatte, uns aber nach dem üblichen Kundengruß gemütlich betrachtete. Sie lachte, als Albert sie strafend und befehlend anherrschte:

„Da seid ihr also, die ihr eurem rechtlichen Mann und Vater, eurem eingeordneten Herrn entlaufen seid! Wie kann euch der Leichtsinn so weit reißen, wie dürft ihr euch so weit von ihm führen lassen, dass ihr alles, was einer Frau, einem Kinde lieb und teuer sein muss, so verlassen, so schnöde von euch werfen konntet? Bedenket, dass ihr euch vergangen habt, dass ihr vom rechten Wege abgewichen seid!“

Die jungen Leute, die verwundert um den Wacholderbusch gelugt hatten, erhoben sich und kamen näher. Der Bursche musste wohl eher als die belustigte Alte fühlen, dass Albert nicht spaßte. Seine stämmigen Schultern vorstreckend, ging er drohend auf Albert zu:

„Wenn du nicht bald dein Geunke lässt, du mieser Bruder, dann lege ick dir lang uff'n Bauch, dass de Sand schluckst un denkst, der Soruff (Schnaps) fließt dir in'n Schlund.“

Vor dem heftigen Ton des Burschen wich Albert zurück. Bei all seinem hochfahrenden Auftreten schien er doch nicht ohne Feigheit zu sein. Sein großes Gehaben sank bei stärkerem Widerstande. In Schwäche und Ohnmacht stotterte er:

„Na, ich habe das nicht so gemeint. Es ist ja – im Übrigen – in Berlin hat mir doch einer erzählt, dass ihr ihm ausgekniffen wäret.“

Jetzt wurde auch die Alte aufmerksamer. Sie drängte ihren Beschützer zur Seite und sagte:

„Na, da hast du dir ja einen duften Kohl anschmieren lassen.“

Ärgerlich wollte sie auf Albert losfahren. Doch musste sie sich plötzlich eines Besseren besinnen.

„Na, weeßte, wenn de wirklich wat von uns jehört hast, kannste ja mal wat davon zum Besten jeben. Wir möchten doch jerne mal hören, wie weit wir berühmt sind.“

Sie lachte lustig auf; aber aus ihrem Lachen war doch eine gelinde Ängstlichkeit zu hören. Um diesen Eindruck abzuschwächen, redete sie hastig und lief dabei geschäftig hin und her.

„Ja, das möchte ich doch wirklich einmal hören. Haha, das macht mir wirklich viel Spaß. Und damit ihr seht, dass ich weiß, was sich schickt, dass ich Lebensart habe, lade ich euch beide hiermit zu einer ganz zünftigen Pickelei (Esserei) ein. Wir haben hier noch ein Stück Schwarzbrot, einen Fetzen Unvernunft (Wurst), Lorchen (Weißbrötchen), ein paar Schwimmlinge (Heringe) und Soruff. Die Pulle is noch janz voll. Liese hat sie erst frisch füllen lassen. Ihr sollt mal sehen, wie wir hier Gäste empfangen und bewirten. Ja, nur eine Schickse weeß noch, wat Gastrecht ist; nur sie entzieht sich und ihren Kindern allens, um den Fremden zu laben und zu erquicken. Und darum kredenze ich Euch, Ihr wohlerzogener junger Mann, diese letzte Flasche, die ick in meinem Keller jefunden. Mag sie Eurem Schlung eine angenehme Jabe sind!"

Auf diese Weise wurden wir zum Frühstück eingeladen. Ihre gewichtige Art und ihr geziertes Benehmen berührten sonderbar. Aber ich begriff sehr bald, dass es hier galt, den erfahrenen Tippelbruder zu spielen. Da Albert sich sofort niederließ und die Flasche ergriff, wollte ich zeigen, dass ich nicht weniger Anstand besaß als er. Und auf ihren Ton eingehend, sagte ich mit einer tiefen Verbeugung:

„Mit Freuden, meine verehrte und hochlöbliche Dame, nehmen wir Ihre Einladung an den reichbesetzten Tisch Ihres Hauses an. Glaubt mir, dass wir die außerordentliche Ehrung, die Ihr zwei wildfremden Pilgern widerfahren lasst, vollauf zu schätzen und zu würdigen wissen. Darum erlaubt mir, hohe Frau, dass ich Euch diesen Schluck des edelsten Nordhäuseler komme!"

Ich trank einen derben Zug – aber meine Kehle war doch noch nicht ausgepicht – ich verschluckte mich tüchtig an dem beißenden Getränk. Meine zünftige Aufführung ward dadurch sehr zweifelhaft, und ich merkte, dass die Alte und ihre Kinder mich misstrauisch betrachteten. Meine allzu glatte Rede mochte sie gestört haben. Wie viele Leute ohne

Schulung, sprachen sie in abgebrochenen, stockenden und durcheinandergezogenen Sätzen.

So begann denn mein erstes Frühstück im Kundenkreise in etwas gedrückter Stimmung, wenn auch die anderen durch gemachte Heiterkeit das alles zu vertuschen suchten.

„Seht ihr", sagte die alte Tippelschickse schmunzelnd, „solche Pickelei kann einem Kunden nur werden, wenn er sich der holden Weiblichkeit anjenehm machen kann. Mein Schwiegersohn, das Oberhaupt unserer Familie, der det is, weil wir ihn freiwillig, ohne staatlichen Zwang anerkennen, braucht sich nie nich graue Haare wachsen lassen wie andere Familienoberhäupter. Er hat nie Sorgen, wo er's liebe Brot for seine Anjehörigen hernehmen soll. Wir rechnen es uns zum Amüsemang, ihn davon ledig zu halten."

In dem Bestreben, eine hinterhaltlose Stimmung herzustellen, prahlte sie mit ihren Kunstkniffen, verriet sie sich.

„Ja, umsonst habe ick nich schon janz Deutschland durchtippelt. Ja, wenn ick als verlassene Ehefrau, die vor de Exmission steht und deren Kinder zu Hause im Sterben liejen, weswejen ick se nich mitschleppen kann – oder als verunjlückte Bergmannsfrau oder versteijerte, untern Hammern jekommene Bauerswitwe, die wejen det Reißen in de Beene nich mehr arbeeten kann, bei de Frauen anfrage, ob se nich wat for meine Nachkommenschaft tun wollen – for mir wollte ick ja jar nischt, bloß for meine sieben unschuldigen Kinderkens – denn dreht sich ihnen immer noch det Herz im Leibe rum – un det Portemonnaie dazu. Seht ihr, de Lorchens habe ick als verunjlückte Bergmannsfrau gesteckt jekriegt, das Schwarzbrot ebenso und die Unvernunft ist der eheverlassenen Frau jeworden. Allens andere wurde mir zu Medizin für meine sterbenden Kinder jereicht. Un nu

Kinders, lasst die Medizin nicht stehn. Verschmäht nich, wat eine vorsorgliche Familienmutter zusammenjebracht hat. Kränkt ihr nich in ihrem Stolz!"

Sie hatte alles auf Papierstücken geordnet und es auf ihre, über den Sand gebreitete Schürze gelegt; die andern griffen zu und schnitten die Heringe mittendurch. Ein Reinigen und Abwaschen der Salzfische ward für überflüssig erklärt. Dabei gehe das beste Fett und der pikante Geschmack verloren, erklärte die Alte. Ich zwang mich, ein Stück Wurst mit Schwarzbrot anzunehmen und es mit Gewalt hinunterzuschlucken. Sie schmatzten alle tüchtig beim Essen. Der Schnaps, den eine gut gefüllte alte Weinflasche barg, ward am meisten gewürdigt.

Inzwischen ward wenig gesprochen. Der Bursche des Mädchens sah immer noch feindselig unter seinen herabgezogenen Brauen hervor. Sonst war sein Gesicht offen und munter. Auch war er wohlgenährt, doch sah das mehr aufgeschwemmt als kräftig aus. Seine rundliche Stirn und die schwachen, weichlichen Hände ließen wenig arbeitsame Kraft erkennen. Abstoßendes hatte er nicht an sich. Er war darin das Gegenteil zu Albert, der in seiner Eckigkeit und Plumpheit nicht anziehend wirkte. Nur der sonderbare Riss durch das Innere Alberts konnte fesseln.

Das Mädchen kümmerte sich nicht um die Missstimmung ihrer Gesellschaft. Voll Zärtlichkeit wendete sie dem Burschen die besten Bissen zu, sah fast immerwährend ihn an und lächelte, wenn er trank.

Nach dem Essen trat ein bedrückendes Schweigen ein. Albert erwartete wohl, dass die Alte endlich erzählen würde. Doch die ließ ihn ruhig in seiner Neugierde, wenn auch zu merken war, dass sie gern von ihm erfahren hätte, woher er sie kannte, woher er so manches von ihnen wüsste. Sie wollte sich nicht durch Fragen verraten.

Dem Burschen aber ward das widerwärtig. Als Albert immer noch mit Verachtung auf die drei sah – selbst beim Essen hatte er dies Gefühl merken lassen, trotzdem er mit wahrem Heißhunger über das Essen hergefallen war –, ward der Bursche immer aufgeregter und zorniger. Selbst die Zärtlichkeiten des Mädchens, das sich, ohne auf uns zu achten, an ihn schmiegte, lenkten ihn nicht ab. Er beachtete sie gar nicht. Nach einigen Minuten gänzlichen Schweigens fuhr er auf Albert los:

„Was hast du? Was willst du von uns?"

Erschreckt stotterte Albert:

„Nee, nee – ich will nichts von euch!"

Ängstlich sah er zu dem vor ihm stehenden Burschen empor, wagte es jedoch nicht, sich zu erheben.

„Na, denn los! Verdufte!", herrschte der Bursche ihn an.

„Nicht doch", wehrte die Alte; „er hat uns ja nischt getan. Oder hat er dir schon wat getan?"

„Nee", antwortete der Bursche zögernd.

„Na also!", meinte die Alte zufrieden. „Er sollte uns doch noch erzählen, woher er uns kennt."

„Ja, ja", sagte Albert diensteifrig. „In der Oranienpenne traf ich einen Mann, so'nen kleinen, aber breitschultrigen Kerl. Er war ganz sauber angezogen, mit'n Schemisett[9] und Kragen und Stulpen. Seine Stiefel waren auch ganz sauber gewichst. Sein grauer Bart war glatt gekämmt – er sah aus wie ein anständiger Handwerksmeister."

Die Alte nickte und blinzelte heimlich ihrer Tochter zu, wie wenn sie sagen wollte: „Ja, ja, das ist er!", doch zwang sie sich, vollkommen harmlos zu scheinen. Albert erzählte weiter:

9 chemisette, Verkleinerungsform von französisch „chemise" (Hemd): gestärkte Hemdbrust an Frack- und Smokinghemden

„Na, und da er sich auch sonst von dem anderen Gesindel abseits hielt, sprach ich ihn an; er gefiel mir. Als wir nun oben im Schlafsaal lagen, erzählte er mir, dass ihn seine Frau und seine Tochter verlassen hätten. Er hätte in einem kleinen Ort bei Brandenburg eine Schneiderei gehabt, und alles wäre sehr schön gewesen. Nun sei ihm sein Lebensglück zerstört – ja, sein Lebensglück zerstört! …"

Albert nickte mit dem Kopfe und schien ganz versunken zu sein in dem Gedanken, dass des Schneiders Lebensglück zerstört wäre.

„Ja, und er beschrieb, wie sie aussähen, dass sie mit einem jungen Burschen ihn verlassen hätten, ihn, den Mann, der sich des vaterlosen Kindes der Frau angenommen, der sie herausgehoben aus ihrem elenden Dasein." Er wurde wieder pathetisch-moralisch.

Die Alte hatte bei den letzten Worten einen ganz roten Kopf bekommen. Wütend sprang sie auf und lachte rau:

„Der Schmusbruder, der! Und das hast du nich jemerkt, dass er dir'n orntlichen Bären uffjebunden hat? Wir, wir beede Frauensleute haben immer for ihn Klinken putzen (betteln) müssen. Ja, er hat sich woll zu Hause hinjesetzt und hat jetan, wie wenn er arbeete. Aber dabei hat er uns in die Städte jeschickt, und wir haben ihm alles ranschaffen müssen. Ja, und dazu hat's immer noch Senge gegeben. Und weil nu die Frieda nich mehr wollte, weil sie sich nu ooch'n Schecks anschaffte, da hat er sie mörderlich verhau'n. Und da is se eben losjejangen. Und da habe ick mir jesagt, det habe ick ja ooch nich mehr nötig, noch for eenen mitzusorgen. Ick habe jenug vor mir zu dun. Und meine Frieda kann mir ville nötiger jebrauchen als so'n alter Kerl … Ja, siehste, so war die Jeschichte … He, du Grünling du, du kannst keene Bilder rausstecken mit deinem scheinheiligen Bruder, mit dem alten, ausjefeimten Kunden. Ha, hinter die Schliche von dem Bruder sind wir schon lange jekommen. Das merk dir man …"

Sie winkte mit der Rückseite ihrer Hand zu Albert hinüber und schlug sich auf die Knie:

„Und denkste denn, ick hab't noch nötig, mir uff meine alten Dage verhauen zu lassen? Hat er sich det bis jetzt nich erlauben dürfen, kann er't nu schon lange nich machen. Wir hab'n keene lange Scheidung nötig. Wir jehen eben, wohin wir wollen, wie't uns passt!"

Sie setzte sich und sah dabei ab und zu Albert geringschätzig und herausfordernd an.

Der saß ganz verwirrt da und starrte der Aufgeregten unverwandt ins Gesicht, vollkommen gefangen von ihrer Leidenschaftlichkeit.

Die Frau strich sich die Kleider glatt. Sie schien durch ihren Ausbruch beruhigt worden zu sein, sich ausgetobt zu haben. Aber als sie wieder aufsah und das hilflose, verschüchterte Gesicht Alberts erblickte, ward sie wieder ärgerlich, und gereizt rief sie:

„Ha, das ist doch zu schön! Uns so was nachreden zu lassen!"

Der Bursche sah verächtlich von Albert fort und sagte wegwerfend:

„Na, von dem da kann man ja nischt anders erwarten!"

Das Mädchen nickte belustigt und zustimmend.

„Weeßte, glotz uns nicht so an, wie wenn de Jahrmarktspopanze vor dir hättst!", fuhr der Bursche auf Albert los. „Sonst kannste gleich noch mal mit meine Fäuste Bekanntschaft machen … Ick habe sowieso jleich uff dir'n Kieker jehabt … Der andere da" – er wies auf mich – „der hat ja nischt zu bedeuten. Aber dir hab ick det Hinterlist'ge und Hinterkünft'ge, det Muckerische jleich anjekiekt. Und det kann ick jerade verknusen. Det is ja so mein Fall! …"

Er ward durch seine Worte immer erregter:

„Ja, erst sich von uns futtern lassen, uns de schönsten Fetzen wegfressen – und dann schließlich hinloofen und uns den Teckel uff'n Hals hetzen! Ick könnte dir gleich eens in de Fassade langen!"

Er erhob die Hand und biss die Zähne in die Unterlippe. Das Mädchen und die Alte zogen ihn jedoch zurück.

„Na, so'n Kerl! Et is doch wahr!", sagte er ruhiger.

Albert saß ganz starr da. Er hätte sich ohne Verteidigung, ohne Widerrede schlagen lassen.

Ich wollte die Erregten beruhigen und sagte:

„Na, vorläufig hat euch doch Albert noch nichts getan. Und er meint es wohl auch nicht so schlimm."

„Ja, davon verstehst du man noch nischt", antwortete mir der Bursche. „Gegen dir haben wir ooch nischt. Du bist ja'n janz juter Junge; du machst et woll janz jut meinen – aber du weeßt man nich, mit wat for'ne Sorte Menschen man't zu dhun kriejt ... So'ne Kerle kriejen 't fertig un verjreifen sich an 'ne anständige Frau, flüstern wat'n Teckel un hetzen ihn uff ihre Spur. Da hilft bloß eens; immer jleich rechts und links: Man nich zimperlich."

Er sah mit großen Augen die Frauen an, wie: „Na, habe ich nicht recht?" Nach einem Weilchen fuhr er fort:

„Ha, jibt et woll wat Jemeinert, als sich so mies an een hilfloset Wesen zu zeigen? Aber denn will man sich bloß lieb Kind machen bei'n Teckel! So'n Kerl kann machen, det er mir aus de Ogen kommt!"

Albert verstand den Sinn der letzten Worte, erhob sich, immer das Gesicht den dreien zugewendet, und entfernte sich mit den Worten: „Na – besten Dank auch!"

Die drei antworteten nicht.

Als ich aber ihnen grüßend zunickte, riefen sie mir herablassend nach: „Mach's gut!"

Im Forst drehte sich Albert um:

„Nu lass ich sie gerade verschütt gehen!"

Das widerte mich an, und ich sagte, man müsse doch den Frauen ebensoviel glauben wie dem Alten.

„Ach, glaubst du denn, die Weibsen haben sich nicht ihren Kohl zurechtgemacht? Und darum, weil sie mit uns geschmort haben, darum lasse ich mich noch lange nicht bestechen und betölpeln. Das war alles Mache. Siehste – da, nu sind sie schon verschwunden!"

Sie waren wirklich nicht mehr unter der Birke zu sehen. „Nu gebe ich sie gerade dem nächsten Teckel an!", sagte Albert und lief eifrig vorwärts. „Wir wollen sehen, dass wir sie im Auge behalten. Und dann wird sich's ja zeigen, wer recht hat, der Alte oder die Weiber. Sie werden wohl nicht ohne Schuld sein!"

Damit hastete er zwischen den Stämmen dahin.

11. Kapitel
Der unheimliche Albert

Zu meiner Freude trafen wir an dem Tage keinen Landjäger.

Und die Ortsvorsteher, an die sich Albert wandte, dass sie die alte Tippelschickse und ihre Tochter festnehmen möchten, immer wiederholend, sie wären ihrem Familienoberhaupt entlaufen, sagten, sie hätten keine Zeit für solche Quarkereien.

Albert ward schweigsam und bissig. Ich war mehrmals nahe daran, meinen Weg ohne ihn allein fortzusetzen. Aber dann wollte ich auch gerne wissen, was ihn, den ordentlichen Menschen, auf die Landstraße getrieben. Das Auffallendste an ihm war, dass er die Dörfer gern umging. Auch wenn Wagen oder Fußgänger sich näherten, bog er vom Wege ab und schlich sich hinter Gebüsche. Der Gang zum Ortsvorsteher kostete ihn immer große Überwindung, und dabei hatte er die Beamten durchaus nicht zu fürchten. Seine Papiere waren in Ordnung. Er war bis vor wenigen Tagen in Berlin in Stellung gewesen. Allerdings lauteten alle seine Zeugnisse nur auf kurze Zeit. Aber das war den kontrollierenden Beamten ganz gleichgültig. Sie sahen nur danach, ob er in den letzten sechs Wochen wirklich in Stellung gewesen war.

Noch eines merkte ich bald: er wagte nicht zu betteln, trotzdem seine Taschen leer waren und er ganz ausgehungert schien. Als ich ihn fragte, warum er nicht fechte, meinte er, na, das müssten doch die Leute sehen, dass es ihm schlecht gehe; sie müssten ihm schon ganz von selbst was geben. Ob ich nicht einsehe, dass dieses Fechten den Menschen herabwürdige? Und er wolle lieber auf der Landstraße verrecken, als dass er wie ein Hund komme, um die Brosamen aufzuschnappen. Dann würde seine Leiche den Leuten eine Anklage sein. Ihr Gewissen sei belastet, und sie hätten keine Ruhe mehr. Sie wären zu Mördern geworden. Und wenn sie auch bereuten – das käme zu spät. Die Ruhe fänden sie doch nicht mehr.

Er vergrub sich mit selbstquälerischer Wollust in den Gedanken, dass er die Menschheit damit kränken könne.

Seine blassen, eckigen Backen wurden bei diesen Reden noch bleicher, seine Augen finsterer. Mir ward es unheimlich, mit ihm allein zu sein. Und da ich müde war und es ja auch nicht zu eilig hatte, schlug ich ihm vor, in dem nächsten Dorf Station zu machen und zu übernachten.

Die vielen Menschen in der Gaststube machten ihn ängstlich und verwirrt. Seine Augen flackerten, und seine Lippen bewegten sich lautlos. Er machte einen erschreckenden Eindruck. Es war ihm wie eine Erlösung, als wir oben in der dürftigen Dachkammer beieinander sitzen konnten, beleuchtet von dem Schein einer Kerze.

Ehe wir zu Bett gingen, sprachen wir nochmals über das Fechten. Er blieb bei seiner ersten Behauptung. Mit einer gewissen Bosheit malte er es sich aus, wie man ihn verhungert fände.

12. Kapitel
Zusammenstoß

Am folgenden Morgen kam ich ihm mehr auf die Spur.

Er beklagte sich, dass man ihn immer so bald wieder entlasse, wenn er eine Stellung habe. Der Meister meine stets, solchen unverträglichen Gesellen könne er nicht in seiner Werkstatt gebrauchen. Dabei halte er, Albert, doch nur auf Ordnung.

Dass diese seine Art allerdings schwer zu ertragen war, begriff ich bald. Er wollte durchaus, dass ich meine Kleider, die ich am Abend teils auf die Nägel an der Tür gehängt, teils auf meinen Stuhl gelegt hatte, genau so wie er auf einem vor das Bett gestellten Stuhl fein säuberlich übereinanderlege. Erst Rock und Weste, dann Vorhemd und Kragen, darüber die Beinkleider und obenauf die glattgestrichenen Strümpfe.

Ich lachte ihn aus. Doch musste ich ihm seinen Willen tun, da er ganz zornig wurde.

Er fragte mich, ob ich es auch begriffen hätte und es am Abend tun werde. Als ich lachend: „Ja, ja!“, sagte, verwies er mich zum Ernst. Das sei doch sehr wichtig.

Während wir im Gastzimmer Kaffee tranken, fing es an zu regnen. Erst fein, dann immer stärker und stärker. Auf dem Platz vor der Kirche, den man von dem Gasthof aus übersah, bildeten sich kleine Pfützen. Die Kinder, die vor den Häusern und unter den Torwegen der Gehöfte gespielt hatten, zogen sich bald ganz zurück. Nur ab und zu kam eine Frau mit hochgerafften Röcken über den Platz.

Wir beschlossen, den Regen vorüberzulassen und erst weiterzuwandern, wenn er schwächer würde. Inzwischen kamen einzelne Bauern herein. Wir hörten sie schon, wenn sie den Flur betraten. Wuchtig, unter lautem Geräusch stampften sie sich den Schmutz von den Stiefeln. Sie blieben in der Gaststube sitzen und spielten miteinander Karten.

Je mehr hereinkamen, je unruhiger wurde Albert. Die neugierig-misstrauischen, verachtungsvollen Blicke, die sie uns zuwarfen, schienen ihn zu stören. Plötzlich sprang er auf und lief in den Regen hinaus. Ich folgte ihm und fragte, was ihn denn forttreibe. Wir hätten es doch nicht so eilig. Oder ob er etwa die Tippelschicksen vom Tage vorher gesehen habe?

Ganz verstört stürmte er vorwärts, zum Dorfe hinaus. Erst weit draußen, auf den flachen Feldern, sagte er stockend, mit fliegendem Atem:

„Hast du – nicht bemerkt, wie sie uns ansahen? Die Blicke – die Blicke! Sie wollten uns was antun. Ja, was antun!“

Ich hatte Mühe, ihn zu beruhigen. Doch wollte er durchaus nicht zurück. So marschierten wir denn im Regen vorwärts, immer an den Rändern der Felder, da die Wege aufgeweicht waren und voll Wasser standen. Dann kamen wir wieder in Kiefernwald.

Albert war immer noch aufgeregt. Ich bemerkte, wie er auch mich mit gespannter Aufmerksamkeit beobachtete, als befürchte er etwas von mir. Zuerst wunderte ich mich darüber. Aber dann kränkte es mich doch, und ich fragte, ob er etwas gegen mich habe; dann könnten wir ja auseinandergehen. Wir würden auch wohl jeder unsern Weg allein finden.

Er antwortete unklar, so sei das nicht gemeint. Im Übrigen könne man keinem trauen.

Während des Gesprächs hatten wir nicht auf unsere Umgebung geachtet. Da hörten wir hinter uns Hufschläge – ein Landjäger kam angeritten.

Albert riss angstvoll die Augen auf. Mit verzerrtem Gesicht sprang er seitwärts und entfloh in den Wald.

Sowie der Landjäger das sah, rief er mir zu, ich solle stehenbleiben. Dann setzte er hinter Albert drein. Er hatte ihn bald erwischt.

„Warte man, Bürschken! Dir wer'n wir schon – auskneifen!"

Er begnügte sich nicht, ihn nur beim Kragen zu halten, sondern legte ihm eine Schnur um die Hände, die er an seinem Sattelknopf befestigte. Dann winkte er mich heran: „Die Papiere!"

Ich reichte ihm meine Papiere. Er durchflog sie – „da, ist gut!"

Ich steckte sie wieder ein.

Da traf mich aus Alberts Augen ein Blick. Er war so traurig, so erdrückt, dass ich es wagte, dem schon das Pferd wendenden Landjäger zuzurufen: „Aber der Mann hat ja auch Papiere."

Der Landjäger zoppte sein Pferd.

„Na, mal her damit!"

Albert holte sie mit zitternden Händen hervor.

Der Landjäger betrachtete sie. Unschlüssig wendete er sie hin und her. Endlich sagte er:

„Ja, wenn seine Papiere in Ordnung sind – weshalb kneift er denn aus?"

Albert gab keine Antwort. Mit gesenktem Kopf stand er zitternd neben dem schnaufenden und stampfenden Pferde. Er schien so fassungslos zu sein, dass er nicht antworten konnte. Und da ich auch nicht wusste, warum er davongelaufen, konnte ich ebenfalls dem Landjäger keine Erklärung geben.

So befahl er denn, Albert solle vorwärts laufen.

„Wer weiß, was das für'n Bruder ist!", sagte er und ritt fort, seinen Gefangenen an der Schnur voraustreibend.

13. Kapitel

Im Lehm

Der Boden, über den ich ging, wurde immer lehmiger und fetter. Ich sank mit meinen Schuhen tief hinein. Die saßen dann oft so fest, dass ich sie mit großer Anstrengung herausziehen musste. Es war, wie wenn mich der Boden festhalten wollte, wie wenn ich nicht vorwärts kommen sollte …

Dazu schien der Weg kein Ende zu nehmen.

Ich ging über feuchte tiefliegende Wiesen, die ringsum von dunklen Kiefernwänden umgeben waren. Dieses Grün der Wiese und des Waldes, überzogen von dem Grau des Regens, verstärkte meine Ermattung. Und als ich an einen Graben kam, über den eine Brücke führte, ließ ich mich auf den Steinen an der Brücke nieder.

Es war mir, wie wenn ich umkehren sollte. Aber das war im nächsten Augenblick vergessen. Der Tag musste ja auch kommen, wo ich am Ziel war, wo ich meine Wanderung beendet hatte. Die Erlebnisse der letzten Tage hatten mich nur noch mehr gereizt. Und ich hatte noch so viel Vertrauen zu mir, ich könnte alles erreichen, was ich wollte, dass ich mich nicht einen Augenblick fürchtete, auch weiter als Landstreicher zu gehen.

Ich hatte nicht auf meine Umgebung geachtet. Als ich mich erhob, sah ich jemand meinen Weg verfolgen; erst glaubte ich, es sei Albert. Aber er ging nicht so gerade im gleichmäßigen Schritte drauf zu wie dieser. Hin und her kreuzte er den Weg, um die Pfützen zu umgehen. Manchmal blieb er zögernd stehen und überlegte, ob er wohl geradeaus, rechts oder links gehen müsse.

Ehe er mir so nahe war, dass ich ihn erkennen konnte, wusste ich, dass Willem dort kam. Ich ließ ihn herankommen und begrüßte ihn schon von weitem: „Kunde?"

„Kenn Kunde, kenn!", antwortete er.

Als wir zusammen weiterschritten, erzählte er mir, warum er Köpenick verlassen habe. Das Mädchen stelle ihm immer noch nach. Und er könne sie doch nicht heiraten. Er bekäme keine Stellung, in der er sich eine Familie anschaffen könne.

Ich redete ihm zu, er müsse doch nicht an sich selbst verzweifeln.

„O ja", antwortete er; „du hast gut reden. Aber sei erst mal voll Bienen – dann nimmt dich niemand mehr. Und wenn man erst so lange unterwegs ist, verlernt man ooch das regelrechte Arbeiten. Man traut sich nischt mehr zu. Und ick weeß nich, ob ich's noch irgendwo acht Tage aushielte. Nee, nee – und dann nachher Mord und Totschlag mit so'n Frauenzimmer, wenn man sie auf dem Halse hat."

„Na, du wirst sie doch noch regieren können!"

„Ja, – aber wenn du nun keene Arbeit, keen Verdienst hast? … Nee, und siehste, denn die ewige Stichelei in der Köpenicker Penne. Das hielt ich nich mehr aus."

Ich wusste nicht, ob ich ihm glauben konnte, ob er seine Schwäche nicht heuchelte aus Lust zum Wandern. Er schien das zu merken und schwieg verlegen. Doch ward er mir darum nicht feindselig gesinnt. Einige seiner Blicke, die ich auffing, waren eher voll Hingabe und Bewunderung. Er hatte etwas Anhängliches in seinem Wesen, das mich für ihn einnahm. Ich marschierte lieber mit ihm als mit Albert.

Er wollte zu Mittag in Fürstenwalde sein, um sich dort in der Heimat zu erholen, auszuruhen und seine Kleider zu trocknen. Ich sagte ihm, dass ich ihn begleiten wolle, um so einen Mittag in der Herberge zu sehen.

Da meinte er, nicht ich begleite ihn, sondern er mich. Ich sollte nur bestimmen, wohin wir wollen.

Nach einigem Hinundherreden fragte ich ihn, ob er Albert kenne.

„Ach, den Verrückten!", machte er; „ja den – den kenn' ich."

Ich erzählte, wie es ihm gegangen war.

„Ja, so geht es dem immer. Der hat einen Kleinen weg. Und da kneift er stets aus. Ick habe schon viel von ihm gehört … Aber sie lassen ihn immer wieder laufen."

Willem schwieg. Mir kam es vor, wie wenn er selbst sich schuldig fühlte, dass Albert immer noch herumlaufe. Da kamen wir aus dem Walde und sahen Fürstenwalde vor uns. Willem zeigte mir, wo die Herberge liege.

14. Kapitel
Hungrige Augen

Wir kamen in die Stadt, als die Arbeiter zu Mittag gingen. Zwischen ihnen verschwanden wir. Keiner sah uns nach, wir fielen niemand auf. Alle, die Arbeiter und auch die Kinder, die Beamten, Frauen und die hinter den Ladentüren stehenden Geschäftsleute, hielten uns wohl für Stadtbewohner. Der Regen hatte etwas Verhüllendes an sich.

Einzelne richteten einen fragenden, neugierigen Blick auf uns – in einer kleinen Stadt kennt ja jeder den andern und neue Gesichter sind selten –, aber dieses massenhafte Nachstarren, das ich in Köpenick gefühlt hatte, empfand ich hier nicht.

Wir mussten fast durch die ganze Stadt. Endlich sahen wir das Kreuz mit dem bunten Kranz, das Herbergswahrzeichen. Es hing über dem Torweg eines ziemlich breiten Hauses. Wir gingen ganz harmlos darauf zu und schwenkten rasch in den Torweg ein. Auf der rechten Seite stand: Gastzimmer – links las ich: Fremdenzimmer. Ich wollte erst ins Gastzimmer gehen. Willem hielt mich aber zurück. Das Gastzimmer sei nicht für uns.

Wir seien doch auch Gäste, meinte ich.

Das schien er nicht recht zu verstehen und ging mir voraus ins Fremdenzimmer. Dort trat er an die von Handwerksburschen besetzten Tische heran und schlug mit den Fingerknöcheln der rechten Hand auf den Tisch. Die meisten der Sitzenden wiederholten dies und sagten:

„Kenn Mathilde!“

Ich merkte, dass dies der übliche Gruß war, wenn man als Neuzugewanderter in eine Herberge kam, und ahmte den Gruß nach. So ganz gelang er mir noch nicht –, und so hatte ich mich doch wieder als Neuling verraten. Ich sah das sofort an den Blicken, mit denen ich betrachtet wurde.

Ich setzte mich aber ganz gelassen an einem der langen Tische nieder. Er war mit Kartoffelresten, Fischgräten, Suppenspritzern beschmutzt. Auf all diese Überbleibsel setzte der Hausdiener, ein junger Mensch mit einem blödsinnigen Lächeln, meinen Nachbarn ihre Mahlzeit hin. Zuerst bekamen sie Erbsensuppe mit einigen Speckstückchen drin. Da das Essen selbst nicht schlecht aussah, so bestellte ich mir auch was.

Willem sah verlegen fort, als ich das dem Hausdiener zurief. Ohne mir etwas dabei zu denken, fragte ich Willem, ob er nicht auch esse. Er stotterte, wurde rot und schüttelte zuletzt nur den Kopf, ohne mich offen ansehen zu können.

Da wusste ich, dass er sich kein Mittag bestellen konnte.

An den andern Tischen wurde nicht gegessen. Da saßen eine Menge meist ältere Leute um eine Gruppe Damespieler. Eben hatten diese ihr Spiel beendet, und ein Mann, der unter seinem Rock eine blaue Bluse wie ein Rohrleger trug, fragte einen anderen, der ebenso gekleidet war wie er:

„Woll'n wir nich mal 'ne Dame spielen?"

„Ja, gewiss – um wat denn?"

„Na, um Dalers nich – spiel'n wir mal um Nasenpopel."

Da fuhr mein Nachbar auf:

„Schämt euch! Wie könnt ihr beim Essen solche Wörter gebrauchen! Solche gemeinen Wörter! Seht ihr nicht, dass hier gegessen wird?"

Alles sah nach ihm hin. Sämtliche mit Hüten bedeckte Köpfe wendeten sich ihm zu. Der kleine, grauhaarige Krauskopf sah nun selbst gar nicht so gewählt und appetitlich aus. Seine Kleidung war getränkt mit allen möglichen Tünchen und mit Firnis. Selbst an den Nägeln und zwischen den Fingern klebte noch Farbe. Er schien ein Anstreicher zu sein, der in der Stadt beschäftigt war und nur in der Herberge speiste. Sein hochmütiger Ton ließ die andern fühlen, dass er jetzt mehr sagen dürfe als sie, die Beschäftigungslosen.

Während er noch brummelte, trat der Herbergsvater herein. Er brachte mir Suppe und dem Maler und zwei andern je einen Teller Schellfisch mit Senftunke und eine kleine Schüssel voll Kartoffeln, wohl drei Teller enthaltend. Der Herbergsvater, der in seinem Gesichtsausdruck etwas Würdevolles, Zurechtweisendes hatte, trat auf einen älteren, halbtrunkenen Menschen zu und herrschte ihn an:

„Was ist denn los? Was haben Sie schon wieder gemacht? Ich bringe Sie raus, sofort raus!"

Der war ganz verblüfft, blinzelte erschrocken und schläfrig auf und schien nicht zu wissen, ob er nicht wirklich etwas verbrochen hatte. Er wollte sich schon erheben.

Da fragte der Herbergsvater den Maler:

„Was hat er denn gesagt?"

„Ah – Nasenpopel – hier beim Essen!"

Der Herbergsvater wollte jetzt den Trunkenen packen. In diesem Augenblick stand der, der das Wort wirklich gesagt hatte, auf und sagte:

„Nee, Vater, das war ich …"

Wie zur Entschuldigung fügte er hinzu: „Das habe ich gar nicht gesehen, dass die essen."

Der Herbergsvater ließ den Trunkenen los. Das offene Bekenntnis hatte ihn wohl befriedigt. Er ging still hinaus.

Von den Kunden hätte niemand den Täter verraten. Aber sie verachteten ihn auch nicht wegen seines Willens zur Wahrheit. Ja, sie waren eher zuvorkommender zu ihm.

Ich hatte über den Vorfall Willem vergessen. Er hatte sich in eine Ecke zurückgezogen und studierte die Verse, die dort an die Wand gemalt waren. Ich weiß nicht mehr genau, wie sie lauteten. Aber so ungefähr war es:

Seid dankbar in allen Dingen!

Und ein anderer:

Seid gesund, wie Jesus Christus auch war!

Welch seltsame Mahnungen an diese Menschen, von denen wohl so mancher mit einer Krankheit, mit einer Schwäche behaftet war! Die fast ohne Ausnahme so vieler

Barmherzigkeit bedurften, Barmherzigkeit, ohne Entschädigung von ihnen zu fordern, ohne Ansprüche auf Dank …

Und als jetzt der Hausknecht, der Vizeboos[10], hereintrat und mir meinen Fisch mit Kartoffeln brachte, bestellte ich rasch noch eine Portion Essen.

Meine Nachbarn sahen mich erstaunt an. Sie glaubten wohl, ich hätte großen Hunger. Ich hatte aber noch nicht viel gegessen, da überwältigte mich wieder der Ekel. Die befleckten Wände, die schmierigen Bänke, die schmutzigen Hände meiner Nachbarn, die wüsten Haare, die den meisten unter den alten, fettigen Hüten hervorquollen – dazu die graue, unsaubere Wäsche, die den Kunden aus den Röcken sah, und dieser scharfe Dunst von Schweiß und ungewaschenen Körpern, der die Stube füllte und sich auch schon in meiner Kleidung festsetzte – vor allem aber diese Augen, diese hungrigen Augen, die auf meinen Teller, auf meine Gabel, auf meine Hände starrten und mir schier den Arm lähmten! Die mir die Bissen in den Mund zu zählen schienen, so dass diese mir in der Kehle steckenblieben!

Ich wagte es nicht, weiterzuessen.

Da saß mir gegenüber ein starkknochiger, älterer Mann, die Arme aufgestützt und den Kopf zwischen den Händen. Ohne einmal mit der Wimper zu zucken, hatte er auf meinen Teller gestarrt.

Um seine Blicke loszuwerden, schob ich ihm meinen Teller hin und bat ihn, doch zu essen.

Er widerstrebte erst schamhaft. Dabei verschlangen seine Augen schon den Fisch und die Kartoffeln.

Und nun speiste er. Mir war es wie eine Erlösung. Wie er sich aus der Schüssel den Teller voll Kartoffeln häufte und dazu die Fischgräten ableckte. Er wollte während des Essens

10 Boos: Herbergswirt (Ostwald: Rinnsteinsprache, S. 27)

erzählen. Aber er vermochte nur einige zusammenhanglose Worte hervorzubringen.

Endlich, er hatte die Kartoffelschüssel halb geleert, wischte er sich den Mund und erzählte. Er war früher Schlächter gewesen, hatte sich die Handsehnen zerschnitten, so dass er nicht mehr in seinem erlernten Fach arbeiten konnte, und war als Arbeitsmann gegangen. Da musste er wegen einer Lungenentzündung ins Krankenhaus. Und weil er noch nicht ganz wiederhergestellt war, als sie ihn entließen, ging er in die Herberge und gab seine Sachen zum Pfand fürs Quartier, er habe Kaif machen müssen, wie er es nannte. Die Papiere hätte der Herbergsvater auch schon. Es könne ja nicht mehr lange dauern, denn sein Sohn, der in der mecklenburgischen Heimat verheiratet sei, würde ihm ein Paket schicken.

Er redete mich während der Erzählung mit Sie an. Überhaupt schien er sich nicht recht in den Kundenton zu finden. Er sprach wohl mit einigen, aber nie so leichtfertig oder prahlerisch, wie die meisten ab und zu sich äußerten.

Als nun das Essen für Willem kam und ich bezahlte, sahen mich die beiden mit einer rührenden Begeisterung an.

Willem ließ auch einen Teil der Kartoffeln stehen, die es überreichlich gab.

Da trat ein Mann vor, der bis dahin mir zur Seite an der Wand gelehnt hatte. Scheinbar hatte er das Spiel der Männer am Nebentisch betrachtet. Ich hatte trotzdem bemerkt, wie er auf unsern Tisch schielte.

Als Willem die Kartoffeln fortschob, ergriff der Mann die Schüssel und fragte:

„Na, die Kartoffeln isst wohl keiner mehr?“ Und mit einem Blick auf mich: „Es ist doch erlaubt?“

„Ja, ja.“

Er nahm hastig meinen Löffel, wischte ihn mit dem Daumen aus und stopfte die kalten, trockenen Kartoffeln hinein. Ich sehe noch sein feingeschnittenes, hochstirniges Gesicht mit den hellgrauen Augen, in denen so viel Schwäche und Weichfühligkeit lag. Die langen Stoppeln und der streifige Kragen, die durchgestoßene Krawatte und die vom Regen formlos gemachte und von der Sonne ausgebleichte Kleidung konnten den Eindruck nicht stören.

Und da saß er nun und würgte an kalten Kartoffeln, die andere stehengelassen hatten.

15. Kapitel
Unterhaltung nach Tisch

Der Hausdiener wollte das Essen bezahlt haben. Ich befürchtete schon, dass mein Geld zu rasch zu Ende gehen werde – ich hatte ja doppelt Mittag zu bezahlen. Doch als mir der Vizeboos nur fünfzig Pfennig für eine Mahlzeit abforderte, bereute ich meine Wohltuerei nicht. Ich wollte auch bald meinen Mantel verkaufen, der mir in der anschwellenden Wärme des Frühlings hinderlich wurde. Und mit dem Erlös aus diesem Handel kam ich wohl bis zum Onkel.

Und dann hatte ich auch noch Glück!

Saß da unten am Tisch ein junger, wohlgenährter Mensch. Er hatte seine Mahlzeit aufgegessen und zündete sich nun eine Zigarre an. Ganz unmerklich zog er mich ins Gespräch, halb mit Hochachtung, halb mit Herablassung. Er glaubte, mich schon in Stralsund gesehen zu haben. Ich musste ihm die Enttäuschung bereiten und ihm mitteilen, dass ich überhaupt erst zwei Tage in meinem Leben getippelt hätte – die beiden letzten.

Da er aber ein so großes Interesse an meinen Erlebnissen bekundete, fragte ich ihn auch nach seinen Verhältnissen.

Oh, er sei Brauer. Er habe jetzt eine angenehme Stellung, seit drei Tagen. Vorher aber habe er auch erfahren, was Walzen heiße. Von Münster habe er sich bis Stralsund durchschlagen müssen und von dort aus bis hierher. Nun sei er ja geborgen. Brauer tippelten ja sonst wenig. Am meisten seien wohl Katzhoffs (Schlächter) und Lehmer (Bäcker) unterwegs, auch Schlosser und Hobeloffiziere (Tischler), überhaupt solche Berufe, die in kleineren Städten Arbeit fänden. Häufig treffe man jedoch auch Kaufleute. Das seien alles solche, die sich so lange wie nur irgend möglich in einer größeren Stadt gehalten hätten, bis eben alles, was sie besessen, flöten gegangen sei, auch der Kredit. Und das Stempelngehen, die Arbeitslosenunterstützung reiche auch nicht für jeden – oder er werde dessen überdrüssig. Da bleibe ja dann natürlich nichts anderes als die Tippelei. Für manchen sei das nicht schlimm – aber für Kaufleute – er paffte dabei mit bedeutungsvollem Gesicht.

Natürlich – wenn einer erst ins Tippeln gekommen sei – dann werde er Kirschenpflücker im Winter, Berg- und Talversetzer, Chausseegrabentapezierer, Himmelsfechter, Schneeschipper im Sommer und so allerlei.

Er sagte das mit so gleichgültiger Miene, dass ich laut auflachen musste.

Befriedigt von der Wirkung seiner Worte fuhr er fort: „Du, unter diesen sind gerade eine Menge, die sich das nicht haben träumen lassen. Kerle, die durch einen leichtsinnigen Streich von den Alten fort sind und die zugrunde gehen, weil sie sich schämen, einzugestehen, wie schlecht es ihnen geht."

Er stand bei diesen Worten auf, reichte mir eine Zigarre – wohl, weil ich vorhin mein Essen fortgegeben – und vor sich hin nickend, schob er sich zwischen den Bänken hinaus.

Ich saß ganz erschrocken da. Es war mir, als ob ich die Worte auf mich beziehen sollte.

Aber nein – ich – ich konnte ja nicht zugrunde gehen.

Er hatte allerdings gesagt – ein paar Tage nichts Ordentliches in den Magen – ja – und so weiter – das gebe einen ganz anderen Menschen …

Des Hausdieners Stimme schreckte mich auf, ehe ich mich vergrübeln konnte. Er schüttelte einen Schlafenden, der mit allen Zeichen der Ermattung zusammensank.

„Na, hier nich umfallen!"

Der Schlafende richtete sich gewaltsam empor; er schien sich vor den anderen zu schämen.

Der Betrunkene wurde auch wachgerüttelt. Er war groß, hager, sehnig und derb. Sein trockener, starkknochiger Kopf hatte etwas Stiermäßiges an sich. Sein erstes war, Willem nach dem Gastzimmer zu schicken und Bier holen zu lassen. Für alle, die am Tisch sitzen!

Aber nicht alle nahmen das an. Sie wollten kein Bier – auf leeren Magen. Andere wieder rückten ihm schmeichelnd näher. Da war noch etwas zu holen!

Über die Ablehnenden wurde er so erzürnt, dass es beinahe zur Schlägerei kam. Zuletzt, als er sich ausgetobt hatte, fing er an zu schluchzen. Das dauerte aber auch nicht lange. Er schlug auf den Tisch: „Teufel noch eins! Und wenn ich auch wieder Turmspitzenvergolder (schwindelhaftes Handwerk) werden muss – ich will mir doch noch mal die Welt ansehn! – Ja, Feierabend habe ich gekriegt – und nu is alles ganz egal! – Ja, er hätte keine Arbeit für mich …"

Die letzten Worte hatte er mit schwerer Zunge gelallt, und nun sank er wieder zusammen, ohne von seinem Bier zu trinken.

„So, nu is er befriedigt!", belächelten ihn die andern.

Indem kam ein breitschulteriger, kurznackiger, großer Mensch herein. Er begrüßte uns wie ein echter Kunde und nahm seine Mütze ab vom heißen Kopf. Als er sich hingesetzt, sah er sein Gegenüber aufmerksam an, wie wenn er etwas an ihm suche. Das war einer von den Rohrlegern, die vorhin Dame gespielt hatten.

„Donnerwetter!", sagte der, „wir kennen uns doch!"

Und dann lachten sie sich an. Der Große kraulte sich im wohlfrisierten Haar, das er etwas ins Gesicht gekämmt hatte, und sagte: „Na, da biste ja ooch wieder! Ich dachte, du wolltest heiraten?"

„Ih wo – na, wat soll ick dir lange Geschichten vormachen – sie hat sich mit einem andern eingelassen. Und da habe ick alles verschmort, wat ick hatte, na – und nu woll'n wir mal sehn, ob't nich in't jroße Dorf (Berlin) wat zu dhun jibt. In Stettin war nischt mehr los. Und du?"

„Ick hatte mich mit meiner Alten vertragen. Wie det nu 'ne Weile vorbei war, konnte sie wieder nich Ruhe jeben. Sie musste immer wat zu stänkern haben. Un denn jab's aber wieder mal wat! … Na, ick kann dir sagen, 'ne feine Sache! Da bin ick einfach wieder losjezittert!"

Er schüttelte mit saurem Lächeln den gesenkten Kopf und schwieg.

„Ja, ja die Frauen!", meldete sich ein sauber gekleideter Mann unten am Tisch, der mit seiner Brille und seinen abgezirkelten Bewegungen wie ein Lehrer aussah. „Ich bin nun schon zum dritten Mal unterwegs. Diesmal aber wegen einem Mensch … Ja, ich war in Dresden Geschäftsführer einer Filiale. Na, wie das so kommt, poussierte ich mit der Kassiererin. Sie wollte das auch im Geschäft angewandt sehen – und das ging doch nicht. Da gab's immerzu Streit. Dazu war sie auch noch gewaltig eifersüchtig. Da sagte ich mir, so geht das nicht weiter. Ich kündigte einfach. Der Chef wollte mich nun ins Hauptgeschäft nehmen. Aber ich dachte, wer weiß, wenn du in Dresden bleibst – das hätte schließlich doch kein gutes Ende genommen. Und da ging ich lieber ... In den Osterfeiertagen brachte ich erst die Hälfte von meinem Gehalt durch, ging ins Theater und ließ mir ordentlich was angedeihen. Und dann machte ich mich aus dem Staube. – Ja, weiß der Kuckuck, ich hätte doch nicht so leichtsinnig sein sollen!"

Der Große fuhr ihn an: „Na, sag' mal, wovon willst du leichtsinnig sein? Wie kann einer von uns überhaupt leichtsinnig sein?"

„Na ja, als ich nun in Berlin war, ging das Übriggebliebene bald flöten. Wenn ich ein bisschen mehr gerechnet hätte, brauchte ich noch nicht wieder unterwegs zu sein."

Er schien allerdings seinen Leichtsinn weniger zu bedauern als selbstgefällig damit prahlen zu wollen. Und dann wollte er zeigen, dass er jetzt zu den Ganzklugen gehöre. Nochmals – nein, nochmals könne ihm das nicht passieren.

Er wollte noch viel erzählen, in breiter, schwätzerischer Weise, Aber die Zuhörer achteten nicht mehr auf ihn. Jeder hatte etwas zu sagen. Und es waren ihrer zu viel, als dass sie sich lange hätten mit einem allein befassen können.

Mehrere junge Maurer erzählten, dass sie ihren Arbeitsort verlassen hätten, weil dort gestreikt würde.

Die Rohrleger hatten gehofft, in Stettin im Sommer lohnendere Arbeit zu finden, als sie bisher in Dresden gehabt. Aber es war dort nichts für sie gewesen, und so waren sie auf dem Wege nach ihrer Heimat, wo sie ihre Familien hatten. Zwei von ihnen schrieben gleich an ihre Frauen: „Ach, die verdienen ja 'ne Menge – die können Asche schicken. Die schicken auch gleich! ..."

Die meisten erzählten, dass sie wegen Stellungslosigkeit unterwegs seien. Sie seien nicht lange genug im Ort gewesen, bekämen also keine Unterstützung. Einer behauptete, das „Stempeln“ (Kontrolle wegen der Arbeitslosen-Unterstützung) habe ihn so geärgert, dass er losgetürmt sei. Einige wollten sich auch nur verändern.

Sie schienen alle die Wahrheit zu sprechen.

Einer hatte eine romantische Geschichte von Erbschaftsstreit erzählt. Aber da wies ihm ein anderer nach, dass er früher mal geprahlt habe, dass er einen andern im Streit niedergestochen habe und nun aus dem Kittchen komme.

Der Erzähler wurde rot; nach einem allgemeinen Schweigen stand er auf:

„Wer hat dir denn den Schmus vorgemacht?“

Es schien, wie wenn sie sich schlagen wollten.

Doch der Große sagte drohend: „Hier keene Jewalttätigkeiten! … det wäre ooch woll noch schöner, uns hier die Hucke vollschwindeln! Nee, hier, bei uns, kann jeder die Wahrheit sagen. Deshalb biste für uns nich weniger. Ja, ja, hier kann jeder kontrolliert werden!“

Ein leiser Triumph war aus den Worten herauszuhören. Man konnte es ihm ansehen, was für eine Freude es ihm machte, den andern, dem alle bewundernd zugehört hatten, so abzufertigen. Und wenn auch die Bewunderung des Totstechers nicht nachließ, ein gut Teil fiel auch dem Großen zu; der Totstecher hatte stillgeschwiegen. Also musste der Große doch eine gewisse Kraft haben, die sogar den einschüchterte.

Und für die nächste Zeit nahm der Große eine herrschende, väterliche Stellung ein.

16. Kapitel
Fechtkünste

Die Rede kam bald aufs Fechten.

Die Rohrleger behaupteten, in der Stadt sei nichts zu machen. Trotzdem hier acht Krauter (Meister) seien, hätte keiner von ihnen mehr als fünf Pfennige zusammengebracht.

Der Große belächelte sie. Und zum Beweise, dass er das Fechten besser verstehe, trat er hinaus auf die Straße und ging zum gegenüberliegenden Haus, wo ein Rohrlegermeister die Gosse erneuerte.

Alle drängten an die Fenster. Würde der Große Glück haben beim Fechten?

Da stand er mit gezogener Mütze vor dem Meister und sprach ihn an.

Richtig, der Meister drehte sich um – Donnerwetter! Der Große verstand das Fechten!

Ja – na – der Meister griff ja gar nicht in die Tasche – er drehte sich schon wieder fort und arbeitete ruhig weiter.

Der Große stand noch ein Weilchen mit der Mütze in der Hand.

„Äh, siehste, du kriegst ooch nischt!“, riefen die Neugierigen leise, halb schadenfroh. Sie warteten noch, bis der Große seine Mütze aufsetzte und zurückkam; dann sprachen sie durcheinander. Wenn die Leute mal nischt geben wollten, könne man den schönsten Kohl machen. Es helfe doch nichts.

Die Achtung, die der Große bisher genossen, war fast ganz verschwunden. Auch bei den Bettlern galt der Erfolg …

Nun wurde über das Fechten gesprochen. Ein kleiner, alter Korbmacher meinte:

„Na, so bis drei geht's noch. Aber nachher traue ich mich nicht mehr weg. Die Putze sind verflucht scharf. Wenn sie mich hier wiedersehen – mich kennen sie hier schon."

Der Große wollte zeigen, dass ihn sein Erlebnis ganz kalt gelassen habe. So erzählte er in harmlosem Ton, wie wenn er noch immer der Maßgebende wäre:

„Na, wenn se mir jetzt kriegen würden – ick komme man heute erst aus't Kittchen – dann jinge et ooch krachen, aber feste! – Nu man erst raus, und dabei schon fast wieder voll! ... Seit heute früh in eener Tour Schnaps und Schnaps. Nu is man so zerschlagen und mulmig – da is det noch det eenzige. Und jeder schmeißt eenen – Na, da is man denn wieder so beinah im Tran. Äh – nee, det is nischt. Nu mache ick aber wirklich, det ick wieder nach Berlin komme; denn soll det Tippeln und Walzen aber'n Ende haben. Et kommt doch nischt raus bei de Fechterei."

„Ja, aber wat willste denn weiter als unentgeltliche Staatsversorgung uff'n paar Dage im Kittchen oder sechs Monate in der linken Winde (Arbeitshaus)?", höhnte ein Rohrleger. „Na, Kinder, wenn ick nich vor Weihnachten hier gearbeitet hätte – dann würde ick hier uff de Fahrt steigen, det allet so kracht. Aber so bin ick hier bekannt wie'n bunter Hund ... Nee, ick jeh uff keenen Fall. Denn sollen sie woll sagen, die mir noch von früher her kennen, so weit is er schon, dass er betteln jehn muss!"

Keiner wagte sich fort. Das Pflaster sei zu heiß.

Der Große hänselte den Rohrleger. Er würde doch auch dann nicht fechten, wenn er hier unbekannt wäre. Wenn er, der Große, selbst hier gearbeitet hätte, würde er sich erst recht hinauswagen. Was es denn dabei zu schämen gäbe? Darüber könnten wir doch alle hinweg sein; darüber müssten wir alle hinweg sein. Er gehöre wohl zu den Feinen, die lieber fleddern (Schlafende bestehlen) als fechten?

„Darin hast du es am Ende zu großen Erfahrungen gebracht?“, fragte der Rohrleger hämisch. „Bist ja heute erst aus'm Kittchen gekommen!“

Der kurze Nacken des Großen zeigte dickgeschwollene Adern.

Die andern machten sich das Vergnügen, die beiden noch mehr aufzustacheln.

„Donnerwetter, ich will ja nich hetzen – aber Albert, lässt du dir sowat sagen?“

„Nee – denjenigten würde ick so schief ankieken, det er selbst janz schief würde.“

„Sieh mal, ick weeß ja, wer det jesagt hat“, meinte der Große. „Det kann ja'n jeder flüstern, von wejen er hat schon hier jearbeet't. Aber beweisen! Beweisen! Det is det Entscheidende. Schwarz uff weiß!“

Der Rohrleger sah ihn mit zornigen Blicken an. Einen Augenblick war alles still. Dann sagte er langsam, verächtlich:

„Das habe ich ja gar nicht nötig, jedem meine Papiere zu zeigen.“

„Weil er eben keene hat!“, rief der Große frohlockend.

„Du Läppchen!“[11], sagte der Rohrleger.

Der Große sah ihn bissig an. Die Zuhörer schienen sich auf eine regelrechte Schlägerei zu freuen.

Aber da lachten beide fast gleichzeitig auf. Sie hatten es wohl erkannt, dass sie gleich stark seien. Auch schien es nach der Häufigkeit derartiger Szenen, dass dieses Aufgeregtsein, diese Empfindlichkeit nur über das Bedrückende ihrer Lage hinwegtäuschen solle, als wenn das zur täglichen Unterhaltung gehöre. Es war ja möglich, dass sie darin

---

11 Kunden ohne Profession, auch Weber (Ostwald: Rinnsteinsprache, S. 93)

einen wirklichen Ersatz für die fortwährende Selbsterniedrigung fanden.

Da sie nun ihre Stärke aneinander gemessen hatten, suchten sie sich einen neuen Unterhaltungsstoff.

Und diesmal nahmen sie sich Willem vor.

Wie er denn fechte? Ob er oberkünftig den oberen Stockwerken) oder hinterkünftig (in Hinterhäusern oder abgelegenen Straßen) fechte? Ob er Laden stoße (nur im Laden bettle)? oder auf Kohl (auf Schwindel) fechte? Er sehe so aus, wie wenn er das fein raus habe. Ihm müssten doch die Leute schon auf der Straße was geben, wenn sie ihn nur sähen. Überdies – das möchten sie, die Kunden, auch so raus haben wie er, das gottserbärmliche Gesichterschneiden. Aber dazu gehöre eben Talent; ja, und das hätten sie natürlich nicht! Ob er auch die Ortsgeschenke[12] angele (sich hole)? Darauf müsste er sich doch verstehen. Und wie es hier mit dem Schmalmachen (die Leute auf der Straße und in den Wirtshäusern anbetteln) sei? Oder wäre dabei nichts zu holen? Aber es sei hier doch eigentlich heiß, und wo es heiß sei, gebe es doch am meisten.

Willem hatte sie in seiner hilflosen Weise angesehen. Eine ausgiebige Antwort gab er nicht. Nur einige Mal nickte er mit dem Kopf oder verneinte.

Mich selbst interessierte das Spiel auch. Mit einer ähnlichen Grausamkeit wie die anderen betrachtete ich ihn. Wenn man in niedriger Lage jemand findet, der noch unter einem steht, kann man sich wohl verleitet fühlen, an ihm seine Kräfte zu messen, an ihm sein Selbstbewusstsein zu erhöhen, ihn mit Verachtung zum Zeitvertreib zu benutzen.

---

12 Durchreisende Handwerksgesellen erhielten von der Gemeinde oder der für sie zuständigen Zunft bzw. Handwerkervereinigung eine finanzielle Unterstützung, wenn es für sie vor Ort keine Arbeit gab, damit sie weiter wandern konnten. Die Handwerksgesellen hatten darauf ein Anspruch.

Wir freuten uns alle, als es uns gelungen war, Willem aufzuregen und ihn zu überreden, sein Glück beim Fechten zu versuchen. Nachdem wir ihm Mut eingesprochen, ihm gesagt hatten, er solle sich doch nur nicht lächerlich machen, meinte er: „Oh, ick, ick bringe mehr zusammen als ihr! Ihr – ihr traut euch man nich! Aber ick jehe – wenn ick ooch bis jetzt immer Pech jehabt habe, wenn ick uff die Fahrt jestiegen bin – ick fürchte mir nich vor den Putzen und auch nich vor der linken Winde – na und vor dem Verschüttgehen (verhaftet werden) – da schon lange nich. Nee – so'n paar Tage Kittchen, die reiße ick runter wie'ne dufte Schmorerei (Trinkgelage). So, jetzt hole ick meine Zinsen (gehe ich betteln)!"

Zitternd ging er hinaus, vollkommen überzeugt, dass ihm nichts geschehen könne.

17. Kapitel
Fackelei

Nun wurde es wieder auf einen Augenblick still. Eine gewisse Mittagsmattigkeit überkam die meisten. Nur der Kaufmann saß nicht ruhig; er nahm aus seiner Brusttasche ein dickes Päckchen, aus dem er Papier und Schreibgerät wickelte.

Dann wischte er vorsorglich eine Ecke des Tisches klar und schrieb, sauber abgezirkelt, eine Art Gesuch, wie ich an dem großen gekniffften Bogen erkennen konnte.

Der Große sah ihm eine Weile zu. Mit einem verständnisvollen Lächeln, das jedoch nur leicht den Neid verdeckte, fragte er: „Fackelei machen?" (an hochgestellte Personen Bettelbriefe schreiben).

Der Kaufmann antwortete nicht. Ganz fein erwiderte er das Lächeln, in das er etwas Bedeutungsvolles, Geheimnistiefes zu legen wusste, aus dem sich der Frager alles entnehmen konnte.

Den Großen befriedigte diese Antwort jedoch nicht. Er fing nun an, mit zweideutigen Blicken zu erzählen; auf Fackeleimachen legten sich nur Hochstapler. Solche Briefbettler seien eigentlich gar keine rechten Kunden, die hätten in der Herberge gar nichts zu suchen. Aber da wollten sie sich nur verstecken. Doch so dumm seien die Kunden heutzutage auch nicht mehr, um das nicht zu merken. Auf die Art und Weise bringe man sie in einen schlechten Ruf. Und das brauchten sie sich nicht bieten zu lassen.

Der Kaufmann schrieb ruhig weiter, ohne auf den Großen zu achten.

Na, man kenne solche Kerle ja schon an der duften Kluft. Sie hielten ja immer noch auf saubere Kleidung, um bei den Angebettelten was zu gelten. Allerdings, einmal habe er auch mal so einen Kerl kennengelernt, der wirklich was gewesen war; ja, der war Offizier gewesen und focht sich nun auf seine Papiere, auf seinen Adel was zusammen. Ja, der hatte immer was und ließ was draufgehen. Aber sonst sei ja keine Ehrlichkeit unter den Kunden; früher wohl, aber jetzt nicht mehr. Da gehe mancher als verkrachter Lehrer oder Student oder – na, allerlei so was. Wenn er man 'ne schlaue Pote habe (zu schreiben verstehe).

Der Kaufmann hörte das alles an, blinzelte auch mehrmals lustig unter der Brille – aber ließ sich nicht in seiner Arbeit stören.

Jener, der beim Essen die Kartoffeln hinuntergewürgt hatte, war unterdessen hinausgegangen. Er hatte sich draußen am Brunnen gewaschen und kam wieder herein, sich an seinem kleinen Taschentuch trocknend, das ganz vergraut war, da es wohl schon monatelang keine Seife gesehen hatte. Er hatte den Kragen und die Krawatte abgenommen, und nun konnte ich sehen, was für ein schwärzliches, mit Staub, Schweiß und Schmutz vollgesogenes Hemd er auf dem Körper hatte.

Meine neugierigen, gewiss erschreckten und entsetzten Blicke machten ihn verlegen. Während er sich mit dem Stumpf eines Taschenkammes die Haare strich, hielt er die Hand vor den Ausschnitt des Rockes. Doch den Hemdkragen, der am schmierigsten war, konnte er nicht ganz verdecken.

Vorsichtig, dass er ihn nicht zerbreche, legte er den vergilbten Gummikragen um und befestigte den abgescheuerten Schlips. Dabei besah er sich in einem Scherben Spiegelglas, das er in der Westentasche bei sich trug.

Das sah aus, wie wenn er recht eitel sei. Aber es waren nur die Vorbereitungen zum Betteln. Er strich seine Kleidung, seine dünnen, ausgefransten Hosen glatt, riss einige zu lang herabhängende Faden vom Hosenrande und erzählte inzwischen:

„Jetzt haben die Heringsbändiger ausgeschlafen. Nu muss ich doch mal sehen, ob sie nischt stecken (geben). Wenn sie mich nur nicht fassen – viermal war ich in diesem Jahre schon im Kittchen – dann – Na, ich will machen, dass ich nach Österreich komme. Da brauch' ich doch nicht gleich schieben (ins Arbeitshaus) wie hier. – Und wenn's in de Äppel haut (wenn alles schief geht), ich muss mal stoßen. Meine Staude (Hemd) ist zu mies. Seit zehn Wochen keene reine Wäsche uff'm Leibe – man ekelt sich ja schon vor sich selbst – muss doch mal um 'ne Staude anhaun!"

Er klinkte die Tür auf und schob sich vorsichtig hinaus.

18. Kapitel
Armer Willem!

Wenige Minuten mochten vergangen sein.

Da hörten wir, wie sich draußen ein Gekreische und Gejauchze erhob. Vereinzelte Schreie tönten von fern. Dann kam es näher und verstärkte sich. Der Lärm wurde voller und voller. Gelächter vermischte sich mit ihm.

Wir stürzten ans Fenster.

Da rauschte ein Schwarm Kinder vorbei. Aus allen Häusern blickten Erwachsene – meist schadenfroh oder vergnügt lächelnd.

Und vor dem tosenden Schwarm ein Polizist mit wütender, strenger Amtsmiene. An seinem Arme Willem, geknickt, blass, mit verzerrtem Gesicht, irrem Lächeln. –

19. Kapitel
Ein Begleiter

Nun hatte ich den zweiten Reisekameraden verloren. Und wenn der auch auf meine Kosten mein Begleiter gewesen war – seine Anhänglichkeit war mir doch unentbehrlich geworden. Im Zorn, dass wir ihn so ins Unglück getrieben, schalt ich:

„Und es ist doch eine Gemeinheit, so einen armen Teufel aufzuhetzen, ihm was auf den Hals zu bringen!"

„Nu mach doch kein Gefitze nich!", fuhr mich der Große an. Und die andern stimmten ihm zu.

„Ja doch, was ist er denn so vernagelt? Er hätte ja nicht gehen brauchen!"

Die Niedergeschlagenheit, in die sie der Anblick des Abgeführten gebracht hatte, war durch den Streit sofort vertrieben. Sie schienen sich durchaus keine Vorwürfe über ihr Tun zu machen; Reue schienen sie nicht zu kennen.

Selbst als ich sagte, dass ich sie allein nicht dafür verantwortlich machen wolle, dass ich mir selbst schuld gäbe, schimpften sie noch auf mich und auf den dummen Kerl. Nur einzelne, wie die Rohrleger und solche, denen es anzusehen war, dass sie nur auf Suche nach Schenigelei (Arbeit) unterwegs waren, schwiegen betrübt.

Der Kaufmann, der vorhin das Gesuch geschrieben hatte, war der einzige, der mir beistand. Er sagte:

„Aber wozu krakeelt ihr denn so? Ihr seht doch, das ist ein Äffchen – na, der weiß noch nicht, wie's Leben is!"

Es war mir allerdings etwas unangenehm, dass er sich meiner so annahm. Aber ich merkte bald, dass er mir nützlich werden könne. Ganz unmerklich hatte er mich in ein Gespräch gezogen und mich gefragt, wohin ich heute noch wolle. Als ich ihm sagte, dass ich noch nach Frankfurt müsse, schüttelte er lächelnd den Kopf. Das solle ich nur nicht glauben, dass ich immer solche Gewaltmärsche machen könne.

Wenn ich den Tag vier bis fünf, auch wohl mal sechs Stunden liefe, hätte ich genug getan. Zu viel bekäme mir ganz gewiss nicht gut. Da hätte ich bald offene Füße. Und wie wolle ich dann wohl umschauen? Und die Krauter stoßen oder sonst, was ich brauche, zusammenholen? Nee, den Traum solle ich mir nur aus dem Kopfe schlagen.

Ich sagte ihm, dass ich nicht umzuschauen und nicht zu stoßen brauche.

Er nickte vor sich hin, wie wenn er das erwartet habe, und meinte, dann könnten wir ja fürs nächste zusammengehen.

Keiner war froher als ich, solch erfahrenen und wohlgekleideten Kunden zum Begleiter und Lehrmeister zu haben. Störte mich doch meine Unwissenheit und meine Ungewandtheit im Verkehr mit den Kunden nicht wenig.

Und mit einem gewissen Stolz ging ich mit dem Kaufmann zusammen los. Beneideten mich doch die Zurückbleibenden um den Kollegen – sogar der Große.

20. Kapitel
Der fidele Tippelbruder

Bei den letzten Häusern der Stadt, wo die Kinder barfuß über die von der Sonne beglänzten Pfützen liefen, trafen wir einen Putz. Er betrachtete uns beide genau – aber in der Begleitung des Kaufmanns fühlte ich nicht mehr die alte Verwirrung, die alte Scham. Ganz dreist zogen wir unsere Hüte und gingen vorbei.

„Na, was will uns denn der?", meinte der Kaufmann. „Unsere Flebben sind doch sicher – beim Schnorren kann er uns nicht fassen, und die Mark Zehrgeld, die wir vorzeigen müssen, hast du doch noch?"

„Ja gewiss", antwortete ich.

„Na also, denn los! – Aber was hat denn der Putz? Du, der hat hier eenen uff'n Kieker."

„Geh mal 'n bissken langsamer!"

Der Polizist, dem die Uniform etwas zu knapp um den wohlgerundeten Bauch saß, hatte sich hinter einen Zaun gestellt und beobachtete ein zurückgebautes Haus.

Da trat aus dessen Tür ein Mann, dem deutlich sein Gewerbe anzusehen war. Ganz harmlos zählt er einige Pfennige. Plötzlich steht der Polizist vor ihm:

„Na, is denn wat zusammengekommen?!"

„Ach – ach – Herr Wachtmeester! Ick – ick habe mir ja bloß erkundigt, wo der nächste Weg nach Frankfurt is. Un da haben se jesagt – mit der Bahn – un da habe ick bloß mein Geld gezählt, ob's reichen dut!"

„Ih – in wie viel Häusern mussten Sie denn nachfragen? Ich habe Sie schon aus vieren herauskommen sehen."

„Ja, Herr Wachtmeester, Sie können mir wirklich jlooben – morgen soll ick in Frankfurt in 'ne Stelle intreten – ick weeß jar nich, wie ick mir da herausfinde …"

„Na, nu keene Redensarten – Papiere raus, und dann werden wir schon sorgen, dass Sie noch heute nach Frankfurt kommen!"

„Aber Sie müssen doch meinen Arm loslassen, Herr Wachtmeester, sonst kann ick die Papiere nich rauslangen. – Et is – übrigens – allens in Ordnung."

Die letzten Worte hatte er gedehnt ausgesprochen und dabei einen gewaltigen Satz zur Seite gemacht. Mit halber Rückwärtswendung konnte er sehen, wie der Putz in die Luft griff, und nun setzte er davon. „Das wird eine feine Landpartie!", rief er uns zu und war bald dem Putz um fünfzig Schritte voraus.

Der Putz flucht hinter ihm drein.

Da bleibt der Kunde stehen.

Als der Putz aber auf zehn Schritte an ihn heran ist, macht der Kunde ein paar tüchtige Sprünge und singt dazu laut:

„Nun ade, du mein lieb Heimatland!"

Die Frauen und Kinder, die auf die Straße gelaufen waren, lachen. Der geärgerte Putz will den Zuschauern zeigen, dass man nicht ungestraft die hohe Polizei verhöhnt – und keucht – und schwitzt – und keucht – aber der Kunde läuft ganz gemütlich in reichlicher Entfernung voraus.

Noch mal eine letzte Anstrengung. –

Der Kunde läuft frei weiter.

Der Putz sinkt ermattet auf einen Feldstein, und da, da hockt sich der Kunde auch hin, und seine Hände als Sprachrohr vor den Mund haltend, fragt er:

„Sagen Sie mal, Herr Wachtmeester, Sie wollen gewiss eine Entfettungskur durchmachen? – Aber warum schikanieren Sie da andere Leute so? Wir beide hätten ja ganz in Gemütlichkeit miteinander plauschen können."

„Verfluchter Kerl!", flüsterte der Putz vor sich hin.

Und als der Kunde scheinbar nicht auf ihn achtet, springt er auf – und – glaubt ihn schon am Kragen zu haben.

Aber der Kunde ist schon wieder fünfzig Schritt voraus und ruft:

„Na, wollen Sie heut noch ein paar Pfund Fett mehr verlieren als sonst?" – Der Putz steht still; sein Kopf scheint ihm platzen zu wollen; die Halsbinde wird ihm zu eng.

Der Kunde kommt einige Schritt zurück und sagt ganz ruhig:

„Ja, Herr Wachtmeester, wenn Sie für die nächste Zeit nich zum Doktor brauchen – det is mein Verdienst! Un davor könnten Sie mir schon 'ne Kleinigkeit zukommen lassen. – Hm – wat?! Oder woll'n Sie erst noch 'n paar Pfund von Ihrem überschüssigen Fett loswerden? Ick könnte jerade wat jebrauchen!" Und dabei zog er ein großes Stück Schwarzbrot hervor, das er sich erbettelt hatte

Aber der Wachtmeister kehrte ihm den Rücken zu.

Wir schritten lachend vorwärts und hatten den Kunden bald eingeholt, der gern mit uns gehen wollte. So, zu dritt, im Sonnenschein – ja, da nimmt man große Schritte und singt wohl auch.

Der Kunde stimmte bald ein echtes Stromerlied an:

Ach, wie ist das Walzen schön!
Schumpeidi, schumpeida.
Ei, man muss es nur verstehn!
Schumpeidi eida.

Hier gibt's Pikus[13], da gibt's Hanf[14],
Kunde hat niemals Kohldampf[15].
Schumpeidi, schumpeida, schumpeidieidieida,
Schumpeidi, schumpeida, schumpeidieida,

Kunden, schaut das Kaff[16] mal an!
Schumpeidi usw.
Mit dem großen Kirchturmshahn.
Schumpeidi usw.

Mir soll'n alle Haare brechen,
Wenn die Kaffern[17] dort nichts stechen!
Schumpeidi usw.

Kommt man in das Kaff hinein,
Hört man schon die Kaffern schrein:
Kunde, du kannst weitergehn,
's waren heut schon hier a zehn.

Ach, es hat uns nichts genutzt,
dass wir Klinken dort geputzt[18],
Doch dort kommt ja noch ein Nest[19],
In dem talfen[20] wir recht fest.

Kunde, bist du von der Sort',
Was getalft wird, wird verschmort?

---

13 Fußnote im Orig.: Warmes Essen
14 Fußnote im Orig.: Brot
15 Fußnote im Orig.: Hunger
16 Fußnote im Orig.: Dorf
17 Fußnote im Orig.: Bauern
18 Fußnote im Orig.: Von Haus zu Haus betteln
19 Fußnote im Orig.: Ort
20 Fußnote im Orig.: betteln

Kenn, Mathilde[21]; doch ich weiß,
In dem Nest ist's furchtbar heiß.

Kommt man in die Penne rein,
Hört man 'n Penneboos schon schrein,
Kunde, willst du talfen gehn,
Lass dich nur vom Putz nicht sehn.

Gehst du in a Winde[22] nein,
Ist der Putz gleich hinterdrein:
Kunde, bleib mal stillestehn,
Lass mal deine Flebbe sehn!

Ach, das Tippeln hat ein Ende!
Weh', es geht jetzt zur Pollende[23],
Und der Buschmann[24] ruft geschwind:
Sechs Wochen in die linke Wind'!

Und dann trug uns der dufte Kunde noch folgendes Lied vor, das nach der Melodie „Mit dem Pfeil, dem Bogen" zu singen ist: „Gute Lehre beim Fechten"

Wenn euch Hunger plaget,
Und wollt fechten gehn,
Müsst ihr erst gar klüglich
Nach den Fenstern sehn.

Sitzt mit Stern und Orden
Drin ein großer Herr,
Zieht nur schnell vorüber,
Der gibt selten her.

---

21 Fußnote im Orig.: Gegengruß auf die Frage des Kommenden
22 Fußnote im Orig.: Haus
23 Fußnote im Orig.: Ortsbehörde, Polizeibüro
24 Fußnote im Orig.: Bürgermeister

Ist's ein feines Mägdlein,
Fröhlichkeit im Blick,
Frisch hinein zur Türe,
Da blüht euer Glück.

Gibt ein reicher Bauer
Da, ein feister Tropf –
Wahret euren Rücken,
Wahret euren Kopf.

Seht am Hüttenfenster
Ihr ein Mütterlein –
Gibt euch gern 'ne Gabe,
Ist sie auch nur klein.

Schaut ihr einen Stutzer,
Mit bebrilltem Blick –
Braucht's Geld zum Verschwenden,
Da bleibt nur zurück.

Doch wo Kinder spielen,
Kinder hold und klein,
Hei! Da regnet's Batzen!
Brüder, frisch hinein!

Ja, eine solche lustige Belehrung ließ ich mir wohl gefallen. In dieser Begleitung wollte ich schon ein echter Kunde werden. Und nun trockneten auch die Kleider am Leibe in der Sonne – immer so zwischen baumlosen Feldern. Es ging über einen sandigen, meilenweiten Reitplatz, auf dem einige Ulanen ihre Pferde tummelten. So beschwerlich das Gehen auch war – die Sonne tat so wohl, und nach einer überstandenen Gefahr – wenn man sie nur miterlebt hat – ist man gern heiter.

21. Kapitel
Erzählungen vom Spitzkopp

Am Waldrand trafen wir noch mehr Kunden. Der Kaufmann, der sich in der Heimat so säuberlich gereinigt, ehe er auf die Fahrt stieg, saß da mit einem ältlichen Mann. Der sah aus, wie wenn er ein Handwerksmeister sei, der nur ein wenig Spazierengehen oder ein Geschäft im Nachbarorte abtun wollte. Sein Benehmen war würdevoll und gesetzt. Die beiden schlossen sich uns an, und so zogen wir im Trupp weiter.

Unterwegs erzählte der Kaufmann, dass er ein Badenser sei. Er zeigte mir ein kleines Buch, in dem er allerlei notiert hatte. Da stand hinter Annoncen, Rezepten und ähnlichem folgende Rechnung:

	Mark	Mark
Barbestand am 1. 4.		224,-
Reisegeld nach Berlin IV. Klasse	13,-	
Miete für April	15,-	
Für Inserate, Stiefel, Bücher, Wäsche usw.	38,-	
Für Essen	40,-	106,-
Bestand am 1. 5.		118,-
Miete für Mai	15,-	
Für Inserate und Wäsche	8,-	
Für Essen usw.	29,-	52,-
Bestand am 1. 6.		66,-
Für Miete pro Juni	8,-	
Für Wäsche, Essen, Stiefel	24,-	
Für 3 Inserate	3,-	35,-
Bestand am 1. 7.		31,-

Reisegeld nach Hamburg	6,-	
Für Logis und Essen	13,30	
Für Porto	2,-	21,30
Bestand am 1. 8.		9,70
Dazu Einnahmen:		
Für einen schwarzen Anzug	14,-	
Für eine Goldkette	16,-	
Für zwei Ringe	8,-	38,-
		47,70
Ausgaben		
Logis und Essen	15,-	
Porto	3,-	
Stiefel	2,-	20,-
Bestand am 1. 9.		27,70
Reisegeld nach Berlin	6,-	
Schlafstelle und Essen	18,-	24,-
Bestand am 1. 10.		3,70
Einnahme		
Wäsche, Uhr, Mantel versetzt	39,-	
Ausgabe		
Für Hausierschein und Kaution beim Buchhändler	10,-	
Für 1 Inserat	3,-	
Für Schlafstelle, Essen, Gummikragen, Stiefel	26,-	39,-
Bestand am 1. 11.		3,70

Ein verzweifeltes Ringen, um sich auf der Oberfläche zu halten! Unausgesetzte Versuche, das lecke Schiff an den bergenden Strand zu bringen, und doch zurückgeschleudert von der Brandung …

Als Ergänzung zu dieser knappen Darstellung in Zahlen reichte mir der Badenser ein Wanderbuch. Stempel aus allen

Gegenden Deutschlands und der Schweiz, Ortsgeschenkstempel, Verpflegungsstationsstempel und eine Reihe Polizeistempel – eine Reiseroute, ein Schub nach dem Heimatsort. Dann keine Stempel mehr – seit etwa neun Monaten. Nur die Worte sagte er:

„Ja, was sollte ich denn in D–! Da konnte mir auch kein Mensch helfen. Meine Alten sind tot. – Was sollte ich in dem kleinen Nest?“ …

Der Alte pries die Heimat. Er hätte sie nie verlassen, wenn nicht seine Frau und seine Tochter ihm davongelaufen wären Er sei unterwegs, um die Pflichtvergessenen auf den rechten Pfad zurückzuführen. Hier, in dieser Gegend sollen sie sein, wie er gehört habe.

Der also war der Mann der Schickse, die ich am Müggelsee getroffen. Wie ich ihn sah in seiner Zurückhaltung, konnte ich mir wohl denken, dass die Weiber, seine Frau und seine Tochter, die Verdorbenen und Schuldigen sein mussten.

Ich nahm ihn denn auch in Schutz, als der Leichtfuß, wie wir den nannten, der den Polizisten lächerlich gemacht, den Alten aufzog: Was er mit solchen Weibsen, solchen Menschen sich eingelassen habe? Wozu er ihnen nachlaufe, wenn er so moralisch denke?

Der Alte gab darauf keine Antwort, sondern machte den Gekränkten, indem er vornehm solche Reden und Sticheleien überhörte. Er blieb einige Schritte zurück. Und da der Waldweg neben der Chaussee immer schmaler wurde gingen wir hintereinander. Ich hielt mich zu dem Badenser, während Leichtfuß sich mehr zu dem andern Kaufmann hielt.

Der Badenser erzählte, er habe Glück gehabt, seitdem er zum zweiten Male seinen Geburtsort verlassen.

Ich fragte, wie er das meine; er sehe nicht so aus, als wenn er vom Glück überschüttet worden wäre. –

„Ja, gewiss habe ich Glück gehabt! Die ganze Zeit bin ich nicht mehr als viermal geflebbt worden. Jedesmal hat's mich ja ein paar Tage Kittchen gekostet – aber ich bin doch immer noch heil davongekommen. Ich brauchte nicht in die linke Winde. Das erste Mal ging ich mit einem Galgenposamentier (Seiler) zusammen. Wir hatten gerade ein Kaff abgekloppt und wollten uns mit unsern Fettigkeiten und dem massigen Hanf beiseite in den Ballert (Wald) drücken. Da taucht hinter der Wegbiegung der Blankhut (Landjäger) auf. Mein Konnex (Kollege) macht sich ja nischt daraus. Der hatte eine dufte Flebbe und meinte, ihm könnten höchstens 24 Stunden aufgeknast werden. Na, das wäre ja nicht schlimm.

Ich selbst wollte erst in ein Bauernhaus – aber da hätte mich der Blankhut doch rausgeholt, wenn mich nicht die Kaffern rausgeschmissen hätten. Und so fünfzig Schritt vom Berittenen entfernt – da kann man nicht mehr lostürmen … Ich verwünschte den Konnex, dass wir nicht, wie ich wollte, erst noch die Winden auf der andern Seite des Dorfes, die ein ganz Stück ablagen von der Landstraße, abgekloppt hatten. Aber nee, er wollte noch zu Abend in dem großen Dorf sein. Nu war noch das einzige, ganz harmlos am Blankhut vorbeizutappen, wie wenn wir Arbeiter aus der Gegend wären. Und schon von weitem ziehen wir unsern Hut, aber – er grüßt nicht wieder, sondern lenkt auf uns zu.

‚Gebettelt?', fragte er kurz und finster.

Mein Konnex wollte so tun, als könne ihm diese Frage nicht gelten. So gewannen wir doch Zeit zum Überlegen. Ganz gelassen ging er weiter.

Da riss der Landjäger sein Pferd herum, so dass er uns den Weg versperrte.

‚Na ja, da seh' ich ja die Brotstücken!' –

Aus unsern Taschen sahen die Stücken Hanf, die uns die Kafferinchens (Bäuerinnen) gesteckt hatten. Na, da gab's kein Leugnen. Mein Konnex hatte sonst einen guten Zungenschlag (konnte gut schwatzen, mit Humor) … aber als der Spitzkopp (Landjäger) nun die Papiere forderte, reichten wir sie ohne ein Wort– mit dem war nicht zu spaßen. Und mit dem Frühstück war's auch vorbei. Der Magen knurrte, die Taschen waren voll zum Überlaufen – wir aber mussten fast zwei Stunden in der Sonne durch den Chausseestaub tapern … bis zum nächsten Burgemorum (Bürgermeister). Und der Blankhut immer hinter uns her. Das Zößchen (Pferd) trat uns manchmal, wenn wir nicht so rasch konnten, höllisch auf die Poten. –

Zu unserem Glück war der Burgemorum ein ruhiger Mann. Er fragte, ob der Blankhut uns beim Fechten erwischt hätte.

Das nicht; aber das sähe man ja, was wir für Brüder wären.

Na ja – erst wolle er mal unsere Papiere sehen.

So – ja, schön wären die ja nicht – doch ehe wieder solche harmlose Kerle wie wir eingebracht würden, solle er lieber den Brandstiftern nachforschen, die in Schönebeck die Strohmiete niedergebrannt hätten. Das sei aber eben mit den Neulingen –

Mein Konnex glaubte, er müsse seinen Zungenschlag spielen lassen, und legte los; wir hätten uns bloß ein bisschen Frühstück zusammengeholt. So'n klein bisschen Fechten sei doch nicht so schlimm.

Aber da winkte der Burgemorum ab. – Nach dem Amtsgefängnis ließ er uns nicht bringen. Mit 24 Stunden Kittchen war's abgetan.

Siehst du, so einen Beamten muss man doch achten!", schloss der Badenser seine Erzählung. Und er berichtete dann, wie gut er auch das zweite Mal weggekommen sei.

Da habe er, ohne es zu wissen, beim Schucker (Polizisten) selbst angekloppt. Und da sei gerade Taufe gewesen.

Da habe er auch sein Stück Braten bekommen. Als der Schucker ihn aber am nächsten Tage getroffen, habe der ihn verhaftet. Dieser Mann, der sich erst so herablassend zeigte und dann seine Gewalt habe darstellen wollen, habe ihm gar keine Achtung eingeflößt.

Ein andermal sei er von einem Blankhut gefesselt transportiert worden – mit den Händen auf dem Rücken – am Steigbügel – und so rasch, wie das Pferd konnte, vorwärts im Regen auf der spitzsteinigen Chaussee.

Ihm stiegen die Tränen in die Augen; er sprach ganz heiser, als er schilderte, wie das Volk zusammengelaufen sei bei dem Zug durch die Dörfer. Und wie er halb ohnmächtig vor Scham endlich in das Gefängnis kam. Am nächsten Tag sei er erst recht fechten gegangen. Und er habe eine gewisse Berechtigung dazu gefühlt nach dieser Behandlung. Ich sah, wie er zitterte in der Erinnerung. Rasch wandte er sich ab und ging einige Schritte vor.

Die Vorausgehenden hatten auch vom Verschüttgehen gesprochen. Sie waren so aufgeregt über das, was sie einander erzählt hatten, dass sie sich gelobten, wenn es sich machen lasse, mal so einem Putz, der sie grob behandele, was übrigens nur ein Zeichen von Furcht und Schwäche sei, einen ordentlichen Denkzettel zu geben. Ein wenig protestierte ich noch, aber ich sah mit Freuden, wie Leichtfuß eine Dose Schnupftabak zeigte, die er dem Blankhut, der ihn jetzt festnähme, ins Gesicht werfen wolle. Diese Behauptung geschah allerdings mit einer gewissen übertreibenden Prahlerei.

Ich meinte, man könne dem Pferd des Blankhuts eins über die Hinterfüße geben, dann würde es im Galopp davongehen. Sie gaben mir recht. Doch zogen sie mich nicht in die weitere Unterhaltung, die sie leise miteinander führten.

So wandte ich mich denn an den Alten. Der sagte zu alledem gar nichts. Ihm schien das eine Angelegenheit, unschicklich für einen ehrsamen Handwerker.

Auf einmal sprang er rasch zur Seite hinter einen starken Kiefernstamm:

„Der Spitzkopp (Landjäger)!"

Und nun sah ich auch auf der Chaussee den Reiter mit den weißen Handschuhen, dem blanken Helm und den blitzenden Uniformknöpfen näher kommen.

22. Kapitel
Der Spitzkopp!

Er ritt nicht auf der Chaussee. Er kam auf dem Wege, auf dem wir gingen, auf dem weichen Waldboden, wo die verwesenden Nadeln die Huftritte dämpften. Wir zweifelten nicht, dass er uns vom Pferde aus schon gesehen. Er zoppte sein Pferd zu langsamerer Gangart.

Der Kaufmann mit der Brille errötete und wusste es so einzurichten, dass Leichtfuß der erste wurde. Der fasste in die Hosentasche und ging vorwärts, die Schultern entschlossen vorgeschoben, nachdem er sich noch einmal nach uns umgesehen. Ich sah seine hasserfüllten Augen, seinen verzweifelten Blick den er mit einer Verzerrung des Gesichts zur Gleichgültigkeit zu verhüllen suchte.

Der Badenser ging zitternd neben mir. „Diesmal muss ich dran glauben!", stammelte er mit unterdrückter Stimme. „In die – linke – Winde (Arbeitshaus) – ich – nee – nee – lieber uffhängen!" Noch einen Schritt machte er, dann sprang er mit einer unerklärlichen Gebärde voll Weh und Jammer über den Chausseegraben – über die Chaussee – über den zweiten Chausseegraben – jenseits in den Wald.

Der Landjäger sah ihm verdutzt nach. Gebieterisch rief er uns zu, wir sollten hier auf ihn warten. Jäh riss er sein Pferd herum und zwang das widerstrebende über den Graben.

Jetzt erkannte ich, dass der Badenser mit Absicht über die Chaussee entwichen war, da er wusste, dass manche Pferde den Sprung über einen Graben scheuen. Aber das nützte ihm nichts; das Pferd gab bald den Sporenstößen nach und galoppierte zwischen den hohen, weit auseinanderstehenden Bäumen hin.

Oft sah es aus, als würde der Verfolger gegen einen Stamm rennen und sich den Schädel zerspalten.

Aber der wusste sein Pferd so sicher zu leiten, dass er nicht einmal einen Baum streifte.

Wohl hielt ihn das Hinundherwerfen des Pferdes zwischen den Zickzackreihen der Stämme auf. Doch kam er dem mit großen Sätzen Dahineilenden immer näher.

Wir fühlten alle mit, wie der arme Kerl vorwärts hastete, wie er keuchte. Wir sahen, wie er sich einer dichten Schonung näherte. Wenn er sie erreichte!

Der Landjäger machte eine Wendung, um dem Badenser den Weg abzuschneiden.

Aber da sprang der hinter eine Gruppe Fichten – der Reiter schoss vorbei – und mit wenigen Sätzen verschwand der Flüchtling in der Schonung.

„Na, was steht ihr denn noch?“, rief der Kaufmann uns zu. Er hatte sich schon ein gut Stück davongemacht, nach einem jähen Abhang hin, wo wildes Unterholz, Birken und Holunder ein Verfolgen zu Pferde unmöglich machten. Der Alte schien bereits darin seine Zuflucht gesucht zu haben.

Leichtfuß drehte sich nicht um nach dem lockenden Rufe. Mit einem verächtlichen Zucken der Schultern beantwortete er ihn und sah verschmitzt lächelnd dem zurückkehrenden Blankhut entgegen.

Dessen Gesicht war blutunterlaufen. Die Augen quollen ihm aus dem graubärtigen Gesicht.

„Wie ihn das gekränkt hat, dass der ihm durch die Lappen ging!", meinte Leichtfuß.

Der Landjäger schien zu merken, wie er infolge des Misslingens seiner Verfolgung von den Kunden geringgeschätzt wurde. Das steigerte seine Wut.

„Euch – euch Chausseegrabentapezierern – euch Wolkenschiebern werd' ich! Wenn eure Papiere nicht in Ordnung sind! – Auf'n Schub sollt ihr, Reiseroute sollt ihr haben! – Euer Glück, dass ihr hier gewartet habt! Stromer, verfluchte! – Na, wird's bald – Flebben raus!"

Leichtfuß sah ihm offen ins Gesicht, gerade wie wenn er ihn noch mehr herausfordern wollte.

„Wie meinen der Herr Wachtmeister?", fragte er harmlos.

„Kerl!", stieß der Landjäger hervor. Er wollte schon den Säbel ziehen. Aber sein Pferd war durch die Jagd auf den Badenser unruhig geworden. Es tänzelte hin und her, so dass er es mit beiden Händen beruhigen musste.

Leichtfuß sah ihm gelassen zu, während ich gehorsam meine Papiere hervorholte. Ich sah wohl, wie Leichtfuß mir abwinkte, wagte jedoch nicht, ihm zu folgen. Wohl verstand ich, dass er den Landjäger zwingen wollte, in vorschriftsmäßigem Ton mit uns zu sprechen.

Leichtfuß stützte sich immer noch bewegungslos auf seinen frischen Weidenstock.

Da sah der Landjäger, dass er auf die alte Art nicht mit den Kunden fertig wurde.

„Papiere! Papiere!“, sagte er mit unterdrückter Ungeduld, die Rechte, die er endlich frei bekommen, dem Kunden entgegenstreckend.

„Ach so – Sie wollen meine Papiere sehen!“, meinte Leichtfuß, die Worte dehnend, wie wenn er ihn erst jetzt verstände. „Na – das Vergnügen – kann ich ja haben.“

Zögernd zog er einen Pack vergilbter Blätter, zerfetzter Bücher und Hefte hervor. Dann kramte er darin herum. – „Na – wo habe ich denn gleich meine Papiere? – Halt das – na die – Donner – die sind's auch nicht – vielleicht die?“

Der Landjäger wurde ungeduldig und winkte herrisch mit seiner weißbehandschuhten Rechten.

Der Kunde verlor seinen Gleichmut nicht. Ein Papier legte er über das andere. Selbst die unbeschriebenen Blätter untersuchte er.

Des Landjägers Gesicht wurde immer brennender. Die Augen unterliefen schon – da fielen dem Kunden die ganzen Papiere auf die Erde.

„Daran soll er denken!“, knurrte der Landjäger – und beugte sich vor, um die Papiere betrachten zu können.

Der Kunde hatte sich gebückt, dabei heimlich den Landjäger beobachtend.

Plötzlich machte er eine Handbewegung nach oben – der Landjäger brüllte auf und fluchte – der Kunde hatte mit einem Griff all seine Papiere – sprang beiseite und hieb dem Pferd eins mit seinem Stock über die Hinterbeine.

Das machte einen heftigen Seitensprung und stieg in die Höhe.

Der Landjäger war mit beiden Händen nach dem Gesicht gefahren, das schwarz von Schnupftabak war. Als das Pferd sich aufbäumte, griff er mit einer Hand nach dem Zügel, fasste jedoch in die Luft und stürzte ab, mit dem Kopf nach unten. Da blieb er still liegen.

Das Pferd raste davon.

Leichtfuß war vom Zorn übermannt worden. Der Erfolg seiner Tat schien ihn noch mehr zu reizen. Mit dem Stock drang er auf den Ohnmächtigen ein und schlug ihn.

Erst auf meinen Ruf kam er zu sich. Als ich ihn fortziehen wollte, sagte er:

„Lass mich! Lass mich! – Wie das Vieh hetzen sie uns, wie das Vieh!"

Er biss die Zähne zusammen und bebte wie in einem Fieberanfall. Tränen liefen ihm über die Backen.

„Wie er den armen Kerl gehetzt hat!", stieß er noch hervor.

Dann ließ er sich von mir fortziehen.

Wohl machte ich dem Kunden Vorwürfe. Aber er wies mich grob zurück: „Das verstehst du nicht! Sei erst mal 'n paar Monat oder 'n paar Jemmchen (Jahre) unterwegs. Und dann immer gehetzt und gejagt wie bei einer Treibjagd. Kein Anhang, kein Halt, fremd in der Welt; kein Mensch will dich zur Arbeit. Du hast gerade das Pech herabzukommen. – Aber was verstehst du davon? Das musst du selbst durchmachen."

Nach einer Weile sagte er milder:

„Ich, ich hätt's nicht nötig gehabt – ich habe einen frischen Arbeitsschein, da – da!" Er drängte mir ihn auf. „Aber wenn's einen mal so packt, wenn man schon so viel gepiesackt worden ist. – Warum kann er nu nicht mal menschlich sein? …

Siehste, da stieß ich im vorigen Jahr auf einen Spitzkopf. Der ließ sich nur den Militärpass zeigen. Das war ein ganz anderer Kerl. Schon von weitem konnte man dem an den Augen ansehen, dass der keinen filzte (genau untersuchte) oder verschütt gehen ließ – wenn er sah, er hatte einen vor sich, der nicht durch eigene Schuld herabgekommen war. Ich geriet zufällig den nächsten Tag in sein Haus. Und da ließ er mich einfach Holz hauen fürs Mittag und 'n paar Knacken (Stullen, Butterbrot). Und schließlich verschaffte er mir Arbeit in 'ner Ziegelei.

Aber – da so rücksichtslos hinterher, ohne Unterschied in die linke Winde, wenn der Arbeitsschein zu alt – und dann dies Gejage – dabei kann ich nicht ruhig bleiben! –"

Und als Leichtfuß vorschlug, mit ihm zusammen zu walzen, mit ihm heute Abend nach einer abseits gelegenen Penne zu tippeln, sagte ich nicht nein.

23. Kapitel
Winterquartier

Die Sonne stand tief am Himmel. Kühler Wind wehte durch die Bäume; feine Tropfen fielen in den hellen Sand des Weges, der sich vor uns hinzog zwischen flachen Feldern.

Meine Füße brannten schon. Ein leichtes Fieber zitterte durch meinen Körper. Wir bogen seitwärts ab in den krüppeligen Kiefernwald. Der Sandboden war spärlich mit Heidekraut und Moos überzogen, grauweiße Flecke leuchteten aus dem dämmerigen Dunkel unter den Bäumen hervor.

Wie schwer ging es sich auf dem weichen Sande! Und dazu trieb uns der Wind immer größere Tropfen ins Gesicht.

Die Dämmerung nahm rasch zu, noch war kein Haus zu sehen. Die helle Landstraße ward unser einziger Wegweiser in dem Gewirr der buschartigen Bäume, die in der Dunkelheit des feuchten Abends ihre Äste über den Weg zu strecken schienen, als wollten sie uns nicht vorwärts lassen, als wollten sie uns ergreifen, festhalten.

Von der Freudigkeit, mit der wir Mittags losgegangen, hatten wir nichts mehr in uns.

Leichtfuß versuchte mich aufzuheitern. Er erzählte mir, dass er Kunden kennengelernt habe, die sich manchmal mit Absicht ertappen ließen, um im Kittchen sich auszuruhen und die Reichskäfer (Ungeziefer) loszuwerden. Sie suchten sich dann eine Mochum (Stadt) aus, wo es ein duftes Kittchen gab. Ein alter Kunde habe erzählt, wie er es mache: „Da jehe ick in die Mochum – richtig – gleich in der ersten Strehle (Straße) redet mir ein Putz an: Na, Christian, du willst gewiss wieder dein Winterquartier beziehen? – Ach ja, sage ick, mit dem größten Vergnügen, Herr Wachtmeester. – Ja, der dhut mir leid, meent er nu – aber von jetzt an derfen wir nich so ville bringen. Et missten schon solche sind, die man beim Fechten abfasst. – Det kennen Se haben, Herr Wachtmeester, rufe ick jemietlich. Ick schiebe los, und richtig, fasst er mir ooch un bringt mir nach de Pollende. Aber Buschmann verknast mir nur zu eenen Dag – weil ick aus Versehen meinen neuen Arbeetsschein mit vorgezeigt hatte.

Da konnten se mir doch nich wegen Arbeetsscheu inkasteln. Als ick nu am nächsten Dag aus meine jute Stube soll, regnet's jerade, – so 'n rechter, derber Landregen. Ick türme denn ooch los, und mein Maschores (Wärter) sagt: ick solle mir man wat zusammenholen, damit ick für die nächsten Dage Fettigkeiten hätte. Ick denn ooch los und getalft. Keen Krauter, keene Winde jeschont, selbst beim Landdragoner (Gendarm) und beim Schucker habe ick Klinken geputzt. Keen Aas wollte mir festnehmen. Und et war doch schon höllisch kalt. Sonst hatten sie mir hier jeden Winter in Kost genommen. Und da hatte ick immer meine saubere Staude gehabt und einen Sänftling (Bett) – pompös. Und dazu durfte ick mir meine Stube heizen. Und alle Sonntag een halb Pfund Fleesch und jeden Dag warme Suppe und genügend Hanf – wat wollte ick noch mehr? – Arbeeten musste ick ja ooch – Holz hauen, Ofen heizen, Schnee schippen – aber dafor jab't ooch manchmal extra 'ne Tasse Schockelmei (Kaffee) oder 'n Schwimmling.

Un etwas wurde mir noch in Asche anjerechnet. Da hatte ick doch mein jerejeltes Leben – da konnte ick nischt verschmoren. – Da musste ick ordentlich sind.

Und wenn der Vater Weiß (der Winter) vorbei war, dann hatte ick immer 'n paar Räder in de Tasche. Und da sollte ick diesmal det Unglück haben, nich verschütt zu jehen – meine Saisonarbeet zu verlieren? – Ja, als ick nu so rumirre – bei'n Krauter wagte ick oller Schwede schon gar nich mehr anzufangen – man kann doch schließlich gar nich mehr so richtig mits Handwerkszeug umjehen – na, da jehe ick nu frech uff'n Putz druff los und haue den an. Aber jawoll – der lacht und sagt, det helfe alles nischt. Sie hätten Befehl, nich jeden Handwerksburschen aufzugreifen. Det koste der Staatskasse unnütz viel Geld, det Durchfüttern der Kunden – ja da wusste ick nischt anders, als den Buschmann selbst anzubetteln – det war ihm zu kräftig – und da hatte ick mein Winterquartier!" – „Ja, ja, solche Kerle gibt's 'ne ganze Menge", fügte Leichtfuß hinzu.

„Das ist von früh auf verkommen, verkümmert und verwahrlost, hat wohl schon als Kind oft hungrig ins Bett, das heißt in einen Lumpenhaufen kriechen müssen – für die is ja so'n Kittchen dat reene Schlaraffenland. Bloß zum Frühjahr wollen sie immer wieder raus. Da kribbelt's ihnen in den Füßen, da müssen sie tippeln. Daher kommt's auch, dass im Winter verhältnismäßig wenig alte Stromer unterwegs sind, wenn auch mehr walzen." – „Du glaubst wohl nicht, dass mehr walzen, was!?“, schrie er mich an, sein Gesicht dem meinen nähernd.

„Warum soll ich's denn nicht glauben?“, fragte ich, erstaunt über seine Wut, zugleich aber meine Rechte ballend, um mich zur Wehre setzen zu können.

Wir gingen so eine Weile nebeneinander, ich in sein, er in mein Gesicht starrend.

Plötzlich lachte er laut auf. „Soll ick dir sagen, was du eben gedacht hast? – Ick würde dir an de Kehle springen. Aber so schnell jeht det nich. Und wozu auch? Wir verstehen uns ja janz jut. Und ick kann dir ooch janz jut leiden. Du bist noch nich so windig, bist keen Schlamassel. – Wir beede werden schon auskommen. Ick nehme dir in de Lehre, un dafür verpflichten wir uns beede, keene Arbeet anzunehmen, sondern zusammen bis Landsberg zu tippeln. Ick bin zwar schon etwas Dalleskrämer[25] – aber det is nich so schlimm. Bei dem Wetter schaff ick's noch. Du bezahlst det Schlummerpech (Schlafgeld) for uns beede, und ich sorje for die Pickelei. Dann sollste mal sehen – wir kommen noch mal so rasch vorwärts. Ja, siehste, det habe ick mal im Winter jelernt, det Kompagniefechten. Da sind die Pennen un die Chausseen knackevoll von Dreckschwalben (Maurer), Flammern (Schmiede), Hobeloffizieren, Sonnenschmieden (Klempner), Zimmerleuten, Töpfern und allerlei solche Brüder. Na, vielleicht lernste det noch selbst kennen.“

„Das glaube ich nicht“, antwortete ich, „bei Landsberg habe ich einen Onkel – bei dem werde ich wohl bleiben. Der hat da'n Geschäft – da wird wohl Platz für mich sein.“

---

25 ein in Kleidung Heruntergekommener (Ostwald: Rinnsteinsprache, S. 35)

„So so!“, machte Leichtfuß bedeutungsvoll, „mir is etso jejangen: Ick hatte ’ne feine Stellung, ornt’lich Kies und nich zu lange Arbeetszeit. Aber der Meester war bullrich. Na – und da hatte ick mir ooch eenes Vormittags mit ihm rumjekabbelt. Mittags trank ick eenen, bis mir allens egal war – na – und dann kam ick etwas zu spät. Selbstverständlich war der Alte dazu nicht ruhig. Na, ick sagte, ick wäre keen dummer Junge mehr – wenn er mir triezen wolle, schmiss ick ihm den Krempel hin – dann könne er’n alleene fertigmachen. So eener wie ick brauche keene Angst zu haben, der komme immer unter. Na – der Alte ließ sich det nich jefallen – een Wort erwidern, dann dacht’ er schon, die Krone würde ihm abjestoßen – und so war ich denn wieder mal draußen. – Aber wenn mir det noch mal so passieren sollte – Donnerwetter – diesmal bin ick nich so dämlich.“

„Na, was hältst du denn von denen, die ausgekniffen sind?“, fragte ich ihn.

„Ja – na, der Badenser war een unglückliches Bürschken. Der versteht’s nich, sich in der Welt zu bewegen; Gott – na ja, Mitleid hat man ja schließlich mit solchen Kerlen. Aber sieh mal, der andere, der war’n heller Kopp. Wahrscheinlich irgend’n verkrachter, durchs Examen gerutschter Vaterunsermacher (Lehrer). Gerissen durch und durch. Wenn ich ihm ooch nich traue. Aber – er versteht’s doch – er versteht’s doch!“

„Und der Alte?“

„Ja, aus dem bin ick nich klug geworden.“

Ich erzählte, was ich von ihm und den Schicksen wusste.

„Ach, weeßte wat? Die treffen wir vielleicht noch heute Abend! Die Penne, zu der wir wollen, is man kleen. Da kannst du ’ne Ahnung kriejen, wie’t in de echten Pennen, in de Zentralpennen zujeht. – Mal los – da seh’ ick schon ihre Fenster!“

24. Kapitel
Bankarbeit
(In der wilden Penne)

Die Landstraße erweiterte sich zu einem kleinen Platz. Auf der einen Seite lag ein niedriges Haus, über dessen Tür eine alte Stalllaterne schwebte.

Ein Gefühl der Sicherheit, des Geborgenseins überkam uns, als wir in den Lichtschein traten. Die Hast und Unruhe, mit der wir vorwärts gestrebt, verschwand. Wir achteten nicht der Schadhaftigkeit der Stufen, die zur Tür führten. Hier stolperten wir den Steinflur entlang, der in der Mitte rundlich ausgetreten war, und dem hier und da Steine fehlten.

Leichtfuß klinkte eine Tür auf. Da fiel ihm eine Gestalt in die Arme. Er stieß sie beiseite, sie torkelte an mir vorbei und sank hin auf den Flur.

„Na, komm nur, det macht nischt!“, meinte Leichtfuß gutgelaunt. Und so traten wir ein in die Penne. Die kleine niedrige Stube war fast leer. Nur in der Nähe des Ofens und des Glasschrankes, der mit alten Schnapsflaschen gefüllt war, hockten einige Gruppen auf den Bänken. Die ersten, die ich sah, waren die drei vom Müggelsee. Sie hatten es sich in der Nähe des Ofens bequem gemacht. Die Alte lag lang auf der Erde, ein Bündel Flicken unter dem Kopf und den Oberrock, den sie abgezogen hatte, über den Leib gebreitet. Die beiden jungen Leute saßen aufrecht mit dem Rücken an dem Wärmespender – beide rauchten. Ich stieß Leichtfuß an – er nickte. Dann setzten wir uns an den freien Tisch – und gleich kam die Wirtin, eine kleine verschlampte Person, die sich den Kopf nur bis zum Kinn gewaschen hatte, so dass der Schmutz am Hals wie ein dunkles Tuch wirkte.

Ihre glasigen Augen, ihr verschwommenes Gesicht deuteten an, dass sie ihre beste Kundin sei. Und wie wenn sie sich gar nicht denken könne, dass ein Kunde in eine Penne einkehre, ohne einen hinter die Binde zu gießen, fragte sie:

„Een' Wachtmeester?"

Ich sah Leichtfuß fragend an. „Trinkst du Soruff?", fragte er.

Ich verneinte.

„Na also, dann geben Sie uns mal zwei Kutscher (Bier). Aber keen Braunbier!"

„Ja, Kutscher hab' ick nich hier", antwortete die Wirtin gedehnt.

„Na – dann zwee Wachtmeester!"

Mit schlürfenden Schritten ging sie zum Schrank, schloss ihn auf und holte zwei Gläser heraus, aus denen schon getrunken worden war und in die sie uns Schnaps einschenkte, ohne sie auszuwaschen. Ebenso langsam kam sie zurück und reichte uns den Schnaps. Mit offener Hand blieb sie stehen. Und da ich nicht sofort in die Tasche langte, in der Meinung, alles, Schlafgeld, Schnaps und was wir sonst verzehrten, am nächsten Morgen mit einem Mal zu bezahlen, fuhr sie mich an:

„Asche! – Asche!"

Ihre schmutzigen Hände hielt sie mir dicht unter die Nase.

So holte ich denn mein Geld hervor. Als sie bemerkte, dass ich noch reichlich Geld bei mir hatte, wurde sie freundlicher und fragte, ob ich auch essen wolle. Ich könnte Rundlinge (Kartoffeln) und gebratenen Speck oder auch gekochte Weißlinge (Eier) bekommen.

Da winkte Leichtfuß ab. Wir hätten noch genug Pickelei. Und dann kramte er aus. Da kamen Stullen mit Schmalz, Wurstenden und Speckschwarten und sogar ein großes Stück alter Kuchen zum Vorschein. Die Gruppe, die beim Schnapsschrank saß, gerade unter der Petroleumlampe, so dass ich sie genau betrachten konnte, wurde auf uns aufmerksam. Die Wirtin hatte schon über uns gesprochen. Nun aber wendeten sich alle uns zu.

Da saß ein alter Kerl, dessen Rücken schon gekrümmt war, dessen Finger zitterten, als wolle er Gitarre spielen.

Sein filziger grauer Bart verdeckte das verfallene Schnapsgesicht. Aber die kleinen, von wuchtigen Brauen beschatteten Augen stachen noch schlau und scharf hervor. Er hatte eben den andern ein Kartenkunststück erklärt. Jetzt erhob er sich und kam auf uns zu.

„Donnerwetter! Ihr habt wohl heute ’n reichen Juden abgemurkst?“

Leichtfuß blinzelte mir zu – ich solle gar nicht auf die andern achten. Während er an einer Speckschwarte nagte, erwiderte er zwischendurch:

„Nee – det jrade nich – aber wir haben nich verknubbe jelegen (faul sein).“

„Na, denkste etwa wir?“, fragte der Alte entrüstet. Und nun wandte er sich ganz mir zu, klopfte mir kameradschaftlich auf die Schulter und sagte: „Siehste, der is noch ein guter, ein dufter, ein vernünftiger Kunde! Dir sieht man’s an, du hast noch ein Herz für deine hungernden Mitmenschen. Siehste, det habe ick dir jleich anjesehen, als du ankamst. Un et hat mir keene Ruhe jelassen. Ick musst’ et dir erst sagen. Sonst will ick ja gar nischt von dir. Du denkst woll, ick will dir deinen Wachtmeester ausdrinken?“ Er sah entrüstet auf mich herab und blinzelte darauf gemütlich nach dem Schnapse hin.

„Nee, siehste, een Schlamassel bin ick nich. Ick mach’t nich so wie jewisse Leute; drängen sich an so’n juten Kerl, wie du bist, ran – un nu berappe man. Ick erkenne bloß an, wenn eener’n jutet Herz hat, wenn’t eener versteht, wenn eener eisbären (viel Geld zusammenbetteln) kann. Siehste

– und da kann ick mir nich helfen – ick muss ihm det in't Gesichte sagen, det ick'n schätze. Aber ick spreche nich alleene vor mir – ick wagte det nicht – nee, ick spreche in'n Uffdrag von die jesamte Gesellschaft – nicht wahr?"

Er wendete sich nach seinen Kameraden, die mit schlecht verhehlter Schadenfreude herüberstarrten. Bei dieser Bewegung hatte er scheinbar unbeabsichtigt mein Schnapsglas ergriffen und hielt es hoch: „Na prösterken! Der dufte Kunde soll leben!"

Und ohne zu schlucken, goss er den Inhalt des großen Glases hinunter. Leichtfuß fuhr auf: „Na, vielleicht lässte det!"

Ganz verdutzt und betrübt wendete sich der Alte mir zu:

„Siehste, sagte ick't nich jleich – et jibt Menschen – die ihrem Nebenmenschen nich det jeringste jönnen? Die drängen sich an so'n unerfahrenen, herzensjuten Jungen ran – un denn woll'n se alleene det Jute von ihm haben. Ick sage dir, ick sage dir, nimm dir vor solche Schmarotzer in acht. Sie woll'n bloß uff deine Tasche reisen. Aber sieh mir an – ick bin dir erjeben, wie'n Zinnsoldat seinem Hauptmann."

Die anderen grinsten vor Vergnügen, dass der Alte mich so aufzog; doch schien sie auch ein heimlicher Neid zu plagen.

„Na, August!", riefen sie mahnend.

„Ja, ja, doch! – Siehste, ick will dir sogar eene Arbeet abnehmen. Ick will dir jetzt 'n Koppkissen (Schlaftrunk) besorgen."

Er beugte sich zu mir herab und flüsterte: „Jib mir mal deine Finne (Flasche) raus und 'n Bleier – die Alte hat 'ne Extrasorte, von die jibt sie mir bloß – un sich natürlich ooch."

„Ich habe gar keine Finne!", antwortete ich.

„Na, Mensch, det is ja bloß 'ne linke Schiebung (schlechte Ausrede). Eener, der so 'ne schwere Miete (Geld) macht, wie du – un denn keene Finne! Du wirst dir doch nich blamieren. Na, det weeß ick doch, du bist eener von die, die't hinter de Ohren haben. Du verstehst druff zu reisen."

Als ich dabei blieb, dass ich wirklich keine Schnapsflasche habe, verwandelte sich seine Gemütlichkeit in Grobheit.

Was ich mir träumen ließe? Ob ich so'n alten Kunden, wie ihn, zum Besten halten wolle! Das solle ich mir gar nicht einbilden. Von so'n Grünling ließe er sich noch lange nischt bieten.

Da erhob sich Leichtfuß: „Na – nu abfahren!"

Seine Stimme klang so gebieterisch, dass der Alte jäh zusammenzuckte. Langsam ging er zurück, dabei schimpfend wie wenn er nur aus Gutmütigkeit und Klugheit nachgebe. Wir wurden jetzt mit scheelen und gehässigen Blicken angesehen. Die drüben schimpften so laut und gemein, dass Leichtfuß sich hinreißen ließ, ihnen mit Schlägen zu drohen.

Das schienen sie nur gewollt zu haben. Mit Ausnahme des einen, der schon halb trunken herumtorkelte, kamen sie auf Leichtfuß zu. Der aber ballte seine Fäuste, stellte sich mitten in die Stube und sah sie an, ohne ihre Beschimpfungen zu erwidern. Langsam, ganz langsam streifte er seine Ärmel hoch. Als sie seine gespannten Muskeln sahen – wie er so dastand mit vorgebeugtem Kopf, den einen Arm zur Abwehr vor dem Kopf – den andern zum Stoß bereit – da wichen sie zurück. Ihre Reden wurden heftiger. Es schien, wie wenn sie ihm eine Schwäche ablauschen wollten, um dann gemeinsam über ihn herzufallen.

Da kam die Wirtin, die in ihre Hinterstube gegangen war, und gebot Ruhe. Sie würde keinen wieder aufnehmen, der sich in ihrem Hause geprügelt hätte.

Niemand achtete auf sie.

Ein Kunde warf eine Bank um.

Die alte Schickse, die bis jetzt ruhig geschlafen hatte, schrak bei dem Gepolter auf.

„Was ist denn los?“, schrie sie.

Und als sie die Lage erkannt hatte, sprang sie auf und redete allen gut zu.

Bei ihren mütterlichen Ermahnungen beruhigten sich die meisten.

Nur der Alte blieb ärgerlich. Da schmeichelte sie ihm. Er sei doch der Erfahrene; er könne doch ruhig nachgeben. Das steigere nur sein Ansehen. Und er könnte doch wirklich mal großmütig sein.

Der Alte wollte erst nicht so recht. Aber da kam der wieder herein, der uns im Flur in die Arme getorkelt war. Nun machte der Alte sich an den. Er heulte dem vor, er hätte heute 'n schlechten Tag jehabt – ob er nich noch 'n Schluck spendieren wollte?

Der kramte seine letzten Pfennige zusammen. Aber als er selbst aus der Flasche trinken wollte, war sie verschwunden. Der Alte hatte sie nur einmal seinen Freunden gegeben. Der Betrunkene krakeelte – und als die Wirtin merkte, dass es heute so rasch nicht Ruhe geben werde, ließ sie den Betrunkenen von den anderen Kunden hinauswerfen.

Ich fragte, ob wir Betten bekommen könnten.

Sie lachte, dass man das von ihr fordere, und wir mussten uns so gut auf den Tischen und Bänken einrichten, wie es gehen wollte. Leichtfuß nannte das – Bankarbeit. Für mich machte die junge Schickse etwas Platz auf der Ofenbank. Sie lieh mir auch ein Tuch, das ich unter den Rücken legen sollte.

Ihr Schecks schien das nicht sehen zu wollen.

Mit einer gewissen Ritterlichkeit hatte er mich als Bekannten begrüßt und war ebenso beiseitegerückt.

Leichtfuß schien diese Liebenswürdigkeit verdächtig. Er warnte mich mit Blicken, ich solle mein Geld in acht nehmen.

Dann drehte der Alte, der mit missgünstigen Blicken uns am Ofen sitzen sah, die Lampe aus.

25. Kapitel
Mitgefühl

Kalt lag ich nicht. Der Ofen und die dicht bei mir liegenden Menschen verbreiteten eine angenehme Wärme. Aber die Aufregungen des Tages, die letzten Erlebnisse wurden wieder deutlich in mir, als uns die Finsternis umfing. Ich zitterte wohl etwas – ich rückte unruhig hin und her – plötzlich fühlte ich eine weiche, warme Hand an meinem Gesicht vorbeifassen, wie wenn sie mich suchte. Und da strich sie mir auch schon über die Backe.

Ah – das war so wohltuend nach der Jagd am Tage, nach den Streitereien und all dem, – ich ließ es mir, ganz voller Dankbarkeit, gefallen.

Und nun fuhr mir die kleine Hand übers Haar.

Wie das beruhigte und stillte!

Dieses Mitgefühl, diese Güte und Freundlichkeit, dieses rein weibliche Wohltun.

Und wir verstanden uns ohne Worte. Ich zog, ganz voll Ehrfurcht, die kleine Hand an meine Lippen – und da war sie mit einemmal verschwunden …

26. Kapitel
Nachtleben in der Dorfpenne

Von den andern Bänken kam das rasselnde Schnarchen der andern herüber. Ich hörte es noch lange. Aber es ward mir nicht mehr so sehr zum Schlafverscheucher wie vorher.

Mich erfüllten ganz andere Gedanken. Ich sah mich in der klaren Sonne auf den Hügeln vor Bromberg stehen. Da unten blühten die Obstbäume, die Häuser der die Stadt einrahmenden Dörfer lagen wie in Schneeballen versteckt. Eine Stunde hatte ich vielleicht noch bis hinab. Dann begann ein Leben voll Arbeit, voll Schaffen und Tun, Wollen und Erreichen. Diese Tage, wo man nichts erschafft, nicht tätig ist – die waren dann hinter mir.

So schlief ich bald ein.

Das einzige, was mich störte, war die Erinnerung an den Landjäger.

Dass er noch im Walde läge, glaubte ich nicht. Als wir ihn verließen, schien ihn nur eine schwache Ohnmacht umfangen zu halten. Jetzt war er gewiss geborgen.

Aber in der Nacht träumte ich, nicht der Badenser werde von ihm verfolgt, sondern ich. Und ich lief und wollte immer in die Schonung hinein und konnte nicht. Er hatte mir den Weg abgeschnitten und ritt nun lachend hinter mir her – stets soviel Raum zwischen sich und mir lassend, dass ich glaubte, noch entwischen zu können. Und wenn ich's versuchte, in die Schonung abzubiegen, lachte er grell und ließ sein Pferd einen Satz machen, dass ich zurückspringen musste. So ging das stunden- und tagelang. – Und kein Entrinnen.

Dann war es mir wieder, als sei das gar nicht der Landjäger, der mich verfolgte.

Es sah mitunter so aus wie die Hartherzigkeit, wie die Achtlosigkeit. – Und dann war es mein Stolz, meine falsche Scham, die mich, den ausgehungerten und heimlosen Wanderer, verfolgte. –

Plötzlich war es mir, wie wenn mich mein Verfolger ergriffen hätte. Ich fühlte einen Druck auf der Brust.

Mit allen Kräften wehrte ich mich; ich versuchte, seine Hand von meiner Brust zu reißen – da war der Traum vorbei – ich hatte im Schlafe um mich gegriffen und wirklich an eine fremde Hand gestoßen, die in der Nähe meiner Brusttasche herumsuchte.

Jetzt war ich vollständig wach und suchte in der Luft die fremde Hand zu erhaschen. Sie war verschwunden.

Und doch fühlte ich, dass nicht weit von mir eine Gestalt stand. Sie blieb unbeweglich, wie wenn sie ein Teil des Hauses wäre. Trotzdem sie ihren Atem anhielt, wusste ich doch, dass dort jemand, kaum auf Armlänge entfernt, sich befand.

Eine ganze Weile wartete ich, dass er sich durch eine Bewegung verraten würde. Aber er rührte sich nicht.

Um das langsam in mir aufsteigende Grauen zu überwinden, rief ich ärgerlich aus:

„Na, was ist denn das für eine Art, in der Nacht so rumzuschleichen! Das ist ja gerade, wie wenn man hier in ein Spitzbubennest geraten wäre.“

Einzelne der Schläfer wälzten sich unruhig hin und her – doch hörte ich nicht, dass der vor mir Stehende von seinem Platze fortging.

Ich fasste herzhaft zu – richtete mich auf, um ihn erreichen zu können – aber niemand stand da.

Nun wachte ich lange.

Ich hatte mich genau überzeugt, dass meine Brieftasche und meine Padde (Portemonnaie), die ich vor dem Einschlafen in die Brusttasche gesteckt, noch mein, noch auf ihrem alten Platze waren.

Noch oft glaubte ich, eine Gestalt vor mir zu fühlen. Aber als ich stets vergebens nach ihr gegriffen, setzte ich mich wieder zurecht, um zu schlafen. Mehrmals schreckten mich Geräusche auf. Doch hatten sich wohl nur die Schläfer unruhig bewegt. Einmal hörte ich auch einen sprechen:

„So'n Leben – wär man doch erst dot – Lass doch man – Oh – du! – Brr eh – so'n verfluchtes Hundeleben – warum warste immer so?! – Wär ich man erst verreckt!"

So ging es stundenlang.

Schließlich störte mich das nicht mehr. Ich glaubte, mich vorhin getäuscht zu haben, und versuchte einzuschlafen.

Ich weiß nicht, ob ich lange geschlafen hatte. Ich schrak plötzlich wieder auf. Wieder fühlte ich eine Hand auf meiner Brust. Rasch griff ich zu – diesmal hielt ich eine kleine weiche Hand fest. Sie hatte meinen Rock aufgeknöpft und fuhr zwischen Rock und Leib herum, wie wenn mich das Mädchen zärtlich umarmen wolle. Richtig, da fuhr sie mit der andern Hand hinter meinen Rücken und lehnte sich mit ihrer weichen Schulter an meine Brust.

Als ich ärgerlich, im Verdacht, dass sie mich bestehlen wolle, leise zankte, zog sie sich ein wenig an mir empor und drückte mir den Mund zu mit ihren warmen Lippen.

27. Kapitel
Gegen Morgen

Gegen Morgen erwachte ich noch einmal. Durch die dicht schließenden Fensterladen drängten sich schmale Streifen der blassen Dämmerung.

Nach einiger Zeit konnte ich erkennen, dass das Mädchen herabgerutscht war und mit dem Kopf auf meinen Knien ruhte. Einige Schritte vor mir stieg die Wirtin über die Schläfer. Sie schien von der Küchentür zu kommen und nach dem Vorplatz zu wollen. Der Alte hatte sich aufgerichtet und sah schlaftrunken um sich. Dann ließ er sich wieder zurücksinken und schnarchte weiter.

Auch ich war noch so mit Müdigkeit erfüllt, dass ich das alles nur mit halbgeöffneten Augen im Halbschlaf vernahm und mich gleich wieder zurücksinken ließ, um noch einmal fest einzuschlafen.

28. Kapitel
Bestohlen!

„Na, ihr Läppchen, Schlangengreifer, Luft- und Dichtmacher! Wollt ihr woll aus eure Himmelbetten!“

Die Wirtin war's, die mit ihrer schnapsrauen Stimme uns weckte.

„Es ist euch wohl zu mollig in den Sänftlingen, die ich euch diese Nacht bereitet habe?!“, fragte sie höhnisch. Dabei stieß sie die Fensterladen auf. „Ihr Dallesbrüder denkt wohl, ihr braucht heute nich zu arbeeten? Die Krone (Wirtin) steckt euch 'ne Leuchtkugel vor? Was? – Auf, zeigt, was ihr könnt, dass ihr eure Religion (Handwerk) gut gelernt habt. – Geht, sagt eure Gebote her und gedenkt eurer Wohltäterin, der Krone, die euch diese letzte Nacht so prächtig aufgenommen hat."

Diese Rede hatte die meisten ermuntert und sie daran erinnert, dass sie heute wieder frisch losfechten mussten. Doch keiner erhob sich, außer Leichtfuß. Er winkte mir zu:

„Wir müssen machen, dass wir weiter kommen, damit uns die Spitzköppe nich hier fassen!"

Mit voller Klarheit stand unsere Lage vor mir. Wir waren ja auf der Flucht. Vorsichtig hob ich den Kopf des Mädchens von meinen Knien; ihr Bursche, der schon wach geworden war, fasste das Mädchen um und zog die Schlafende zu sich herüber, ohne eine Gebärde oder Miene der Eifersucht.

Er blieb so kalt und ruhig wie immer.

Als ich aufgestanden war, fühlte ich erst die Folgen des Schlafens im Sitzen auf der harten Bank. Meine Füße waren ganz steif und mein Rücken krumm, wie wenn ein Türkensäbel drin steckte. Das stach, drückte und kniff, als ich mich geraderichten wollte. Nur mit Mühe konnte ich über die an der Ecke Liegenden hinwegsteigen.

Leichtfuß wollte fort, ohne etwas genossen zu haben. Ich bestellte mir erst noch einen Schockelmei – und, damit er auch was habe – für ihn ebenfalls.

Nun wartete er ruhiger, bis der Schockelmei kam.

Ich griff in die Brusttasche, um zu zahlen. Da steckte wohl noch meine Brieftasche drin – aber meine Padde war verschwunden.

Ich suchte in allen Taschen. Vielleicht hatte ich sie im Schlaf in eine andere Tasche gesteckt. Sie blieb verschwunden.

Und die Krone stand vor mir und hielt ungeduldig die Hand hin.

„Aber deine Padde muss doch da sein!", sagte Leichtfuß. Aufgeregt stürzte er nach dem Platz, auf dem wir geschlafen hatten. Er suchte unter der Bank, störte meine Nachbarn auf – und kam mit leeren Händen zurück.

„Du hast dir am Ende jeirrt. Sieh doch noch mal nach!“, sagte er kleinlaut, wie wenn er, da er mich hierher gebracht, verantwortlich für mein Eigentum wäre.

Aber das Geld fand sich nicht. Jetzt wurde er wütend.

„Det is ja hier eene janz jemeine Kaschemme. Uff eure Kasematten (Schliche) werden wir euch noch kommen! Ihr Leichenfledderer! In't Ponum (Gesicht) müsste man euch spucken! Is det 'ne Art zwischen Kunden, eenem de letzten Jroschen wegzueskamotieren[26]? – Wenn det noch junge Lümmels dhäten, die sich noch keenen Wind haben um de Nase wehen lassen; – aber so'ne alten Knöppe wie ihr! Pfui Deibel! De Scheinlinge (Augen) müsstet ihr euch aus den Deetz schämen! ... Unsereener hat doch woll allen Grund, zusammenzuhalten. Ihr seid ja noch schlimmer als Bauernfänger!!“

Er schimpfte die Schlafenden wach. Der Alte erhob sich zuerst.

„Meinste mir oder mich? Meinste mich??“

„Du wirst wohl wissen, wem die Jacke passt!“

Ich versuchte, Leichtfuß zurückzuziehen. Er brauche sich doch meinetwegen nicht aufzuregen.

„Ih, wenn wir zusammen tippeln, habe ick doch ooch een Recht dazu, muss ick doch ooch darüber wachen!“

Und nun schimpfte er wieder und verlangte, sie sollten mein Geld herausgeben. Er würde ihnen sonst Klempners Karl (Landjäger) auf den Hals hetzen.

---

26 Etwas mit einem Taschenspielertrick verschwinden lassen. Beim Becherspiel, einem der ältesten beschriebenen Zaubertricks, verschwindet eine Muskatnuss (frz. escamot), weshalb in Frankreich die Taschenspieler Eskamoteure genannt wurden. Im Gegensatz zum Hütchenspiel, bei dem es um Betrug geht, dient das Becherspiel nur der Unterhaltung.

„Wat, du willst uns hochgehen lassen?“, fragte der Alte und trat mit einem Holzpantoffel in der Hand auf Leichtfuß zu.

Ich konnte ihn nur mit aller Mühe aus dem entstehenden Gewimmel nach der Tür zerren. Die andern Kunden hatten sich auch aufgerappelt. Der eine schrie, dass ihm seine Stiefel zu eng geworden wären; der zweite wimmerte über seine wunden, angeschwollenen Füße, und ein dritter heulte, weil ihm einer gegen sein offenes Schienbein gestoßen habe. Dazu fluchten sie auf Leichtfuß und wollten ihm zu Leibe.

Einen Augenblick ließ er sich von mir beruhigen.

Dann sagte er: „Nu gerade! Das brauchen wir uns nich bieten zu lassen!“

Er riss sich los und forderte hartnäckig das Geld. Die Wirtin hatte in ihrer Gleichgültigkeit nicht viel geredet. Jetzt sagte sie:

„Sie wollen mich bloß hochnehmen (aussaugen), die wollen bloß Falle machen, damit sie nich bezahlen brauchen. Aber nu her mit dem Obermann, ich hippe nich druff uff den ihren Kohl!“

Im nächsten Augenblick hatte Leichtfuß keinen Hut auf. Er griff wohl danach, fasste aber in seine Haare. Er tobte, er wolle seinen Obermann wieder haben.

Aber – er hatte in seinem Zorn alle Vorsicht verloren – plötzlich hatten ihn mehrere von hinten überwältigt, die Arme zurückgebogen – und schoben ihn, trotzdem er sich mit den Füßen gegenstemmte, hinaus. Das alles ging so schnell, dass ich ihm gar nicht zu Hilfe kommen konnte – und die alte Schickse, die wieder Ruhe stiften wollte, kam diesmal zu spät.

Mit lautem Krach schlug die Tür hinter uns zu.

Es regnete wieder dicht und gleichmäßig. Der frühe Morgen graute matt durch die einfarbigen Wolken. Das

Haus sah im Zwielicht noch erbärmlicher aus als abends im Laternenschein.

Leichtfuß konnte sich nicht zufriedengeben.

„Denkste, ick jeh' ohne Kopfbedeckung durch den Regen? Nee." Und wütend rannte er gegen die Tür.

Ich dachte, das Haus würde bei seinem Ansturm zusammenbrechen. Aber die Tür rattelte nur.

Als er sah, dass alles verschlossen war, griff er eine Hand voll Sand von der Erde auf und warf sie gegen die Fenster. Grollend folgte er meinem Rat, weiterzugehen. Ich hielt ihm vor, dass wahrscheinlich die Landdragoner auf uns, vor allem auf ihn Jagd machen würden. Und die Penne würden sie wohl zuerst absuchen. Darauf schwieg er. Ich fragte, ob wir nicht bald in Frankfurt seien. Nein, wir wären gestern Abend zu weit abseits gegangen. Vor dem Spätnachmittag könnten wir nicht in die Stadt einwandern.

Mit nicht zu überwindender Hartnäckigkeit kam er auf den Diebstahl zurück. Einer aus der Stube müsse die Padde gemopst haben.

Ich erzählte ihm meine Erlebnisse der letzten Nacht.

Nun war er fest überzeugt, dass die Schicksen mich bestohlen hatten. Ich wollte das nicht glauben.

„Du weeßt eben noch nich, wie jemein die Sorte Weiber is. Ick kann dir sagen, wenn ein Frauenzimmer erst eenmal jemein geworden is, – dann adje treu und brav! ... Die Sorte maust wie die Raben. Nich for sich – nee, for ihre Schecks ... Aber die sollen mir man noch mal in die Hände kommen. – Ach, natürlich waren det die Schicksen. Det gloobe ick nich, det et eener von die Kunden war. Miese Gesellschaft war't ja – aber so leichte mopst keen Kunde den andern wat."

Mir schwebte das harmlose Gesicht des Mädchens vor, wie ich es heute Morgen beim Erwachen gegen meine Seite hatte lehnen sehen. Ich glaubte eher, dass die Wirtin – Ja, nun erzählte ich, wie ich sie heute früh hatte durch die Stube gehen sehen.

„So eine hündische Kopfkissenfabrikantin!"

Mit ähnlichen Worten belegte Leichtfuß die Wirtin eine ganze Weile.

Dazu regnete es ruhig weiter. Kühl und nass kam es durch die Kleider, durch die Stiefel. Wenn wir an Lichtungen kamen, wo junge Schonung so niedrig wie das Gras stand, schlug uns der Regen gegen Kopf, Schultern und Knie. Aber es ging immer vorwärts, vorwärts – hinein in die Stadt – die bergende Stadt. Wir wollten uns dort mehrere Tage aufhalten, um nicht auf der Landstraße von den Spitzköppen erwischt zu werden.

Leichtfuß ging immer mitten auf der Landstraße, wo ihn jeder uns Entgegenkommende oder Folgende sofort erkennen konnte.

„Ih, lass doch!", sagte er auf meine Ermahnungen. „Wenn sie mich erwischen – det schad't dir doch nischt!"

Erst nach langer Zeit gab er seinen Trotz auf und folgte mir auf die Seitenwege.

Einmal kamen wir an eine Stelle, wo ein Reiter den Fußweg benutzt hatte, der festgetretene Steig war von den Pferdehufen aufgerissen, das Regenwetter hatte ihn fast ungangbar gemacht. Leichtfuß fluchte – und auch ich empfand den neidischen Hass dessen, dem ein Bessergestellter Hindernisse in den Weg wirft, dem der etwas in Gedankenlosigkeit zerstört.

Hätte der Reiter nicht ebenso gut auf der Landstraße seinen Weg nehmen können?

Ich hasste, hasste ihn.

29. Kapitel

Der gute Kamerad

Unterwegs besprachen wir, was nun werden sollte. Ich ohne Geld.

„Ja, nu müssen wir eben feste auf die Fahrt steigen", meinte Leichtfuß.

Ich erwiderte nichts. Dass ich nicht zu fechten wagte, das konnte ich ihm nicht sagen. Wie mir's schon zumute gewesen war, als ich fühlte, dass mich die Leute für einen Landstreicher ansahen! Und nun gar an die Türen klopfen – den Hut abnehmen – die Hand aufhalten und um eine kleine Gabe bitten. So von Haus zu Haus – von Ort zu Ort.

„Du schämst dich doch nicht?", fragte Leichtfuß.

Als ich nichts darauf sagte, meinte er:

„Weeßte – nimm mir's nich übel – 'n bissken komisch biste ja. Wat is denn weiter dabei? Det musste überwinden. – Na ja, mir war ja ooch zuerst so. Ick hab uff meiner ersten Tippelei erst alles verkündigt (verkauft), wat ick konnte – meinen Berliner (Reisebündel), Luppert (Uhr), Schneidling (Messer) und sogar meinen Stenz (Stock) und meine Lauseharke (Kamm). Denn jing ick erst die Leute ärgern (fechten). Aber na – wenn du noch nich so recht kannst – denn sorg' ick schon noch for dir 'n bissken mit. Wat, wir zwee beede wollen uns schon durchhelfen und uns nich verlassen in Leid und Freud. Wir beede – wir verstehn uns doch."

Ich fühlte nicht den Regen, ich merkte nicht, wie meine Kleidung am Körper klebte – ganz warm ward es mir von innen heraus.

30. Kapitel
Missglückte Bettelfahrt

Endlich sahen wir hinter den hügeligen Feldern Schornsteine von Ziegeleien und Fabriken aufragen.

Meine Knie konnte ich schon nicht mehr glatt durchdrücken – aber nun ging es drauflos, ohne dass wir uns ausruhten.

Wie peinlich mir das war, als ich mit klebenden Kleidern in die Straßen einzog, fast bis oben voller Lehm und Landstraßenschmutz. – Und nun so als vollkommener Tippelbruder, mit leerer Tasche und leerem Magen.

Leichtfuß hatte mir untersagt, meinen Mantel zu verkaufen, wie ich ihm angeboten hatte. In solch großer Not wären wir noch nicht – er sagte nur noch „wir“ und „uns“. – Ich sollte einmal versuchen, ob ich in den oberen Stockwerken fechten könnte, aber erst stets vor dem Hause die Lage spannen (genau beobachten), ob ich etwa einen Putz kneiste (erblickte). Er selbst wolle Umschau halten bei seinen Krauters.

In einer Penne an der Oder wollten wir uns treffen. Das sei eine Art Kaschemme. Die Pollende werde allerdings dort sicher nach uns suchen. Aber da er mit dem Hausknecht gut befreundet sei, wäre er dort sicherer als in der Heimat, die ja sonst auch nicht schlecht sei.

Er ließ mich allein. Ich ging die Straßen hinunter.

Bei jedem Haustor wollte ich abbiegen, hineingehen.

Aber wenn ich unter der Hutkrempe hinaufsah nach den Fenstern, war es mir immer, wie wenn ich dort neugierige und erschreckte, verachtungsvolle Augen sähe.

Es war ganz gewiss nicht immer der Fall. Ich bildete mir das oft genug wohl ein.

Es widerstrebte mir, an die Tür zu gehen, die blankgeputzte Klinke herunterzudrücken und einzutreten. Was hatte ich auch im Hause zu tun? Hatte ich dort Verwandte, Freunde oder Bekannte, die ich besuchen musste? Irgendetwas, das mir ein Recht gab, hineinzugehen?

Es war ja nur eine Angelegenheit, die mich allein betraf – mich allein. – Und damit wollte ich andere belästigen. –

So war ich wohl schon einige Straßen weiter. Da traf ich an der Ecke einen Schutzmann. Ich glaubte, er hätte mich bös angesehen. Rasch ging ich die Querstraße hinauf.

Und dann trieb's mich wieder zurück – hier sahen die Häuser so finster und kalt aus, wie wenn ihre Bewohner, ohne auf meine Bitten zu antworten, die Tür zuschlagen würden. –

Was das war?

Wohl ein Leichtsinn, der mir vom leeren Magen aufstieg: Ich ging mehrmals an dem Schutzmann vorbei. Er blieb ruhig auf seinem Fleck; nur seine Augen verfolgten mich.

Und als ich so zum vierten Mal an ihm vorüberkam, wusste ich – ich hätte eher auf ihn zutreten können und mich irgendeines Verbrechens anklagen – als so vor einen Menschen hintreten und bittend die Hand aufhalten.

Wie kam ich dazu, von wildfremden Menschen etwas zu fordern, zu verlangen? Ihnen so ins Gesicht zu sagen: Gebt mir, dass ich nicht verhungere!

Welches Interesse konnten die für mich haben? …

Das erschien mir geradezu verwegen.

Und nun stand es bei mir fest – ich wollte den Mantel verkaufen, um nicht alles von Leichtfuß annehmen zu müssen.

31. Kapitel
Mit Schmutz beworfen

Auf dem Wege zu einem Trödlerladen hielt mich plötzlich ein Maurer auf, der hinter mir ging:

„Warten Sie mal! Sie sind da hinten schmutzig. Es ist gerade, wie wenn Sie mit Dreck beworfen sind!"

Mit einem Stück Papier wischte er mir den Schmutz ab.

Ich dankte ihm verwirrt.

Das war Straßenschmutz. Da hatten schon die Kinder mich für einen Landstreicher gehalten, der ein gutes Spielzeug für ihre Bosheiten sein konnte. All meine Untaten, die ich als Kind begangen, wurden mir in dem Augenblick bitter leid.

Also dazu war ich schon geworden. – Ich kam mir vor wie mit Peitschen gejagt, wie gesteinigt. –

Zittern und Ekel überlief mich – wie wenn ich im Rinnstein läge.

Ich – ich war mit Schmutz beworfen! …

Die Zunge habe ich mir halb durchgebissen vor Schmerz und vor Zorn – um nicht zu weinen – mit Schmutz beworfen …

32. Kapitel
In der städtischen Penne

Ich suchte nach einem Trödlerladen. Aber alle Geschäfte sahen mir zu vornehm aus für meinen durchnässten, mit Schmutz beworfenen Mantel.

Auf den Irrwegen nach einem gewöhnlichen Produktenkeller war ich immer tiefer hineingekommen in die Stadt. Jetzt ging ich durch die engen Straßen, die sich abseits von allem

Verkehr nach der Oder hinabzogen. Hier waren einzelne versteckte kleine Läden – und da eine Gastwirtschaft; das Lokal, in dem ich mich mit Leichtfuß wiedertreffen wollte.

Müde war ich – vielleicht hatte er schon seine Fechterei beendet und erwartete mich. Ich ging die Stufen hinauf und trat ein. Dicker Tabaksqualm und scharfer, fauliger Geruch von verschüttetem Schnaps und Bier schlugen mir entgegen. In dem niedrigen, breiten und langen Zimmer glühten die Gaslampen. Über dem von einem hohen Gitter umgebenen Schanktisch leuchteten zwei Flammen – sie spiegelten sich in mehreren Reihen hoher Flaschen mit bunten Flüssigkeiten.

Unter den Gästen, die fast alle sauber und gut gekleidet waren, fand ich Leichtfuß nicht.

Schon wollte ich wieder hinausgehen – Geld zum Vertrinken, zum Warten hatte ich ja nicht –, da kam ein kleiner rundlicher Mann auf mich zu und sagte: „Wenn Sie jemand erwarten – bleiben Sie ruhig hier!"

Damit wies er auf die Stühle, die leer zwischen den Gruppen standen.

Ich war froh, endlich einmal meine Beine unter den Tisch strecken zu können. Viel Zeit zum Grübeln und Nachdenken blieb mir nicht. Um mich her ging's lebendiger zu als in den Herbergen, die ich bisher gesehen hatte.

Am Fenster saß eine Gruppe, die Karten spielte – mit lautem Geschrei und Aufschlagen auf den Tisch, dass die Gläser tanzten.

Einen Tisch weiter stritten sich zwei:

„Du nur hast schuld, dass der fette Fritz verschütt gegangen ist.!"

„Halte deine Flabbe – wir wissen schon, wer dem gnietschen Adolf nich die nette Schränkerei (Einbruch) gegönnt hat!"

„Na, ick bin ja nich derjenigte, welcher gepfiffen hat!“

„Aber ick weeß, dass du jern die blonde Jette haben wolltest, die't mit'n Adolf hielt! … Aber nu is't dir janz recht; nu haben se die ooch jleich mit hochjenommen. Das kommt aber davon, wenn man so janz schlau sein will!“

Der zweite musste sich zu stark getroffen fühlen. Die andern lachten laut, als ihm vorgehalten wurde, dass er hineingefallen war. Er sah einen Augenblick in sein Glas hinein – plötzlich schallte ein Klatschlaut durchs Zimmer – er hatte dem andern mit der flachen Hand auf den Mund geschlagen.

Der goss ihm Bier ins Gesicht und stieß dann mit der geballten Faust nach seinen Augen.

Die andern machten Platz, damit die beiden ihre Angelegenheit in Ruhe erledigen könnten. Wurf- und Schlaggegenstände schafften sie beiseite – und nun bearbeiteten sich die beiden mit den Fäusten. Sie waren wohl gleich stark – der blasse, einem Kellner ähnelnde Gefoppte, und der Gesundere, der einem kleinen Beamten glich. Keiner unterlag dem andern.

Fast alle Gäste hatten sich herzugedrängt – nur die Kartenspieler am Fenster ließen sich nicht stören.

Ich sah nach dem Wirt – der schien im Keller zu tun zu haben – ich sah ihn hinter einer Falltür untertauchen.

„Aber Kinder, nun zeigt doch mal, uff wessen Seite das Recht is!“, rief ein Zuschauer anfeuernd.

„Ja doch – wer recht hat, wird auch siegen!“

Unter lautem Hohngelächter hetzten sie die beiden aufeinander.

Als der Kellner aber seine Hand spreizte, um seinem Gegner mit den Fingern in die Augen zu fahren, rissen ihn einige zurück. Andere ärgerten sich, dass ihr Vergnügen so rasch zu Ende sein sollte – die Schlägerei hätte sich beinahe vervielfacht – da kam der Wirt mit seinem

Hausknecht; ihrem guten Zureden gelang es, die Gegner auseinanderzubringen.

„Wollt ihr denn durchaus, dass die Pollende euch ans Schlafittchen kommt? Ihr könnt doch wohl die Sache woanders abmachen. Ihr seid doch zünftig genug. Oder wollt ihr wieder Rosenkranz beten (an der Kette liegen)? Oder hohe Schule lernen (im Zuchthaus sitzen)?"

„Na, na, keene Anzüglichkeiten nich!"

Aber die Ermahnung des Wirtes hatte geholfen – und soviel hatten sich die beiden Hauptfeinde geprügelt, dass sie sich beruhigen konnten.

Die Gruppe ging nun wieder auseinander. Und dabei sah ich, dass zwei ganz verschiedene Menschenarten sich hier zusammenfanden.

Die einen waren gut gekleidet, auch meist gut genährt. Die andern waren weniger gut genährt, und ihre sonst sauber gehaltene Kleidung zeigte doch die Spuren der Landstraße. Sie saßen auch stiller und schüchterner herum als die andern. Die einen bestellten sich warmes Abendbrot, ließen die leergewordenen Gläser sofort wieder vollschenken und gingen mit verwegenem Ausdruck umher, die andern mit verachtungsvollem Blick streifend. Einige sangen, und zuletzt stellte sich der Kellner hin und trug ein „Couplet" vor:

Die Sehnsucht

Sonst trank ich nur Arrak und Kognak und Rum,
Da warf mich ein einziges Gläschen schon um.
Jetzt trink' ich am Morgen, bei Tag und bei Nacht,
Es hat mich noch keiner zu Falle gebracht.
Mein einzig Verlangen ist Soruff allein,
O selig, o selig, beschwabbelt zu sein.

Die andern grölten den Refrain mit. Das war für sie ein besonderer Genuss – so ein Vortrag! Und als sich der Kellner setzte, hatte er die Sympathie seiner Tischnachbarn wiedergewonnen.

Gleich darauf kam ein Mann mit einem Tuch über dem Arm herein. Er sah aus wie ein Schneider. Eine Brille vor den grauen, schwachen Augen gab seinem bärtigen Gesicht etwas Ehrwürdiges. Dabei ging er unsicher auf seinen kleinen Füßen. Der Wirt begrüßte ihn zuvorkommend, wie einen alten gerngesehenen Bekannten. Einen heimlichen, falschen Blick konnte ich aber doch erkennen.

„Na, Friedrich, wie gehen die Geschäfte?", rief dem Hereingekommenen der Kellner zu.

„Durchwachsen – durchwachsen! Jetzt werden ja keine großen Sachen mehr gemacht. – Na, man darf eben auch das Kleine nicht verachten."

„Na, denn komm mal her – sieh mal, ick habe jrade keene Arbeit" – dies sagte er leicht lächelnd, wie wenn er einen Spaß mache –, „also – wat jibst du denn für die Schale?"

Er packte einen recht guterhaltenen Anzug aus. Sie stritten sich eine Weile hin und her – der Wirt ließ dazu einen Musikautomaten an der Wand spielen. Die Schlechtgekleideten sahen bewundernd und sehnsüchtig herüber – es dauerte nicht lange, so waren sie handelseins.

Da kam einer von der andern Gruppe. Er zog seine Weste aus: „Ich habe heute Pech gehabt – 'n Putz hatte mich schon beim Wickel – und nu möchte ich mich nich gern draußen sehen lassen. – Wat jibst du denn for die Kreuzspanne?"

Der Händler verzog sein Gesicht – der Kellner und seine Genossen lachten.

„Ach, davon versteht ihr nischt!", fuhr der Händler auf sie los. „Jedes bringt was –jedes!"

Und nun feilschten sie hin und her, wie viel die Weste wert sei.

33. Kapitel
Beim Verschärfen

Indem fühlte ich, wie mich der Wirt und einige andere mit zweifelhaften Blicken betrachteten. Es war mir schon peinlich, hier zu sitzen, ohne etwas zu verzehren.

Und wer weiß, wann Leichtfuß kam – ob er überhaupt kam? Konnte er nicht zu jenen gehören, die sich an einen Neuling heranschleichen, um ihn auszusaugen und dann im Stich zu lassen?

Die günstige Gelegenheit wollte ich benutzen und bot dem Händler meinen Mantel an.

Der Händler wendete den Mantel hin und her, hielt den Kragen gegen das Licht und fragte leichthin:

„Was denken Sie'n, was ich dafür geben kann?"

Bei seiner genauen Untersuchung des Kleidungsstückes war meine Schätzung des Wertes immer geringer geworden, immer mehr gefallen. Die Gäste am Nebentisch sahen so wohlwollend zu – ich forderte drei Mark.

Der Händler machte große Augen.

„Wie meinen Sie, Herr Jraf?", fragte er kalt und spöttisch.

„Na – drei Mark – aber ich weiß ja nicht. –"

„Ja, wenn Sie nicht wissen!", Er warf den Mantel über meinen Stuhl, drehte sich um und ging nach dem Nebentisch, wo er sich setzte und eine Lage Schnäpse bestellte.

Ich stand noch eine Weile und sah zu ihm hinüber, wie wenn unsere Verhandlungen noch nicht erledigt seien. Es war mir, wie wenn alle Gäste mich höhnisch anlachten – und dabei beachteten sie mich gar nicht.

Der Händler flüsterte unterdessen mit dem Kellner. Der Verkauf des Anzugs schien nur die Einleitung zu einem größeren Geschäft gewesen zu sein.

Inzwischen füllte sich das Zimmer mehr und mehr.

Auch mehrere russische Juden kamen in langen, bis auf die Füße reichenden Mänteln und mit alten, bunten Reisetaschen herein.

Da hatten die Gäste Unterhaltung. Die am Nebentisch hetzten einen bei ihnen sitzenden Glasermeister auf, er solle doch den Juden mal die Wahrheit sagen. Was sie hier zu suchen hätten in Deutschland? Ob sie etwa für ihre Kallen[27] die Aussteuer zusammenschnorrten? Oder nein, er solle mal versuchen, ob sie ihm die alte Zigarrenspitze aus Pappe abkaufen würden.

Er lachte in seiner Betrunkenheit schlau vor sich hin, stellte seinen Glaskasten in eine Ecke, wobei ihm fast seine Scheiben zerbrochen wären, und torkelte auf die Juden zu, die sich in eine Ecke drückten.

„Wa – wat – jebt – ihr'n for die S – Spitze?"

Die Juden sahen verschüchtert auf, als verständen sie ihn nicht.

Der Lärm, der sich durch das fortwährende Zuströmen von Gästen, durch das Geklapper von Gläsern und Tellern verstärkt hatte, ließ nach; alle sahen nach der Gruppe in der Ecke.

Der Glasermeister trat den Juden näher: „Ob – i – ihr – die Spitze – kaufen wollt."

---

27 jiddisch und hebräisch: Braut

Die Juden blickten sich an – und stopften, ohne auf ihn zu hören, Brocken von Weißbrot, das sie mit den Fingern zerpflückten, in den Mund.

Jetzt wurde der Glasermeister ungeduldig. Er trat ihnen noch einen Schritt näher. Mit einer Hand sich an der Tischkante haltend, fuchtelte er ihnen mit der Spitze vor den Gesichtern herum. Ein wenig ärgerlich, doch immer noch gutmütig spaßhaft, fragte er:

„Na, – wo – wollt ihr denn nich mit mir 'n Geschäftche machen? …

Wi– will ich euch doch gerne helfen zu einem Ve – Verdienst. Seht'r – is doch dies n' S – Spitz, die noch unter Brüdern 'n paar Tag kann werden gebraucht! Nu – wie is? Fünfzig Prozent könnt – könnt ihr noch ganz gut daran verdienen!"

Einer der Juden, dessen große schwarze Augen unter dichten, über der Nase zusammengewachsenen Brauen glühten, hatte die andern fragend und ärgerlich angesehen, doch sie schüttelten warnend und zweifelnd die Köpfe. Ein weißhaariger, zusammengeduckter Mann winkte mit der gekrümmten Hand am Kopf vorbei: „Lass doch! Lass doch!"

Da hielt der Glasermeister den Juden die Zigarrenspitze näher an die Gesichter. Der Greis und einige andere beugten sich voll Ekel zurück, ohne jedoch ihren Unwillen zu äußern. Aber der mit den großen Augen sprang auf und stieß den Arm des Glasermeisters bei Seite. Mit rollender Stimme, die vor Zorn mehrmals überschnappte, rief er:

„Was belästigen Sie uns?! Was haben wir getan Ihnen? Nichts! Nichts! Und da kommen Sie und rauben die Ruhe uns?! Warum? Wozu?"

Der Glasermeister stand lächelnd vor ihm und blickte ihn harmlos an.

„P–h!“, machte der Jude und setzte sich, wieder Semmelbrocken in den Mund stopfend.

Dem Glasermeister schien der Gedankenfaden gerissen zu sein. Er fuchtelte noch einmal mit der Zigarrenspitze dem Juden vor dem Gesicht herum und ging dann schwankend zurück.

Der Wirt war auf die Juden aufmerksam geworden. Er schickte den Hausdiener zu ihnen, was sie trinken wollten.

„Nichts.“

„Der Hausdiener sah sie verständnislos an, dann ging er zum Wirt zurück.

Der kleine Mann geriet ganz außer sich. Er rief ihnen zu, wenn sie dächten, er hätte das Haus gestohlen, dann könnten sie sitzenbleiben. Aber er brauche den Platz. Das gehe entschieden nicht, dass sie ihm für nichts und nochmals nichts die Stube voll Dreck schleppten.

Die Juden sahen sich verwundert an. Und als sie nochmals vom Hausdiener gefragt wurden, was sie haben wollten, sagten sie wieder:

„Nichts!“

„Na – denn raus, raus! – Solche Gesellschaft kann ich hier nicht gebrauchen!“

„Wie – was – er will uns nicht haben als Gäste?“, fragten die Juden einander. Der Dunkle stand auf und sagte heftig:

„Was, Sie wollen uns nicht haben als Gäste? Wo wir doch zahlen unser gutes, gediegenes Geld? Das ist ein Lokal for Schlamassels, for Kasematten – for – for –.“ In seiner Erregung überstürzte er sich und fand keine Worte mehr.

Jetzt wurden einzelne meiner Nachbarn unruhig. „Schmeißt doch die Schnorrer raus!“, schrie der Kellner.

Die Juden, die vom Wirt, vom Hausdiener und von den Gästen bedrängt wurden, wendeten sich aufgeregt hin und her, den Kopf bald nach dem Wirt, bald nach den Gästen herumwendend.

Sie waren schon bis zur Tür gedrängt, da sagte der Dunkle grollend:

„Ha, Sie wollen uns nicht geben ein Nachtlager for unser Geld, for's gediegene! Is's doch ebensoviel wert als eures!"

Der Wirt rief sie zurück – wenn sie ein Nachtlager wollten. – Er sprach aber noch immer etwas von oben herab mit ihnen.

Mit voller Genugtuung setzten sie sich wieder in ihre Ecke, noch lange miteinander streitend.

Der Wirt sah mich sitzen – immer noch, ohne dass ich was verzehrte. Er runzelte die niedrige Stirn unter den kurzgeschorenen, aufrechtstehenden Haaren.

„Na, kommt denn der heute noch?", fragte er.

„Ja, – ich hoffe."

Schon lange hatte ich daran gedacht, dass mich Leichtfuß versetzt habe. Na – nun galt es, mich allein durchzuhelfen. Ich trat an den Händler heran und fragte ganz untertänig:

„Was wollen Sie denn für meinen Mantel geben … Ich denke, wir werden uns wohl verständigen."

„Wat – wat – wir uns verständigen? Was frage ich nach dem alten Dreckmantel – wer weiß, wo der gezottelt (gestohlen) is! … Denken Sie, ich will mich als Hehler hochnehmen lassen? – Proste Mahlzeit! …"

Ich war sprachlos vor Schreck, niedergeschmettert von der Beschuldigung. Und ehe ich mich fassen konnte, hatte mir der Händler den Rücken zugekehrt und sprach mit dem Kellner über ein Kartenkunststück.

Ja, wenn er das glaubte, dann hatte der Mantel allerdings keinen Wert. Im Zorn wollte ich ihn fragen, wie er mich so beleidigen könne. Aber dann überlegte ich, dass ich jetzt Geld haben müsse und er wohl der einzige sei, der es mir verschaffen könne. Und so fragte ich denn zum dritten Mal, was er für den Mantel geben wolle.

Großmütig drehte er sich um – „na'n Flachs“ (eine Mark).

Das war mir doch etwas wenig.

Nach einigem Hinundherreden wurden wir auf eine Mark und fünfzig Pfennig einig.

Auch diesmal hatten sich die Gäste herumgeschart, den Handel als eine willkommene Unterhaltung benutzend. Eben hatte ich den Mantel losgeschlagen, da drängten auch die Juden herzu, und der Dunkle rief, ärgerlich über mich, dass ich den Mantel so billig verkauft hatte:

„Ach du Schrabbinchen (Kindchen)! Wärste gekommen zu mir – 'n Rad (ein Dreimarkstück) hätt' ich gegeben gern dafür; ach – ach – was biste for'n Schrabbinchen! …“

34. Kapitel
Aristokraten

Die Gaststube war immer voller geworden; alle Stühle, auch der, auf dem ich bisher gesessen, waren besetzt. Ich musste mich zu den Schnorrern setzen. Gleichzeitig bestellte ich mir Essen und Trinken.

Ich glaubte nicht mehr, dass Leichtfuß wiederkommen würde. Und Hunger hatte ich! …

Der dunkle Jude sah mich mit seinen großen Augen fragend an. Als ich mich gesättigt hatte, konnte er seine Neugier nicht mehr zurückhalten; er neigte sich zu mir hin.

„Warum haben grade Sie verkauft den Mantel? Sie sehen doch gar nicht so aus als ein Vagebund. Und denn – so billig – so billig!“

„Na, wenn man kein Geld – und dazu Hunger hat –"

„Aber ich bitte Sie, junger Mann, wo kann man verkaufen solche nötigen Sachen, das sind seine eigenen Kleider? – Geld – nu Geld kriegt man doch – soviel, as man nischt braucht zu hungern!"

„Josef, red nix so wegwerfend", mischte sich der Alte hinein. „Wie büste geworden so herrisch und selbstbewusst, seit wir unterwegs, um zusammenzuholen de Mitgift for deine Tochter Martha. Siehste nix, as de Herr is noch so jung und fein!"

„Ja siehste, ich kann nicht verstehen, was de Menschen zugrunde gehen, wenn se kommen umher in de Welt!", antwortete Josef dem Alten, der sein Vater zu sein schien. „Muss ich doch auch mich demütigen, muss ich gehen zu alle Kassen, zur Gemeindekasse, zur Unterstützungskasse for durchreisende Juden, muss ich gehn zu de reichen Glaubensbrüder und muss bitten und betteln – nix for mich – nein, dass kann heiraten meine Tochter den Raphael. Siehste, nu muss ich mir noch davon ernähren und dir. Aber siehste, hat mich doch das Demütigen nich gedrückt nieder – hat mir das Rumkommen in de Welt nich genommen den Mut, hat es mich gestärkt und geschärft, as ein Messer, das auf einem harten Stein geschliffen is!"

„Josef, vergiss nie, dass de bist nich einer von die mit helle Aug und blonde Haar – dass de bist ein Jüd. Sei stolz, dass dich das Leben so reißt aus deine Schwachheit und Stumpfheit!"

Der Streit zwischen den beiden wäre wohl nicht zu Ende gewesen, wenn sich nicht fast alle Gäste um unsern Tisch gesammelt hätten. Einige junge Handwerksburschen, die nicht lange von den Eltern fort waren – sie trugen noch Kragen und weiße Vorhemden – wollten Ringe und Uhren verkaufen. Und als sie gemerkt hatten, dass die Juden als

Konkurrenten des Händlers auftraten, kamen sie zuerst zu ihnen. Die ließen ja mit sich handeln.

Die andern zog die Neugier herbei.

Die Verkäufer wurden auch einig mit den Juden. Und da mehrere der Umstehenden noch die letzten Sätze der voraufgehenden Unterhaltung gehört hatten, sprachen sie über das Fechten. Jene, die heute erst in die Stadt gekommen, schwiegen fast alle; erschöpft vom Marsch, waren sie leicht an dem grauen Chausseeschmutz zu erkennen, der ihre Röcke, Hosen und Stiefel bedeckte und oft noch ganz feucht war. Die anderen, die schon seit gestern oder noch länger in der Stadt herumbettelten, sprachen mehr. Der eine erzählte, dass er reichlich beschenkt worden sei; der zweite beklagte sein Unglück; er habe kaum genug, um im Keller schlafen zu können, wo die billigsten Betten stehen.

Nur eine kleine Gruppe war lauter – Handlungsgehilfen, die gerne plaudern. Ihre Kleidung war ein wenig eleganter als die der andern. Der Kragen und die Krawatte saßen recht genau, und – was sich kein andrer von den Kunden leistet – sie trugen Manschetten. Der eine, ein offenblickender Kleinstädter, der recht keck in die Welt schaute, erzählte:

„Na, da komme ich um die Ecke, und da steht ein Putz mit seinem blanken Helm. Da denk' ich, gesehen hat er dich nu mal, und da ist es nu gleich. Wenn er Lust hat, muss ich ja doch ins Kittchen.

Ich also ran an ihn und gefragt, wo hier ein reicher Kaufmann wohnt. Er sieht mich mitleidig an und sagt mir genau Bescheid, indem er mir auf die Schulter klopft. Zu einem schickt er mich, der Millionär ist und immer gerne geben soll. Ich hatte also Glück bei dem Putz gehabt und geh nu stolz und mutig weiter. Im Hausflur der Villa, die mir der Putz gezeigt hat, treffe ich denn auch den Alten. Der sieht mich freundlich an und meint, indem er mir die

Backen streichelt: ‚Gewiss, junger Mann, Ihnen soll geholfen werden.' Ich spitze mich auf eine Mark.

Er geht hinauf und drückt mir, als er wieder herunterkommt, was in Papier in die Hand. Ich fühlte drei Stücke.

Na, dacht' ich, drei Fünfziger – und empfahl mich unter vielen Danksagungen.

In der Tür merkte ich aber, dass es nur drei Pfennige waren. Erst wollte ich umkehren", schloss der Kleinstädter mit Stolz über seine Schlauheit, „aber ich überlegte rasch, dass es besser wie gar nischt is. – Der hätte sich am Ende noch gefreut, wenn ich ihm die Pfennige zurückgebracht hätte!"

Die Zuhörer stimmten zu.

Doch Josef, der ihn still betrachtet hatte, sagte ernst:

„Das hättest de müssen zurückgeben. Schon aus Kameradschaftlichkeit for die Späterkommenden! Siehste, verdirbst de nich de Menschen?! Gewöhnste ihnen ab die Wohltätigkeit? Ja, ja, so, so dumm seid ihr?"

Er schlug sich mit den Spitzen seiner Finger an die Stirn, ganz voll Eifer und Aufregung.

„Siehste, komm' ich doch ooch mal zu'n Kaufmann und bitte um Unterstützung. Gibt er mir doch ooch drei Pooscher! Sag' ich: Lieber Herr! Nennen Sie das e Unterstützung? Was soll ich mir koofen dervor? – Hab' ich doch um Unterstützung gebeten und nich gebettelt. Bin ich doch zu Ihnen gekommen as reisender Kollege von Ihnen und as Glaubensgenosse. Sollte aber mal kommen e Bettler zu Ihnen, dann geben Se ihm nur noch dies dazu – und dabei legte ich noch szwei Pfennige zu die drei – das sind dann fünf Pfennige, und da brauchen Se sich nischt zu schämen, und der arme Kerl kann sich wenigstens koofen ein paar Semmeln dervor ... Puh, da wurde er wütend, kam hervor von hinter dem Ladentisch und wollte mir lassen festnehmen … War aber kein Schutzmann zu sehen! –Ja!“

Er wendete sich halb ab von den Zuhörern.

Die sahen jetzt mit ganz andern Augen auf die Juden. Nur der Kaufmann, den ich schon in Fürstenwalde getroffen, und der inzwischen auch hereingekommen war, lächelte überlegen. Er versuchte die Aufmerksamkeit auf sich zu lenken und meinte, mit den Schnorrern nehme er es noch auf. Er sei Bürovorsteher und habe es bei den Rechtsanwälten gelernt, Schriftstücke zu machen. Bei der Fackelei (Bettelei durch Briefe) käme auch ein ganz schönes Stück Geld heraus. Er stehe sich manchen Tag auf fünf Mark und mehr. Ja, es komme sogar vor, dass er zehn Mark an einem Vormittag mache.

Josef und die andern Juden lächelten über ihn, während er von den Handwerksburschen angestaunt wurde.

„Pah!“, machte Josef, „was sind fünf Mark! Will ich die doch haben noch heut abend in einer halben Stunde!“

„Wetten – dass du sie nicht holst“, sagte der Fackeleimacher.

„Geh’ ich gleich – gleich! Wirst du sehen, dass ich sie mache! Wirst du sehen. Aber auf was willste wetten – auf ein Rad – ein Rad!“

Das war dem andern zu viel, und sie einigten sich auf eine Mark. Dann ging der Jude los. Er hatte sich vorher untersuchen lassen, zum Beweise, dass er kein Geld mitnähme. –

Eine Gruppe umstand einen kränklich aussehenden Menschen, dessen tiefliegende Augen und schwache heisere Stimme den Schwindsüchtigen verrieten. Er erzählte, dass er aus dem Krankenhaus entlassen worden sei. Aber – Gott sei dank – ganz gesund könnten sie ihn doch nicht machen.

Und nun bekäme er wohl keine Stellung – er sei Konditor – aber dafür umso mehr gesteckt.

Den leuchtenden Augen der jugendlichen Burschen war es anzusehen, dass sie ihn beneideten. Dass sie auch gern ein solches Gebrechen, solch eine Krankheit gehabt hätten, die ihnen recht viel Geld einbrächte …

Ich sah, wie einzelne sich Bratkartoffeln oder einen Hering mit Kartoffeln leisteten – zur Qual der andern, die sich mit ihrem Bettelbrot und einem Stückchen Wurst begnügten.

Ein Alter kramte einen ganzen Berg Brot, Semmeln, Wurstendchen, Schinkenschwarten und ähnliche Leckerbissen aus; Hungrige umschwärmten ihn wie Fliegen eine Zuckerschale. Für wenige Pfennige ließ er ganze Mahlzeiten ab.

Der Fackeleimacher hatte sich von den gewöhnlichen Handwerksburschen zurückgezogen und sich zu uns gesetzt. Erst jetzt schien er mich zu erkennen. Aber ohne mich zu begrüßen, putzte er an seiner Brille herum.

Ich redete ihn an, doch er wollte mich nicht kennen; ich sagte ihm, wir Walzbrüder kämen doch immer wieder zusammen.

Nein, er sei nicht in Fürstenwalde gewesen. Er sei auch kein Heringsbändiger, sondern Bürovorsteher.

Wenn er durchaus dabei bleiben wolle – na, er müsse ja auch seine Gründe haben …

Da kam Josef wieder.

Er hatte wirklich sechs Mark zusammengebettelt. Der Fackeleimacher musste – mit ärgerlichem Gesicht – ihm noch eine Mark dazugeben. –

Sämtliche Gäste gerieten in Aufregung, bewunderten den Josef. Ja, wenn es auch andere gebe, die ihr Geschäft verstünden, die gewissermaßen Bettlerkönige seien – aber

Josef sei der König der Könige. Ganz begeistert klopften sie ihm auf die Schulter und drückten seine Hände. Und einige wussten ihre Begeisterung nicht besser zu zeigen, als dass sie ihm Schnaps und Bier anbrachten. – Da ich sah, dass Josef ein gewisses Gefühl für mich habe, hielt ich mich an ihn. Ich hatte mich schon darein gefunden, dass Leichtfuß nicht wiederkomme und dass ich mir allein weiterhelfen müsse. Soviel wie möglich wollte ich dazu von Josef lernen.

35. Kapitel
Glück der Arbeit

Josef unterwies mich im Fechten. Man müsse zu den großen Kaufleuten in die Privatwohnung gehen – aber am Nachmittag, wenn sie gespeist hätten und erfreut wären über das große Geschäft und das gute Essen. Und nie seine Würde vergessen! Da wagten sie es nicht, einen mit ein paar Pfennigen abzuspeisen.

Während er noch so mit mir sprach, kam Leichtfuß herein – in Begleitung eines sauber gekleideten Knaben. Hastig drängte er sich nach mir hin, fasste meine Schultern und rüttelte mich.

„Mensch! Mensch!“

Mehr konnte er nicht sagen.

Es arbeitete in ihm, seine Brust hob und senkte sich, wie wenn sie zerspringen wolle. Erschreckt sprang ich auf: „Ja, was ist dir denn? Was?!“

Er legte die Hände quer übers Gesicht und stöhnte.

„Aber was ist dir denn geschehen? – Was für ein Unglück hast du denn erlebt?“

Er schüttelte stumm den Kopf.

Ich schob ihm einen Stuhl hin; er solle sich erst ausruhen.

Nach einer Weile, in der er mit glänzenden Augen um sich gestarrt, ergriff er meine Hände, drückte sie, dass das Blut daraus wich, und stieß abgebrochen hervor:

„Arbeit – Arbeit hab' ich!"

Welch Jauchzen, welch Jubeln in diesen wenigen heiseren Tönen! – Wie viel Hoffen – Freude – Begeisterung!

Und nun erzählte er mir, wie er eine Frau getroffen, bei deren Mann er früher so eine Art Werkmeister gewesen sei. Der Mann sei vor einigen Tagen gestorben, und da das Geschäft sehr gut gehe, wolle es die Witwe nicht aufgeben. Sie habe aber niemand, der es führen könne; ob er es nicht versuchen wolle? Und dann habe sie ihm einen Vorschuss gegeben. Weil er aber durchaus mit mir sprechen wollte, ehe er seine feste Zusage gab, ließ sie ihn gehen – doch nur in Begleitung des Knaben.

Und nun kam es ganz verlegen heraus:

Er habe seine Bedenken geäußert, ob er die Stelle annehmen dürfe. Er habe doch versprochen, mit mir zu walzen.

Das hätte er denn auch der Witwe mitgeteilt und selbstverständlich nur zugesagt, wenn ich ihn freigeben wolle. Er werde mich, wie sich das gehöre, dafür entschädigen. Ob ich mit sechs Mark zufrieden sei? Im Übrigen – er hätte sich durchaus nicht verpflichtet – der Witwe nicht fest erklärt, die Stellung anzunehmen.

Als ich ihm zusprach, die Arbeit anzunehmen, fragte er ungläubig:

„Ja – meinst du? – Ist es dir auch wirklich nicht gegen den Strich?"

„Aber nein, nein!", lachte ich.

Und nun sollte ich durchaus das Geld annehmen Als ich mich sträubte, wurde er ordentlich böse und schob es mit Gewalt in meine Tasche.

36. Kapitel
Verschütt!

Wir wollten nun Abschied feiern.

Ehe wir dazu kamen, begann wieder ein Streit zwischen dem Glaser und Josef.

Der Glaser war von dem Kellner und dessen Freunden angestachelt worden und verlangte mit jener Hartnäckigkeit, wie sie manchem Angetrunkenen eigen, Josef solle ihm die alte Zigarrenspitze abkaufen.

Josef maß ihn mit zornigen, verachtungsvollen Blicken, ohne jedoch ein Wort zu erwidern.

Der Glaser beharrte auf seinem Verlangen. Josef sei doch ein Produktenhändler; das wisse er ganz genau. Und wenn Josef ihn, den Glaser, abweise, so wolle er ihn damit beleidigen. Ja, beleidigen!

Und das sei eine Gemeinheit. Das sei eine Schurkerei! Sowas könne sich nur so ein Schuft erlauben wie Josef!

Er sagte das ganz gemütlich, mit lallender Stimme.

Die Zuhörer, die sich wieder um die beiden gesammelt hatten, lachten bei jedem Satz. Ihre Begeisterung für Josef war befriedigt, sie schwand nach und nach, und viele hatten anscheinend das Bedürfnis, durch Herabsetzung Josefs sich selbst wieder zu heben. So kamen aus dem herumstehenden Kreise Zurufe, die dem Glaser zustimmten:

„Jewiss doch! Hast janz recht! Wirst dich doch nicht von solchem Eisbären (Großverdiener) beleidigen lassen?! Nee, das hast du nich nötig, Glaser!"

Und wenn auch in diesen Zurufen ein gut Teil Ironie für den Glaser mitklang – es traf Josef doch.

Mit bleichem Gesicht, in den dunklen Augen drohendes Flackern, sah er um sich. Der Alte legte die Hand auf Josefs Arm – der zwang sich mit Gewalt zur Ruhe. Seine erblassten Lippen zuckten, während der Glaser immer wiederholte:

„Das ist 'ne Beleidigung – Du bist 'n Schurke, wenn du mir beleidigen willst. Und ick brauche mir nich von dir beleidigen lassen, von dir schon lange nich!"

Da sprang Josef auf und schrie mit heiserer Stimme:

„Selbst Schurke, selbst Schuft! Anständige Leute nicht in Ruhe lassen, das is de größte Gemeinheit!"

Der Glaser wich nicht. Ganz gelassen meinte er:

„Na – von wegen – ick züchte ja noch keene Reichskäfer (Läuse)!"

Das hatte er wohl mehr im Scherz gesagt. Aber Josef fühlte sich zu sehr gekränkt; er wendete sich an de Zuhörer.

„Ihr, ihr habt es gehört! Ich bin worden beschimpft – beleidigt – Alle Schimpfwörter von de Welt hat er geworfen auf mich! Alle Schimpfwörter von de Welt! – Du, du selbst Reichskäfer, selbst Reichskäfer züchte..." Die Stimme versagte ihm. Er achtete auch nicht mehr auf seinen Vater, der ihn zurückhalten wollte. Heftig die Arme bewegend, drängte er sich durch nach der Tür – er müsse den Mann festnehmen lassen.

Dem Glaser war das immer noch nicht Ernst. Er lächelte und blieb harmlos.

Die andern aber wurden ärgerlich auf Josef, dass er die Polizei holen wollte. Sie waren gewohnt, alles unter sich abzumachen.

Und als er wirklich mit einem Schutzmann zurückkam, betrachteten sie ihn mit hasserfüllten Blicken. Sie saßen still an ihren Tischen, keiner sah aus, wie wenn er fähig wäre, einen anderen zu kränken.

„So, wer war's denn nu?", fragte der Schutzmann laut. Der Glaser meldete sich nicht, und Josef musste ihn dem Schutzmann zeigen: „Der hat mich mit alle Schimpfwörter von de Welt beschimpft!"

„Also Sie haben den Mann beleidigt?"

„Nee – ich nich; er hat mir beleidigt. Sehn Sie, Herr Schutzmann, ick bin ja jar nich so. Aber wenn mir eener so nichtachtend entgegentritt, wenn er meine Sachen for schlechter hält als andere Leute ihre – dann – dann kann ick höllisch falsch werden! Und sehn Se, er is doch 'n Produktenhändler. Und da habe ick ihm meine Zigarr'nspitze anjeboten..." Er wollte die ganze Geschichte erzählen. Aber der Schutzmann unterbrach: „Haben Sie den Mann einen Schurken genannt?"

„Na, sehen Sie, Herr Schutzmann!", meinte der Glaser und fasste einen Uniformknopf des Schutzmanns. „Wenn mir nu eener so nichtachtend entgegentritt – wenn – wenn –"

„Sie sehn doch", wendete sich der Polizist an Josef, „der Mann ist nicht ganz nüchtern. Da müssen Sie das nicht so genau nehmen. Das ist doch nur 'n Bierulk!"

Josef war nicht damit zufrieden und murrte. Der Polizist achtete nicht mehr auf ihn. Er wendete sich an die anderen.

„Da können wir ja gleich mal die Gelegenheit benutzen und mal sehen, wer von euch reif ist fürs Arbeitshaus!"

Und nun ging er mit prüfendem Blick an den Tischen entlang.

Leichtfuß hatte sich bei seinen Worten geduckt und schlich hinter den Tischen entlang nach der Falltür, die in den Keller führte, und verschwand.

Manche wurden verwirrt unter den Blicken des Schutzmanns, wenn sie auch versuchten, harmlos und sicher auszusehen. Er schien nicht arme Reisende heraussuchen zu wollen. Mehrere fragte er, woher sie kämen. Die meisten gaben Orte jenseits der Oder an. Er schien es ihnen zu glauben.

Jetzt kam er auch an den Tisch, wo der Kellner und der Kaufmann saßen, mit dem ich von Fürstenwalde aus losgetippelt war. Der gab auch einen Ort jenseits der Oder an. Ihm aber schien der Schutzmann nicht zu glauben.

„Die Papiere!"

Sicher lächelnd zog der Kaufmann die Papiere hervor. Der Schutzmann betrachtete sie lange. Endlich meinte er: „Na, die sehen so komisch aus! Kommen Sie doch mal mit!"

Da sprang der Kaufmann auf und wollte an ihm vorbeifliehen. Er gab dem Polizisten einen Stoß vor die Brust. Der aber war stärker als er und hielt ihn fest: „Aha, Sie sind gewiss der Kerl, der sich auf der Landstraße nach Fürstenwalde am Landjäger vergriffen hat!"

Der Kaufmann beteuerte, er sei es nicht gewesen. Und man habe doch gar kein Recht, ihn festzunehmen, seine Papiere stimmten.

„Na, das wollen wir sehen!"

Da meldete sich der Kellner: „Ja, als wir davon sprachen und meinten, er sei wohl der Schläger gewesen, da hat er es nicht bestritten. Er hat ja nicht gesagt, dass er's gewesen ist – aber so geheimnisvoll hat er immer gelächelt."

Ganz verzweifelt verteidigte sich der Kaufmann. Er meinte, der Schläger sitze hinten in der Ecke – aber da sich Leichtfuß geflüchtet hatte, konnte er ihn nicht mehr zeigen. Und das Sonnen in dem Ruhm, eine solche tapfere Tat auf der Landstraße begangen zu haben, das Erzählen der Einzelheiten, Dinge, die jetzt zum Vorschein kamen, ward ihm zum Verderben. Er musste mit zur Wache.

Sobald der Schutzmann hinaus war, wich das drückende Schweigen einem dröhnenden Lärm. Einzelne waren glücklich, dass sie so „unten durch" geschlüpft waren. Andere waren entrüstet über den Verrat des Kellners. – Sie meinten, er habe nur die Aufmerksamkeit von sich ablenken wollen – so einem Schuft müsste man die Knochen im Leibe zerbrechen, dass er wie ein verrenkter Kasperle herumtanze.

In die Fresse müsse er ein paar kriegen, dass ihm die Zähne seinen hinterlistigen Schlund verstopften, dass sie ihm bis in den Magen flögen.

Er schlich bald hinaus.

Inzwischen kehrte Leichtfuß aus dem Keller zurück und schlug vor, in die Herberge zur Heimat zu gehen, dort seien wir jetzt sicherer.

37. Kapitel
In der Herberge zur Heimat

Leichtfuß begleitete mich bis vor die Fremdenstube und nahm Abschied von mir – er wollte mit dem Jürgen zur Witwe zurückgehen, die ihm eine Dachkammer in ihrem Hause angeboten hatte. Nach vielen guten Ratschlägen und einem herzlichen „Mach's gut!" ging er endlich.

Ich stieg die Stufen zur Herberge hinan und trat ein in den langen Warteraum. Die Bänke waren dicht besetzt. Mann an Mann saßen sie hier, meist junge Handwerksburschen, fast ohne Ausnahme knapp zwanzig Jahre alt. In den meisten Augen lag noch jene Schüchternheit, jenes mit Abenteuersehnsucht durchsetzte Heimweh, das alle erfüllt, die zum ersten Mal ihr Elternhaus verlassen haben. Einige hatten wohl auch ihre Hüte keck und verwegen nach hinten geschoben, andere blickten mit der ganzen Listigkeit des erfahrenen Kunden.

Ich wollte mich eben zwischen zwei auf eine Bank zwängen, da tippte mir einer auf die Schulter:

„Willem!"

Sein demütiges Gesicht leuchtete vor Freude, mich wiedergefunden zu haben. Er erzählte mir, dass sie ihn einen Tag wegen Bettelns eingesteckt hätten. Dann sei er so schnell wie möglich mir nachgetippelt. Als er mich nicht gefunden, habe er geglaubt, ich sei der, der sich gegen den Blankhut zur Wehr gesetzt, und nun hätten sie mich eingesteckt.

„Aber nun bist du ja wieder da!"

Er sagte, das Gefühl der Verlassenheit wäre sofort gewichen, als er mein Gesicht gesehen. Das Fremde um ihn herum habe den Schrecken verloren durch meine Nähe.

In einer Ecke, hinter mehreren großen Schlächtergesellen, saß eine in sich zusammengesunkene Gestalt, die finster vor sich hin blickte. Sie kam mir bekannt vor. Ich ging hin – und da blickte sie auf.

„Na, Albert, nun haben sie dich doch wohl laufen lassen?"

Albert, der aus der Ecke hervorkam, antwortete in seiner Verbissenheit: „Müssen! Sie haben mich loslassen müssen! Ich habe doch nichts verbrochen … Und meine Papiere sind doch auch in Ordnung!"

Wir rückten zusammen.

Albert beachtete Willem nicht, das schien den zu kränken.

Eben ging der Hausdiener in blauer Schürze durch die Stube und rief laut: „Pellkartoffeln! Pellkartoffeln!"

Mehrere ließen sich einen von den vollgehäuften Tellern geben, die er auf einem Brett trug. Auch bestellten sich manche Hering, Butter oder Brot dazu, andere verlangten Bratkartoffeln. – Er konnte sie gar nicht alle so rasch befriedigen. Über die dicken Backen lief ihm der Schweiß – die Zurufe und Bestellungen von allen Seiten vermochte er nicht zu erfassen. Er fragte immer wieder und zählte:

„Soviel mal Pellkartoffeln – soviel mal Brot – soviel mal Bratkartoffeln!"

Und dann rief noch einer:

„Pellkartoffeln!"

Die ganze Rechnung war durcheinander geworfen.

Willem und Albert blickten mit hungrigen Augen auf die Teller und Hände. Ich fragte, ob sie etwas essen möchten. Albert sagte gleich: „Ja." Willem zierte sich. Nein – nein – er hätte keinen Hunger. Und nun zwang er sich, an den Tellern vorbeizublicken und richtete seine Augen nach der Decke. Als aber Albert seine Kartoffeln hastig in den Mund schob, machte er unwillkürlich einige Kaubewegungen mit dem Munde ...

Andere hatten gesehen, dass ich für meine Nachbarn bezahlt hatte. Gleich rutschte mir einer näher auf der Bank.

Ob ich von Berlin wäre?

„Ja."

„Na, siehste, det habe ick doch gleich jesehen, det wir Landsleite sind. Wie lange biste denn schon weg von zu Hause, Konnex?"

„Das ist kein Konnex von dir!", sagte Albert. „Der ist Heringsbändiger, und du bist doch Katzenkopp?"

„Ja, det schon", meinte der andere, ein Mensch von etwa fünfundzwanzig Jahren, der seine Pfeife nie ausgehen ließ und durch den Dampf, den er von sich blies, listig und von oben herabblickte, wie einer, der alle Schliche kennt, das aber auch mit Stolz jeden wissen lässt. Ein klein wenig verlegen, doch auch zurechtweisend, fuhr er fort:

„Na ick sage ja ooch bloß Konnex zu ihm, weil er'n Landsmann von mir is. – Und da habe ick doch det Recht, ihn gewissermaßen als meinen Konnex zu betrachten. Und ick bin ooch stolz uff solche Konnexe und lasse mir det Recht nich nehmen, so'n Mann, so'n jediegenen Kunden Konnex zu nennen."

Einige ältere Kunden, die neben ihm saßen, bestritten ihm das Recht. Sie schienen streng auf ihre Kundengebräuche zu halten. Die jungen Handwerksburschen hörten verwundert zu. Sie duzten sich zwar in ihren Gesprächen, doch brauchten sie sonst fast gar keine Kundenausdrücke.

Der Katzenkopp hatte sich unterdessen immer zu mir gehalten und mich umschmeichelt. Es dauerte auch nicht lange, da klagte er, dass er heute bei dem schlechten Wetter nicht habe auf die Fahrt steigen können. Nun habe er nur noch das bissken Schlummerpech … „Na – und ’n bissken Hunger habe ick doch ooch – haste nich ’n bissken wat for deinen armen Konnex übrig?“

Er brachte das ganz erbarmungswürdig heraus, konnte jedoch seinen pfiffigen Blick nicht verbergen.

Als ich ihn abwies, fragte er grob, was ich mir einbilde, arme Leute zum Narren zu halten. – Ich lernte bald mehr solche Bettler unter Bettlern kennen.

Da drängte sich einer an mich heran.

Er redete so ähnlich wie der Katzenkopp, hatte aber nicht dessen listiges, humorvolles Wesen. Auch war er nicht so sauber gekleidet wie jener. Seine Hände waren mit einer dicken Schmutzborke bedeckt und das Haar ganz filzig. Die jungen Handwerksburschen in meiner Nähe erzählten, dass er den ganzen Tag in der Herberge geblieben und gesagt hatte:

„Ach, abends findet man immer ’n paar Dumme, die sich für unsereinen im Regen herumgetrieben haben.“

Er ging nachher zu einem jungen Schwätzer, der in einem fort Geschichten erzählte, wie er Greifern durch die Hände gegangen sei, wie er manchen Prinzipal angekohlt und wie er Bauern um das Schlafgeld geprellt habe, die durchaus von ihm, dem armen Handwerksburschen, das Nachtlager bezahlt haben wollten.

Das alles trug einen gewissen Stempel der Wahrheit – bis auf die Rolle, die er selbst gespielt. Aber der Träge gab ihm in allem recht. Na, selbstverständlich der Erzähler sei ein Kerl, ein Kerl! – Ja, dem könne man keine Possen vormachen. Und ganz nebenbei fragte er den Schwatzhaften, ob er nicht einen Fingerhut, ein bisschen Tabak hätte. Er wolle nur seine kleine Pfeife einmal stopfen.

Ahnungslos reichte der Gefragte ihm seinen Tabaksbeutel – da holte sich der Träge eine ganze Faust voll heraus. Was er nicht in seine Pfeife stopfen konnte, steckte er in seine Jacke.

Der Beraubte wollte seinen Tabak wiederhaben. Da fuhr ihn der Träge an:

„Sei mal nich so glupsch, so gnietschig; das kann ich grade leiden! Als ob du nich noch genug hast!"

Damit ging er davon.

Der Erzähler hatte nun keine Zuhörer mehr – und die andern lachten ihn obendrein noch aus: Der Träge war ja der Schlaue gewesen! –

Die Luft war immer dicker und dunstiger geworden. Wohl an fünfzig Menschen in dem Raum, der nur so lang und breit war wie ein großes Zimmer. Und alle durchnässt vom Regen; der Ofen kalt, so dass keiner seine Sachen daran trocknen konnte, jeder die feuchten Kleider auf dem Leibe behalten musste.

Und immer noch kamen einzelne herein.

Zuletzt – der Vizeboos gab schon die Gesangbücher zur Andacht heraus – zuletzt kam der Kaufmann, den der Schutzmann in der Kaschemme verhaftet hatte, stolz und vergnügt.

Er setzte sich zu mir und gestand, mich zu kennen. Am nächsten Morgen wollte er mir in einer Kneipe erzählen, wie es ihm auf der Polizei ergangen, warum er freigelassen worden war; er hätte mir überhaupt was Wichtiges mitzuteilen.

38. Kapitel
Abendandacht

Der Herbergsvater hatte uns bisher von einem kleinen Nebenzimmer beobachtet und ab und zu wohl auch einem Handwerksburschen eine Flasche Dünnbier verkauft, das auf einem Schanktisch an der Tür stand. Er war ein hagerer Mann mit dunklem Vollbart, der in seinem Wesen einem kleinen Handwerksmeister ähnelte. Seine Frau, eine starke rundliche Person, war bis jetzt einigemal zu sehen gewesen. Plötzlich verschwand sie – der Hausknecht legte uns Gesangbücher hin, und der Boos trat näher – bis zu einem Tisch in unserer Mitte.

Die Handwerksburschen setzten sich und zogen die Hüte von den Köpfen. Als ein Nachbar des Kaufmanns, der im Halbschlaf nicht gesehen hatte, dass Andacht gehalten werden sollte, seine Mütze aufbehielt, riss sie ihm der Kaufmann herunter. Der Schlafende fuhr auf – schwieg aber still, als der Boos ihn finster anblickte. Der Kaufmann bekam einen anerkennenden Blick vom Boos. Freudig erglänzte er.

Wir sangen gemeinsam ein geistliches Lied:

„Die Lieb ist freundlich, gütiglich,
Sie eifert nicht, noch blähet sich,
Glaubt, hofft, erträgt all's mit Geduld,
Verzeiht gutwillig alle Schuld.

O Herr Christ, deck' zu unsre Sünd'.
Und solche Lieb in uns entzünd',
Dass wir mit Lust dem Nächsten tun,
Wie du uns tust, o Gottes Sohn!"

An diesen Gesang knüpfte der Herbergsvater eine kurze Predigt. Wir sollten nie glauben, dass eine Sünde sich nicht räche. Aber dankbar sollten wir sein, wenn wir trotz aller Sünden noch nicht elend umgekommen wären. Und wir sollten auch denen dankbar sein, die uns über den Hunger des heutigen Tages hinweggeholfen hätten. Wer nicht dankbar sei, der sei nicht wert, dass ihn die Sonne bescheine. Und ein Wandrer brauche Sonne. Aber ohne Dankbarkeit auch keine Sonne! Und wir sollten stets derer gedenken, die ein Lager für uns bereithalten. Unsere Schuldigkeit sei es, all den Wohltätern im Gebet zu danken.

Bei seinem abgebrochenen, nüchternen und harten Ton schien es keinem sehr warm, sehr dankbar geworden zu sein. Die Gesichter der jungen Handwerksburschen blieben wohl ernst und feierlich. Aber einer der Älteren flüsterte leise:

„Na, das Nachtlager müssen wir doch bezahlen! Und da sollen wir noch dankbar sein?"

Der Kaufmann, der am lautesten sang und am eifrigsten betete, sah ihn strafend an – aber die Andacht der Handwerksburschen in seiner Nähe war gestört.

39. Kapitel
Herbergskämpfe
(Ungeziefer)

Gleich nach der Andacht setzte sich der Boos an einen der langen Tische, schloss ein Fach auf und rief:

„Schlafmarken!"

Während sich alle um ihn drängten, jeder mit seinen Papieren in der Hand, zog er ein großes Buch hervor und schrieb einen nach dem andern ein, gemütlich seine

Zigarre dabei rauchend. Ich hörte, wie er jeden fragte, wo er die letzte Nacht gewesen. Der Kaufmann sagte mir, dass diese Kontrolle in allen christlichen Herbergen üblich sei. Doch sollte ich nicht sagen, dass ich aus der Gegend von Fürstenwalde komme. Man könne nicht wissen, sie suchten vielleicht noch nach denen, die sich an dem Landjäger vergriffen hätten.

Jene, die neben mir standen, hatten ihre Schlafmarke schon.

Da nahm mir der Kaufmann die Papiere aus der Hand: „Na, geh' nur; ich werd's schon für dich besorgen."

Ich trat aus dem zusammengeballten Kreis. In der heißen Ausdünstung, die ihn umschwebte, war mir übel und weh geworden. Ich war noch nicht an diese allzu oft ein- und ausgeatmete Luft gewöhnt.

Der Kaufmann kam bald mit unsern Schlafmarken. Die Handwerksburschen saßen nun voller Erwartung. Die bereits abgefertigten setzten sich gruppenweise zusammen, wie sie gern in der Nacht beieinander bleiben wollten, wie sie Vertrauen und Zuneigung für einander besaßen.

An mich und den Kaufmann drängte sich ein junger jüdischer Handlungsgehilfe heran. Er war gekleidet wie ein Geschäftsreisender, trug einen neuen Sommermantel, modernen, breitkrempigen Hut, schmale braune Stiefel und rauchte fortwährend Zigaretten. Er hatte schon vorher Aufsehen erregt durch seine Prahlereien. Trotzdem er nur zu den Geschäftsbesitzern seiner Branche gehe, habe er doch sieben Mark gemacht.

„Ach Gott, da tust du mir aber leid!", sagte ein anderer Jude, der ruhig lächelnd zuhörte. „Wenn dir nu jeder zwanzig Pfennig gibt – dann musste gelaufen sein zu fünfunddreißig. Halten denn das deine Stiefelchen aus?"

Der Jüngere brauste gleich auf und drohte mit Schlägen.

Der Ältere blieb ganz ruhig: „Na, wenn du sieben Mark gemacht hast, warum schläfst du denn da nur zu vierzig Pfennige, zu viert? Nimm dir doch 'ne Stube für fünfzig – alleene. Du willst doch sonst immer das Feinste und Beste."

Der Jüngere wurde ganz grün vor Ärger. Nach einer Weile, in der der andere in scheinbarer Gleichgültigkeit seinen Triumph ausgekostet, zündete er sich eine Zigarette an und meinte wegwerfend:

„Na, ich mach' es ja nicht wie gewisse Leute, die sich nichts gönnen, die von den paar Bettelpfennigen noch was nach Hause schicken."

„Ja, ich weiß aber, dass die an ihre kranke Mutter denken, die keinen Mann mehr hat, der für sie sorgen kann. Und dann ist das doch 'ne ganz andere Sache, als wenn man seinem Vater durchbrennt und dabei vergisst das Wechselgeld in die Kasse zu legen!", antwortete der Ältere.

Nun hatte er wieder die Lacher auf seiner Seite.

Die Kunden bildeten einen Kreis um uns, wie wenn es ein Meisterschaftsringen zu sehen gäbe.

Der Jüngere schwieg eine Weile, zerrte mit den Zähnen nervös an seiner Unterlippe und rauchte dazwischen in großen Zügen. Plötzlich streifte er die Asche von seiner Zigarette und schob sie dem andern hin: „Damit du auch was hast und siehst, dass ich gar nicht so schlecht bin."

„Mich wundert, dass du das überhaupt noch gibst!", wehrte der ab und ließ den Jüngeren stehen. Die Umstehenden sahen ihn an – er schnitt ihnen Gesichter – sie lachten und gingen dem Älteren nach.

Der Boos war immer noch dabei, die Namen einzutragen. Auf all den Invalidenkarten, Arbeitsbüchern, Militärpässen, die ihm gereicht wurden, waren wohl die Buchstaben schwer zu erkennen. Die Kunden holten die Papiere aus ihren schmutzigen Rocktaschen, verwittert, zerfetzt und zerfasert. Einzelne waren unterklebt mit frischem Papier, damit sie nicht ganz auseinanderfielen – diese Zeugen des Hinundherhastens.

Wir andern standen müde herum.

Einer sprach leise zu einem andern: „Wie wohl die Sänftlinge sein mögen? Die Betten!" – Alle waren neugierig, das zu erfahren. Jene, die schon einen Tag in der Stadt waren, wurden ausgeforscht. Und schließlich waren wir mit ihrer Darstellung doch nicht zufrieden; wir wollten selbst sehen.

Und der Herbergsvater schrieb immer noch! Eben hatte er einen polnischen Bergmann vor.

Eine große Dampfwolke vor sich blasend, fragte er:

„Also aus Beuthen sind Sie?"

„Ja, Beuthen; ja!"

„Beuthen? So? Wo liegt's doch gleich", meinte er obenhin, ohne zu schreiben.

„Schlessjen! Schlessjen!"

„Ja, ja!" Und er setzte zum Schreiben an.

„Ach so – ja – es schreibt sich ja wohl ä – u – tt?"

„Ja, ja!", bestätigte der Pole. Er wollte nun einige Worte mit dem Boos wechseln. Doch der saß wieder steif und paffte würdevoll vor sich hin. Als er endlich den Ort aufgeschrieben hatte, rückte er seine Brille hoch und fragte, ob Beuthen doch nicht am Ende bloß mit einem t geschrieben würde.

Der Pole verstand ihn nicht, und von all den Umstehenden wusste es auch keiner.

„Na, wenn Sie daher sind!", schrie der Boos den Polen an, „müssen Sie es doch wissen! – Man kann doch nicht jedes Dorf kennen! Ich weiß doch wahrhaftig alle Städte mit mehr als dreitausend Einwohnern auswendig – aber Beuthen – nee! Und man kann das doch nicht so beliebig schreiben!"

Sein hageres Gesicht verzog sich ärgerlich.

So müde, wie wir vom Herumlaufen waren – und immer noch nicht ins Bett!

Um sich die Wartezeit zu vertreiben, gingen die Burschen wieder zu dem jungen Juden und neckten ihn: Ob er ein Geschäft machen wolle? Sie hätten eine Uhr zu verschärfen.

„Ach, die kann er ja doch nicht bezahlen."

„Wieso denn nich! Zeig!"

„Na, kannste achtzehn Mark geben?"

„Nee, soviel allerdings nich."

„Na, wenn de alle Tage sieben Mark machst!"

Und sie kicherten wieder.

Einer kam, der wirklich Geld brauchte, da er keine fünfzehn Pfennige Schlafgeld hatte. Er bot eine Krawatte an für sieben Pfennig.

„Zwei Pfennige!" Der Jude streifte die Krawatte mit einem Blick.

Das war dem Verkäufer doch zu wenig. Dieses niedrige Angebot reizte die Kunden, den Juden wieder zu ärgern. Sie fragten, ob er nicht eine Geliebte haben wolle. Drei Mark könne er doch für die Nacht anwenden, wenn er sieben verdiene.

Nein – er danke.

Sonst – wenn er bloß 'ne Mark und fünfzig anwenden wolle – alles könnten sie ihm besorgen. Er hätte doch am Nachmittag erzählt, er müsse alle Tage ein Weib haben.

„Ich finde allein eine!"

Sie freuten sich laut, sie hatten ihn wieder soweit, dass er blassgrün aussah.

In diesem Augenblick kam der Vizeboos herein:

„Wer für fünfzehn Pfennige schläft!"

Wohl drei Viertel aller Anwesenden folgten ihm in den Keller, unter ihnen auch Albert und Willem. Dann kamen die zu dreißig in Trupps von sieben Mann. Nur ich und der jüngere Jude blieben zurück. Als auch wir in unsere Giebelstube geführt werden sollten, entdeckte der Vizeboos in der dunklen Ecke am Ofen noch einen Schlafenden. Es war der Betrunkene. Er rüttelte ihn, riss ihn an den Haaren, am Arm – der kam nicht zur Besinnung. Da nahm ihm der Vizeboos fünfzehn Pfennige aus der Tasche und brachte ihn in den Keller.

Endlich wurden wir in unsere Schlafkammer geführt. Schon beim Treppensteigen hörten wir Gesang. „Ja, da singt die Gesangabteilung vom Jünglingsverein", meinte der Vizeboos.

„Doch nicht etwa neben unserer Kammer?", fragte der Jude.

„Jawoll, dichte dabei – bis abends um halb elf ... Ja, da haben schon viel geklagt, dass sie nicht einschlafen können ... Und dabei zahlen die Vereine nischt. Die haben ihre Stuben und Säle – und die Kunden müssen's zusammenfechten. – – Na – nu – pst!"

Wir gingen an der Tür vorüber, der Vizeboos mit seinem Licht voran.

In der Kammer biente er uns sofort. Bei mir fand er nichts. Auch das saubere Hemd des Juden sah er erst nur oberflächlich an. Aber da es einmal so verdächtig zischte und knisterte, als er das Hemd an die Flamme hielt, untersuchte er es aufmerksamer:

„Na, da ist schon eine. – Du, wenn ich drei finde! – Dann heißt's raus! – Da ist schon die zweite! – Na ja – nu bloß noch eine!"

Der Jude stand mit zornigem und verwirrtem Gesicht dabei. Seine großen, kurzsichtigen Augen standen voll Wasser.

„Aber ich bin rein, ich bin rein!", stammelte er verzweifelt.

„Ja woll, nu willste ooch noch quatschen! Da – da ist die dritte. Nu mach aber, dass du hier rauskommst!! Am Ende bringste mir noch Bienen in de Sänftlinge, und ick hole mir denn ooch welche, wenn ick de Betten uffschüttle. Sowat jibt's nich! Nu, da hört de Freundschaft uff … Runter, uff de Pritsche!"

„Aber ich war doch in der Heimat in Kottbus. Denn habe ich sie mir da geholt … Da, sie find noch ganz klein, ganz jung!"

Sie knisterten am Licht.

„Auf die Pritsche darf ich ja nicht. Ich bin ja lungenschwach."

„Ja, dann raus!"

Der Jünglingsverein sang:

Allein Gott in der Höh' sei Ehr'
Und Dank für seine Gnade.
Darum, dass nun und nimmermehr
Uns rühren kann kein Schade.

Der Kaufmann kleidete sich wieder an und sagte mit weinerlicher Stimme:

„Na muss ich doch in 'ne alte Penne. – Denn muss ich morgen gleich 'ne neue Staude kaufen."

„Ja gewiss", sagte der Vizeboos, der ihn hinabbegleitete, „sonst kriegen se noch Junge – und denn wirst du se nich mehr los. Du weißt doch, die werden in eine Nacht Großva… "

Der Gesang übertönte die folgenden Worte.

40. Kapitel
Morgen in der Heimat

„Aufstehn! Aufstehn!" Der Ruf des Hausdieners und ein Fußstoß gegen die Tür schreckten mich aus schwerem Schlaf. Das Morgenlicht dämmerte hinter den Fenstern … Mit befangenem Kopf hörte ich, wie der Hausdiener den Flur hinabging.

Da wehte es kalt über mich hin. Abermals schrak ich empor aus tiefem Schlummer. Durch die zwinkernden Augenlider sah ich, wie der Hausdiener am Fußende des Bettes stand und mir die Decke vom Körper zerrte:

„Raus! Wird's bald! Raus!"

Der Tag graute kaum über den Dächern. Und ich lag in Schweiß gebadet, wie gelähmt von den Erinnerungen an die Erlebnisse der letzten Tage. Ich fühlte, dass sie mich mehr geschwächt hatten als die Strapazen, die ich hatte ertragen müssen. Wenn man erst im Wandern ist, dann hindert kein Wetter – dann wird man nass – trocken – wieder nass – wieder trocken – man darf ja auch gar nicht soviel auf das Wetter geben. – Das hatte mich auch nicht geschwächt, nur die Hetzereien, das Leben in nicht abreißender Aufregung hatten mich ermattet.

Nun aber gab's keine Ruhe mehr. Der Hausdiener wartete, bis ich aufsprang. Ich erfrischte mich in kaltem Wasser und ging hinunter. Von der Treppe aus sah ich, wie die andern sich um ein Brett drängten, in das Waschschüsseln eingelassen waren. Ein paar Alte, Gebrechliche schleppten sich müde hin:

„Ich bin noch ganz zerschlagen, ganz zerschlagen! – Ich hab' die Nacht kein Schlaf gefunden und bin erst jetzt eingeschlafen. Uh – h – schon raus – raus –" Albert wollte sich an einem der auf Rollen befestigten Handtücher trocknen, das gleichzeitig ein zweiter benutzte. Da murrte und schimpfte Albert – er wollte es für sich allein haben. Es fehlte nicht viel, hätten sie sich geschlagen. Willem lief mit halb eingeseiftem Gesicht herzu und mahnte zum Frieden. Albert jedoch gab nicht früher nach, als bis der Herbergsvater geholt wurde und kurzweg, ohne ihn anzuhören, jedes Geschrei und jeden Streit verbot. Das erboste Albert.

In der Fremdenstube saß er scheu und verschlossen in einer Ecke und sah Willem, der ihn aufmuntern wollte, so zornig an, dass der erschreckt von ihm fortging.

Mehrere Kunden fragten mich, wo denn der Jude sei. Als ich ihnen erzählte, wie es ihm gegangen, spuckten sie aus:

„Na ja – dass sowas mit ihm los war, das dachten wir – aber immer erst kess!“

Sie wollten mich ängstigen; er werde wohl die Gelegenheit benutzt haben, sich dufte Flebben zu schaffen, er werde sich wohl meine anstatt seiner Papiere haben geben lassen.

Ich fragte den eilig herumlaufenden Hausdiener, ob er wisse, wessen Papiere sich der Jude habe geben lassen. Sein verquollenes Gesicht zerrte er in die Länge.

„Nö—e, nö –e, ick weeß nich.“

Nach und nach sammelten sich wieder alle in der Fremdenstube, mit Kleidern, die noch nicht ausgetrocknet waren. Sie schoben die Hände in die Taschen – es war ihnen zu kalt in dem ungeheizten Raum.

In dem Morgenlicht, frisch gewaschen, sahen sie alle viel klarer und vertrauenerweckender aus, als abends in dem Dunst.

Durch die Tür kam schon ein linder Kaffeeduft – unsere nüchternen Magen zogen sich zusammen.

Nun wurde erst noch die Morgenandacht gehalten, ähnlich wie die am Abend.

Einige, die fröstelnd zitterten, hatten die Hüte aufbehalten. Der Hausknecht schlug sie ihnen vom Kopfe. Sie machten trotzige Gesichter, die andern lachten – der Herbergsvater sprach mit gewohnheitsmäßig mahnender Stimme seine Predigt weiter.

Endlich gab es Kaffee. Der Hausknecht kam mit einem großen Brett voll breiter Tassen, in denen sich ein braunes, mit Milch und Zucker gemischtes Getränk befand. Jeder, dem er eine Tasse hinsetzte, musste schon ein Fünfpfennigstück bereithalten. Es machte einen peinlichen Eindruck, als mancher ohne Kaffee dasaß – jetzt eben nach der Andacht…

Einzelne spielten mit ihrem Brötchen, von denen es zwei für fünf Pfennige gab: „Det sind ja alte, vom vorjen Jahre. Son uffjebackenes Zeugs kriegt man ooch bloß in eene Heimat. Woanders bieten se eenem nich so'n zähen Dreck an! Sei man froh, dass de keenen Schockelmei (Kaffee) bestellt hast. Die Lorchen (Brötchen) sind's reene Leder."

So trösteten sie jene, die sich keinen Morgenimbiss hatten leisten können. Einer von denen meinte:

„Och – ick wer so dumm sin – ich koofe mir doch keenen Schockelmei! Ick jeh' jleich uff de Fahrt, da krieg ick Butterhanf und 'n paar Teppe Schockelmei! – De reene Himmelstunke!"

Die Umsitzenden, meistens junge Handwerksburschen, sahen scheu auf. Sie verstanden seine Ausdrücke noch nicht. Er flößte ihnen Grauen ein.

Ein andrer Tippelbruder, trotz seiner Jugend schon gänzlich abgerissen, dessen Zehen durch das Schuhleder lugten, zählte fortwährend seine Pfennige – doch es wollten nicht mehr werden als drei; sie reichten nicht einmal zu einer Tasse Kaffee. Dreist und lustig fragte er alle, ob sie nicht noch ein paar Poscher übrig hätten. Sie ließen ihn kurz abfahren. Nur

Willem stotterte und griff in seine Taschen. Aber der eine Pfennig, den er herausbrachte, verhalf dem Burschen auch nicht zu dem gewünschten Getränk. Da reichte ein anderer Kunde, dem man es ansah, dass er gerne Gläser leerte, ihm heimlich noch einen Pfennig – und nun saß der junge Kunde beim alten und schlürfte aus seiner Tasse.

Die meisten genossen so recht voller Lust ihren Morgenkaffee und dehnten ihn so lange wie möglich aus, um den Genuss ganz auszukosten. Jene, die bereits getrunken hatten, zündeten sich gleich wieder ihre Pfeife an: „Um uns zu wärmen."

Einer der Mittellosen hatte uns mit neidischen Blicken betrachtet – es war Albert. Als sich die andern nun gar die Pfeife gönnten, fuhr er auf: Sie könnten draußen rauchen! Sie brauchten nicht die Luft zu verpesten!

Der Kunde, der sich Kaffee fechten wollte, antwortete ihm, die Faust über den Tisch streckend:

„Mensch, wenn du hier durchaus Krakeel haben willst – ick bin dabei!"

Diese fortwährenden Androhungen verscheuchten die jungen Burschen. Sie merkten nicht, dass einer immer den andern nur einschüchtern, nur ängstigen wollte, damit der, der am besten drohen und streiten konnte, anerkannt würde. Die jungen Burschen zogen sich in die Nähe des Tisches zurück, in dem unsere wertvollsten Besitztümer, unsere Legitimationen, eingeschlossen waren. Wurden denn noch nicht die Papiere ausgegeben?

Der Herbergsvater stand in seiner kleinen Nebenstube, die Zigarre im Munde, und las seine Zeitung.

In diesem Augenblick hörte ich einen zitternden Seufzer – voll Weh und Entsagung.

Ich drehte mich um – da saß Willem, mit dem Kopf zwischen beiden Händen.

„Na, was ist dir denn?"

Er sah furchtsam auf und wollte erst nicht heraus mit der Sprache. Schließlich schien er sich verpflichtet zu fühlen, mir alles zu gestehen, und sagte leise, die Augen unruhig hin und her wendend:

„Ach – Marie hat hierher geschrieben." Und er zeigte mir den Brief, der in einem kleinen Glaskästchen auslag, neben alten Karten und Briefen, die schon monatelang ihres Empfängers harrten. Auf mein Zureden ließ er ihn sich geben.

„Ach, es hat ja doch keinen Zweck", meinte er hoffnungslos, wie wenn er sich fürchte.

Als er ihn gelesen, reichte er ihn mir: „Siehste, das dachte ich!"

Sie schrieb in der ungelenken Weise eines Dorfkindes, er solle doch vernünftig sein und wiederkommen. Sie hätte gehört, dass er nach Frankfurt sei und habe ihm geschrieben, denn es habe ja keinen Zweck, dass er in der Welt herumlaufe, wo sie doch ihr Gespartes habe, mit dem sie schon etwas anfangen könnten.

Ihr befehlerisches Wesen machte ihn verwirrt. Er fühlte sich gezwungen, zu gehorchen – aber doch quälte er sich, einen Entschluss zu fassen. Andere hatten gehört, um was es sich handelte, und zogen ihn auf; das machte ihn noch unfähiger.

„Aber ick – ick kann doch nischt – ick weeß doch nischt."

Er war so gänzlich bar aller Entschiedenheit und Selbstbestimmung, dass ich ihm ärgerlich zurief:

„Ich verbitte mir deine weitere Begleitung! Wenn du das Mädel magst, dann scher dich hin zu ihr und heirate. Sie wird schon für dich sorgen. Ich brauche dich nicht."

Mit zerrissenem Gesicht starrte er mich an:

„Wenn du das – nich – mehr – haben willst..."

Und dann kam es glückselig in seine Augen:

„Ach, wenn ick man wieder so recht regelmäßig arbeiten könnte. – Aber ick kann's nich mehr ... Ach, wenn ick's könnte!"

In diesem Augenblick wurden die Papiere ausgerufen. Ich hörte meinen Namen und versuchte es, den dichten Knäuel, der sich um den Herbergsvater gebildet, zu durchbrechen. Aber die Burschen hielten ihre Schultern so unbeweglich fest, eine an der andern, dass ich nicht vorwärts kam. Meine Freude, dass der Jude meine Papiere nicht an sich genommen, wurde dadurch gestört. Der Herbergsvater rief schon wieder andre Namen. Fortwährend schallte es:

„Hier! Hier!"

Wie leicht konnte ein anderer sich an meiner Stelle gemeldet und die Papiere eingesteckt haben.

Aber da ging durch den Haufen etwas von Hand zu Hand. Und plötzlich streckte mir eine Hand daraus meine Papiere entgegen.

Ich sah mich nach Willem um und wollte ihm Glück zur Brautwerbung wünschen – ich wusste, dass er gar nicht erst zu werben brauchte, das Mädchen hatte sein weiches, schlichtes Wesen nur zu gut erkannt. –

Da war er schon verschwunden ...

41. Kapitel
Besser als wir?

Während ich meine Papiere einsteckte, hörte ich aus einer Fensternische eine scheltende Stimme schallen:

„Fragt er mich, ob ich hier ein Café wüsste, wo es eine ordentliche Tasse Schockelmei gäbe! So eingebildet! – Guten Kaffee gibt es auch hier!"

In der Nische saß ein kleiner, alter Herr mit silberweißem Haar, der in seinen trockenen Händen ein illustriertes Blatt hielt. Vor ihm stand der Kaufmann. Verächtlich machte er:

„P–h – Ich habe schon in dieser Penne getrunken. Aber nach dem labbrigen Zeug wird einem ja ganz schlapp im Magen."

„Na", – der alte Herr war entrüstet, so dass sein rotgesprenkeltes Gesicht einen Ton dunkler wurde, – „na, du wirst wohl noch oft genug eine Tasse für fünf Pfennige trinken müssen. Du wirst es auch schon oft genug getan haben. Du denkst wohl, du bist was Besseres als wir? Warum kommst du denn erst in 'ne Herberge, wenn du solch feiner Herr bist!"

Der Kaufmann wollte etwas erwidern. Er kniff seine Augen zusammen und sah verlegen umher. Erst schrie er grob:

„Hab dir man nich so, oller Kolkrabe!"

Aber da rief der Herbergsvater zur Ruhe, und nun merkte der Kaufmann, dass der Alte hier etwas galt. Einlenkend meinte er leiser:

„Warum schreist du denn gleich so?"

Der alte Herr zog sich seine wollenen Pulswärmer über die Handgelenke:

„Na, ich werde dir mal was sagen: für dich bin ich einer, den man mit ‚Sie' anzureden hat. Das kannst du dir mal merken. Wir beide haben noch lange nicht zusammen die Reichskäfer aus unsern Stauden gesucht!"

Der Alte musste mit den letzten Worten eine wunde Stelle des Kaufmanns getroffen haben. Der wandte sich ab, wagte auch nicht, den andern, die ihn wegen seiner Überhebung gehässig anblickten, ins Gesicht zu sehen. Aber bald erhob er wieder den Kopf. Er wollte mit mir sprechen.

Da redete jedoch der Alte auf mich ein:

„Dat is aber die Sorte, die sich nicht mal rein halten kann! Ich will ja nichts sagen – es kann einem so manches passieren, und in den acht Jahren, die ich hier hause, erlebt und sieht man ja manches. Aber das habe ich doch nie leiden können – voller Bienen, und dann noch den noblen Herrn spielen … Nu, wie die beiden jungen Kerle, die sich gestern Abend hier zankten …" Er fingerte mit seiner verschrumpelten Hand vor meinem Gesicht herum. „Ja, weißt du, was mit denen los war? – Von oben bis unten voll Bienen! Und der da auch!", wies er auf den Kaufmann. – „Aber 'n feinen Mann spielen, fein gekleidet sein, feine Hüte tragen und Zigaretten rauchen! – Als ob sie nicht den Kaffee trinken können, den wir trinken! Nee, das leid' ich nich! Ich halte auf diese Herberge und das mit Recht!"

In seinem Eifer waren ihm die Adern an den eingefallenen Schläfen geschwollen. Die Luft ging ihm aus; er konnte nicht weitersprechen. Dafür machte er mit der Hand einige drohende Bewegungen nach dem Kaufmann hinüber.

Als er wieder Luft hatte, sagte er freundlich zu mir:

„Setz dich doch!"

Und er rückte zur Seite, damit ich auch Platz habe am Fenster.

„Da, willst du auch lesen?"

Mit der einen Hand schob er mir ein paar alte, zerlesene Hefte zu, mit der andern rückte er seine Brille zurecht und brummelte dabei: „Aber Fackelei machen! Ja! –"

Ich fühlte, dass er mich höher schätzte als den Kaufmann, dass ich mich des Du bedienen durfte, und fragte:

„Wie kommst du auf Fackelei?"

„Na, das sieht man doch dem Burschen genau an. Oder meinst du etwa – ich – ich – weil ich seit acht Jahren hier hause? Nee, das habe ich nicht nötig. Ich hab' hier meine

Kost und meine Schlafstelle – ich hab' so viel, dass ich leben kann. Na, und Unterhaltung hat man hier doch auch. Hier ist doch alle Tage was Neues ... Nee, nee; ich bin Kaufmann, ich habe so viel zum Leben ... Ich habe hier'n Geschäft gehabt, ein Ende weiter hinauf."

Er sah mich über seine Brille hinweg mit so einem vertraulichen, prüfenden Blick an, wie manche alten Leute jüngere betrachten.

„So – dann hast du also keine Familie, dass du hier in der Herberge lebst?"

„Gewiss habe ich Familie! Aber ..." Er nahm sein Heft hoch, wie wenn er nicht weitersprechen wollte. Ab und zu trafen mich einige untersuchende Blicke.

42. Kapitel
Der alte Stammgast

Er legte das Heft beiseite und nahm seine Brille von der Nase.

„Ja, gewiss habe ich Familie. Aber ich bin auseinander mit ihr ganz auseinander. Es ist wegen meiner Frau – 'ne Tochter habe ich ja auch, 'ne verheiratete. – Ja, das ist wegen der gewesen, wegen dem Mädel. Sie ging damals in die Konfirmationsstunde. Vierzehn bis fünfzehn Jahre war sie alt, schon ganz hübsch groß und ansehnlich. Es kam nun öfter ein Junge aus der Verwandtschaft meiner Frau zu uns. Der war wohl so an die zwanzig, helle und gerieben. Sein Alter hatte ihm tüchtig was hinterlassen, und sein Vormund ließ ihm freien Willen, so dass er immer Geld hatte. Na – das stach nun meiner Frau gewaltig in die Augen, und so komme ich denn eines Tages dahinter, dass der Bengel mit meiner Frau und dem Mädchen Ausflüge macht, in die Konditoreien läuft und den Weibern Geschenke macht. Na, solche Kinkerlitzkens gibt's bei mir nicht. Wenn der Bengel es ehrlich meinte, sollte er was werden und dann wiederkommen. So – einfach raus! –

Na, nu gab's Krach. Meine Frau meinte, sie lasse sich nicht verbieten, mit ihren Verwandten zu verkehren, wann und wo sie wolle. In mein Haus dürfe der Bengel nicht kommen, sagte ich.

Ich nahm alle Schlüssel an mich und gab genau auf den Postboten und die Ladenkasse acht.

So, nun konnten sie ja sehen, wer recht behielt – ich, dass ich auf Ordnung sah — oder meine Frau, die sich in der letzten Zeit gar nicht mehr ums Geschäft und die Wirtschaft kümmerte.

Sie hatte schon mal so'ne Zeitlang alles kopfdrüber – kopfdrunter gehen lassen; damals, bald nach unserer Hochzeit. Ihre Eltern waren nämlich bessere Beamte, die Mutter stammte aus reichem Hause und hatte weiter nichts zu tun gewusst, als ihre sechs Mädchen unter die Haube zu bringen. Ich war auch hineingefallen, als die eine Tochter, die nachher meine Frau wurde, in unserm Geschäft einkaufte. Nicht wahr, du verstehst, wenn man immer den ganzen Tag an Dienstmädchen und Soldaten verkauft – so'n Mädel macht doch dann Eindruck auf einen. Nu kommt das so nett angezogen, so schlank und fein herein, ist still und zurückgezogen wie eine hohe Dame.

Und wenn man im Winter hinterm Schaufenster steht, geht es so vornehm mit den Schlittschuhen vorbei – und im Sommer mit Büchern im Arm nach den Anlagen. Und dann sieht man sie auch oft abends nach dem Theater gehen. Und wenn man nun so jung und unerfahren ist, dann reizt das.

Die Mädchen, die man kennt, sind einem nicht interessant genug, – man kennt sie eben. – Na, das musst du doch selber sagen, dass das so ist. Na, – und so'n Wirtschaftsprudel hat ja auch nichts an sich, was die Phantasie reizen könnte. Aber – in der Ehe! Ach du lieber Gott! –

Na, nu war ich glücklich so weit, dass meine Frau in die Kuppeljahre kam. Sie putzte mein Mädel und lehrte sie allerlei Kunstkniffe. Wie sie aufzusehen habe, und wie sie es machen müsse, um zu erröten, wenn sie junge Herren träfe. Ich verprügelte das Mädchen, wenn ich es dabei erwischte, oder wenn es sich vor dem Spiegel putzte und allerhand einübte. Und das schien auch zu helfen. Das Mädel kam öfter in den Laden und nahm mir Arbeit ab. Und der Bengel flanierte auch nicht mehr so oft am Laden vorbei; ich hörte, dass er fleißig sei. –

Einmal aber erwischte ich wieder das Mädel vor dem Spiegel. Ich krieg' sie in die offenen Haare, in die sie gerade Bänder binden will: Wer hat dir gesagt, dass du dich wieder aufklavieren sollst!

Das Mädel heult, meine Frau kommt dazu und sagt, sie wär's gewesen. Ich solle dem Kind nichts tun, es wäre unschuldig. Und sie wolle nicht, dass das Kind auch solche traurige Jugend verlebe wie sie. Ob das Kind schließlich auch erst im Altjungfernalter an irgendeinen ekelhaften Mann verschachert werden solle? Nein – das litte sie nicht; das Mädel solle mal seiner Mutter keine Vorwürfe machen … – Nun hab' ich sie mir beide vorgenommen … Na, was soll denn aus solchem Kind werden? – – Und weiß denn solch Kind, wem es gehorchen soll, wenn die Eltern nicht einig sind? Da ist es ja ganz verwirrt und verwaist.

Nun ging's ja 'ne ganze Weile … Aber dann merkte ich, dass wieder keine rechte Ordnung im Hause war. Wenn ich abends aus dem Geschäft in die Wohnstube kam, war alles durcheinandergestellt – die Stühle und die Tische – und die Kissen auf dem Sofa lagen nicht auf ihrem Fleck. Und was das Tollste war – meine Frau war nie mehr ganz nüchtern.

So geh' ich denn auch mal 'ne Stunde früher hinüber – und da hockt 'ne ganze Kolonne junger Leute beieinander – meine Frau dazwischen und mein Mädel und der Bengel – du weißt doch, welcher – im Nebenzimmer – allein.

Nu ich raus mit der ganzen Gesellschaft. Meine Frau musste auch raus. Und mein Mädel, das ich bei mir behalten wollte – rennt doch mit seiner Mutter mit! –

Ja, na, nu is ja gut so. – Ich hab's gut mit dem Mädel gemeint. Nu hat sie ja gesehen, was sie hatte, wenn sie bei der Mutter blieb – diese Mutter, die so verdreht, so affig in das Mädel verliebt war, die es so verzogen hatte und ihm nicht genug antun konnte. Zum Schluss hat sie es doch verdorben. Nur aus reiner falscher Liebe. –

Na, nu habe ich das Geschäft verkaufen müssen und habe ja auch hier meine Ordnung und mein geregeltes Leben. Und langweilig ist es ja hier auch nicht. – Alle Tage ist hier was Neues – immer was Neues. Was will ich denn mehr? –"

43. Kapitel
Gesunkene Größen

Während der Erzählung des Alten ward die Herberge leer und leerer. Er sprach so leise und vertraulich, dass keiner zuzuhören wagte. Als er sah, dass die Handwerksburschen einer nach dem andern verschwanden, lächelte er väterlich:

„Ja, jetzt ist die schönste Zeit zum Klinkenputzen; die Polente (Polizei) frühstückt."

Der Kunde, der am Abend zuvor dem Handwerksburschen Tabak entlockt hatte, befreundete sich jetzt mit dem andern. Er wisse ein paar dufte Mittagswinden (Häuser, in denen es gutes Mittagsessen gibt). Er wolle sie zeigen, wenn der andere das, was er sonst noch zusammenfechte, mit ihm teilen wolle.

„A su, gewiss!“, meinte der in seiner schlesischen Aussprache. Dann trottete er hinter dem Kunden her, sein blondes, einfältiges Gesicht ganz voll Leckerheit in der Erwartung des guten Essens.

Wir hörten den Kunden, wie er singend mit seinem Gehilfen unter dem Fenster vorbeizog:

Das Ränzel wird geschnürt,
Das Mädel angeführt,
Dann geht's mit Tingeling zum Tor hinaus!

Der Alte schmunzelte vergnügt: „Das ist doch wenigstens ein Kunde! Nur nicht so trübselig und verjammert! So einem gibt man doch nochmal so gern … Und siehste, wenn das auch gerade nicht fein ist, dass er den Usinger[28] zum Fechten verwendet – ein schlauer, fixer Kerl ist er doch!“

Er sah mich noch einmal mit seinen großen Augen an und nahm dann wieder seine Hefte vor.

Es ward immer stiller in der Herberge. Die meisten waren auf die Fahrt gestiegen – die andern, die Kaufleute, saßen still herum, schrieben Briefe, blätterten das Adressbuch durch oder lasen in den Zeitungen, die der Vizeboos auf den Tisch legte. Zwei ältere Kunden reichten einander von Zeit zu Zeit heimlich einen Gegenstand unter dem Tisch zu. Sie wendeten sich ab, bückten sich und sahen spöttisch auf: sie hatten eine Schnapsflasche vor, und an

28 Schlesier (Ostwald: Rinnsteinsprache, S. 159)

den Wänden stand in großen Buchstaben: Schnapstrinken ist hier verboten!

Der Herbergsvater saß im Nebenzimmer und rechnete in einem großen Buch. Er schien ganz zufrieden zu sein mit den Ergebnissen seiner Arbeit, heiter sah er vor sich hin und achtete nicht auf die Kunden, die es vermieden, ihn zu stören.

Keiner sprach ein lautes Wort. Albert sah die heimlich Trinkenden strafend an. Aber sie lachten nur leise über ihn und bückten sich dann wieder.

Da ward er unruhig. Er sah aus, wie wenn er den in seine Zahlen vertieften Herbergsvater auf die Trinker aufmerksam machen wollte. Doch als sie ihm mit den Fäusten drohten, ging er hinaus, ohne mit dem Boos gesprochen zu haben. Ich wollte mit ihm zugleich aufbrechen, um die Stadt zu verlassen; da liefen alle an die Fenster. Ich sah auch hinaus – ein echter, schäbiger Kunde sprang von einem alten Zweirad und schob es herein in die Herberge.

Jetzt stand selbst der Herbergsvater auf. Das war ihm denn doch noch nicht vorgekommen. Ein Kunde zu Rad!

Alle umringten ihn neugierig, und er erzählte ohne äußerlichen Stolz, doch mit innerer Befriedigung, dass das Rad das letzte Stück sei von seiner früheren Herrlichkeit als Stellmachergehilfe. Das gebe er auch unter keinen Umständen fort; wenn er eine größere Stadt abgekloppt habe, setze er sich auf seine Maschine – und heidi! – in ein paar Stunden sei er in der nächsten größeren Stadt.

Das schmächtige kleine Kerlchen machte sich gleich daran, das Rad zu putzen. Sein Vorteil schien ihn nicht einmal so überhebend zu machen wie andere, die im Besitz von gewissen Kniffen im Fechten waren. Er schien das Bedürfnis zu fühlen, die ihn Umringenden durch ein Geschenk mit seinem Reichtum auszusöhnen, als sie geäußert hatten:

„Ja, mit solcher Karre is't 'ne Kleinigkeit zu tippeln. Da wollen wir ooch in een paar Dage von't jroße Dorf (Berlin) bis nach Ostpreußen."

Nachdem er sein Rad gereinigt hatte, stellte er es zärtlich in eine Ecke und bestellte für uns alle Bier.

Das stimmte sie milder. Nur ein Kaufmann sagte bissig: „Das is gar nich nötig, dass du zu allem noch den dicken Willem spielst; ick habe noch nich darauf zu lauern brauchen, dass mir einer mal'n Töpfchen kauft."

Er zog sich von den Trinkenden zurück. Und da ich auch das Bier ablehnte, benutzte er die Gelegenheit, mit mir darüber ein Gespräch anzuknüpfen. Darauf erzählte er mir, abseits von den andern, seine Geschichte.

Tatsächlich sei er in einem Dresdener Filialgeschäft gewesen und habe mit der Kassiererin ein Verhältnis gehabt.

„Ja, zu dir kann ich ja offen sein. Ich sehe, dass ich es mit einem ehrlichen Kunden zu tun habe."

Ich lehnte diese Schmeichelei nicht ab, um ihn nicht in der Erzählung zu stören. So fuhr er denn fort, glatt, wie wenn er sich die Rede schon vorher überlegt hätte.

„Ich ging ja auch dann wegen dem Mensch fort. Aber in Berlin machte ich Fackelei (Briefschwindel) – und nun sind sie mir auf den Fersen. Warum sie mich gestern nicht behalten haben, weiß ich nicht; ich muss doch in der Komore (Steckbriefverzeichnis) stehen. Aber die Polente lässt sich doch immer wieder einen Blaff machen. Als sie meine tadellosen Flebben sah und meinen Zaster – und als ich mich beschwerte, dass man mich schließlich um eine Stelle bringen könne, die ich heute finden würde, ließen sie mich laufen, die Putze! –"

Er erzählte mir nun noch einige harmlose Schnurren, ganz vertraulich und sorglos, und fragte, ob ich nicht Lust hätte, mit ihm ein ordentliches Glas Bier zu trinken; das dünne, schale Herbergsbier könne er nicht vertragen.

Miteinander gingen wir nach der Kaschemme, in der nur am Fenstertisch einige schäbige Gestalten mit Trinkergesichtern saßen. Sie knobelten andächtig, ohne auf uns zu achten.

Der Kaufmann zog mich nach dem Hintergrund und ließ ein tüchtiges Frühstück für uns beide kommen. Und dann entwickelte er seinen Plan. Fortwährend nötigte er mich zum Trinken, meinte, ich hätte ihm gleich gefallen, und wenn ich nur Lust hätte, könnten wir herrlich und in Freuden leben.

„Na, trink doch, trink! Zier' dich nicht – du bist derjenige, den ich gebrauchen kann, – das heißt, du sollst nicht zu kurz kommen. – Nee – immer Halbpart – darauf halte ich!"

Ich war schon neugierig geworden, was er wolle: „Sag doch, wozu kannst du mich gebrauchen?"

„Na, nu trink man erst noch mal. – Du siehst, ich bin gar nicht so. Wenn ich einen leiden kann, und du – das sage ich dir – so schnell kann ich keinen leiden –, dann, siehste – dann gehört ihm alles, was ich habe. Dann teile ich redlich, immer ganz genau. Siehste, dir habe ich gleich angesehen, dass du so'n ganz Feiner bist; – Mensch, wie du so den Neuling spielen kannst!"

Er lachte schmeichelhaft.

Ich war etwas verdutzt – will dich der zum Besten haben, oder meint er es, wie er es sagt?

Die drei am Fenster hatten gesehen, dass der Kaufmann was draufgehen ließ, und kamen langsam nach unserm Tisch herüber. Dem Kaufmann schien das nicht ganz recht zu sein. Er ließ sich jedoch nichts merken und lud die drei ein, sich zu uns zu setzen. In seinen Augen leuchtete es kurz auf – jetzt schienen sie ihm willkommen zu sein, und er rief dem hinter dem Tisch stehenden, fortwährend kauenden Wirt zu, er solle noch ein paar Töpfe für die Herren bringen.

Der eine, ein glattrasierter Rundkopf, dessen aufgedunsene Züge noch den Schauspieler verrieten, zitierte beim Antrinken mit süßlichen Verbeugungen gegen den Kaufmann:

„Magie des Reichtums! Diese Geister alle beschwor dein Zauber her zum Dienst!"

In einem Zuge stürzte er den Inhalt des Glases hinunter.

„Prost ex!"

Der zweite, ein hagerer, langer Kerl mit Schmissen im Gesicht, trank mit diesem Studentenzuruf sein Glas leer, und der dritte, ein kleiner Mann mit hochgewichstem Schnurrbart, näselte, stramm stehend, wie wenn er einen Degen im Nacken hätte:

„Dem Spender! Ä – äh!"

Es dauerte nicht lange, so saßen sie wie alte Bekannte bei uns. Dem Schauspieler knurrte hörbar der Magen, und er sah auf seinen Bauch herab.

„Musst du, Natur, krank durch der Menschheit Härte, noch hungern?"

Der Kaufmann lachte und verstand den Wink. Er ließ dem Schauspieler ein Frühstück bringen. Während sie sich miteinander befreundeten, hatte ich einige Blicke des Kaufmanns aufgefangen, die von den andern mit verständnisvollem Nicken beantwortet wurden. Sie fingen auch bald an, zu erklären, wie sie sich durch die Welt brachten.

Alle wandten sie sich an mich mit einem leicht aufmunternden Ton.

Der Schauspieler erzählte, dass er alle Theaterkassen abfechte, dazu noch Kollekte sammeln lasse und alte, ehemalige Künstler aufsuche, die immer noch was für einen vagierenden Kollegen übrig hätten.

Der Student meinte, er wolle ja dem Schauspieler nicht zu nahe treten, aber auch er stände sich nicht schlecht. Er gehe zu Professoren und Lehrern der höheren Schulen und lasse sich Empfehlungen zu Privatstunden geben. Dort, bei den Eltern der Privatschüler, nehme er Vorschuss – und da einem Studenten geglaubt werde, dass ihm solch ein Vorschuss not tue, könne er mit schwerer Miete (viel Geld) sich in einer nächsten Stadt Privatschüler mit Vorschuss suchen.

Der Kaufmann nickte und blinkte mir zu, als wolle er sagen: Ja, so eine Art Bettelei – die lasse ich mir gefallen: das sind doch Kerle!

Und dann ermunterte er den dritten zum Erzählen. Der ließ sich nicht lange quälen. Prahlerisch fuhr er heraus:

„Äh – ihr armen Schlucker! Was seid ihr gegen mich! Habt ihr ein Adelsdokument? Seid ihr Leutnant in der Kavallerie gewesen?"

Er sah uns von oben herab an, trotz seiner kleinen Gestalt, strich sich das dünne blonde Haar im Scheitel fest auf den spitzen Hinterkopf und krähte weiter:

„Wenn ihr infamigten Betrüger und Spitzbuben zehnmal laufen müsst, bis euch die Zunge zum Halse raushängt wie einem abgehetzten Köter nach dem Halali, habe ich schon mein Teil gemacht, dann haben meine ehemaligen, verehrten Kameraden mich schon mit zehn bis zwanzig Talern in den Stand gesetzt, eine andere Stadt mit meiner tadellosen Gegenwart zu beglücken oder ein neuer Mensch zu werden … Aber das habe ich ja gar nicht nötig, das mit dem neuen Menschen! – Das hat keiner von mir zu verlangen, von dem Leutnant a. D. von Mülow. Und das brauche ich nicht mit meinen Dokumenten!"

Er klopfte mit den Fingerspitzen auf seine Brusttasche und sah uns gnädig an.

Der Kaufmann lächelte mir zu.

„Ja, so etwas müssten wir auch machen!"

„Oh, du Beneidenswerter, dem die Tugend ihr hehres Mal auf die Stirn gebrannt. Ha, könntest du mir doch von deinem Reichtum spenden! Wie wollte ich armseliger Kollektensammler schwelgen in den Erfolgen, die mir dein Unschuldsgesicht bei alten, mitleidsdusligen Jungfern, bei schwachen Männern mit weichherzigem Weibsgefühl und Wohltätigkeitsprotzen einbringen sollte! Wie sollte unsere vielgeliebte Kaschemme das goldige Nass der Gerste und der Kartoffel fließen sehen!", sprach der Schauspieler pathetisch.

„*Ergo bibamus!*", seufzte der Student und trank den Rest seines Bieres.

„Ja, wirklich, lieber Bruder im Walzen!", näselte der gewesene Leutnant mit schnapsiger Stimme; „wenn ich an deiner Stelle wäre – das sollte mit dem Teufel zugehn, wenn ich nicht zugreifen würde, wo sich so ein patenter Drillmeister, wie unser verehrter Herr Kollege Heringsbändiger, um mich bekümmern wollte!"

Sie tranken mir dabei eifrig zu und umschwärmten mich.

„– Was wollt ihr von mir?"

„Jott, wir wollen jarnischt von dir, holder Jüngling mit dem blassen Elendsgesicht und den Sorgenfalten auf der Wange. Aber dein Konnex, der edle Kaufmann von Venedig – der da!", deutete der Schauspieler auf den, der mich zur Kaschemme geführt hatte.

Der sah mich mit seinen hervorstehenden Augen kindlich lächelnd an und spitzte seinen breiten volllippigen

Mund recht süß: „Ja, sieh mal, ich weiß, dass ich dir vertrauen kann. – Du wirst einen armen, zufluchtslosen Wanderburschen nicht der Polente überliefern. Na – und was ist denn ooch dabei, wenn wir gehetzten armen Teufel uns das auf eine andere Weise verschaffen, was uns gutwillig nicht gegeben wird. Und schließlich – wir können das ebenso gut gebrauchen wie andere!"

Er beugte sich nahe zu mir herüber:

„Na, das ist ja alles überflüssig. Du lachst uns vielleicht sogar im Geheimen aus, dass wir solche langen Vorreden machen. Also – es handelt sich selbstverständlich um eine derbe, düchtige Fackelei – wie du dir gewiss schon gedacht hast. Sieh mal, ick war früher schon mal hier in der Mochum und habe die Gegend feste abgegrast. Ick kann dir nur sagen: Dufte! Pikfein! Eine Menge alte Kaufmannswitwen und sitzengebliebene Töchter von wohlhabenden Beamten. Dazu allerlei alte Gutsbesitzer aus der Umgegend, Ziegeleibesitzer, die sich zur Ruhe gesetzt haben – na und was sonst noch gern sich von einem verunglückten, schwindsüchtigen und nervenkranken jungen Mann in mitfühlende Stimmung bringen lässt. Wenn du die Adressen haben willst, gegen halbpart schreibe ich sie dir auf.

Sicher sind sie – und ich will ja auch gar nischt im Voraus. Nee, nee, du hast es mit einem ehrlichen Konnex zu tun. Ehrlichkeit und Aufrichtigkeit, das sind die Hauptsachen! Nee – man immer ehrlich – det is mein Wahlspruch! Und denn haste ja ooch gar kein Risiko nich. Siehste, ick sagte dir doch schon – die Hälfte vom Reingewinn. Na, det ist doch selbstverständlich, det de die erst nach die Einnahme zahlst. Un so lange leben wir uff meine Kosten. Ick sage dir, det is keen schlechtes Geschäft für dich. Wenn du een bissken ökonomisch bist, kannste in vier

Wochen soviel haben, um ein halbet Jahr davon leben zu können."

Er schilderte mir in begeisterungsvollem Eifer das einträgliche Leben eines solchen Briefbettlers. Wenn ich es schlau anfinge, könnte ich bald so weit sein wie manche Mädels, die von Großstadt zu Großstadt fahren und in den besten Hotels absteigen.

Ich wusste nicht, wie ich seinen eindringlichen Fragen entrinnen sollte, brachte es nicht über mich, ihn kurz abzuweisen, und versuchte, unbemerkt durch eine Hintertür zu entschlüpfen.

Er wich jedoch nicht von meiner Seite. Und als ich, ohne ihm eine Zusage oder Absage gegeben zu haben, ganz harmlos, wie wenn ich das alles nicht verstanden hätte, zur Tür hinaus wollte, packte er mich, Wut und Angst im Gesicht:

„Was, du willst uns wohl verpfeifen, du scheinheiliger Konnex du? Willst uns am Ende auf'm Berliner Alexanderplatz eintragen lassen!"

Mit erstickter Stimme rief er die andern:

„Kinder, der hat mich zur Hochstapelei verführen wollen. Haut ihn, haut ihn!"

Und ich konnte mich kaum ihrer erwehren. Ich rief den Wirt zum Zeugen, dass ich niemand hätte verführen wollen.

Er hätte nichts gesehen, damit verschwand er in den Keller.

Nun blieb mir nichts weiter übrig, als so schnell wie möglich den Wütenden zu entkommen.

Nur einer hielt sich vom Schlagen fern – der Leutnant.

„Äh, – der Kerl ist ja viel zu dämlich, det is ja 'n janz jewöhnlicher Tippelbruder, mit dem müsst ihr euch jar nich einlassen! Det is ja 'n Unjebildeter!"

Das half mir mehr als meine schnellen Fäuste. Mit verachtungsvollen Gebärden ließen sie von mir:

„Solche Kunden! Das Jelichter is viel zu schade für 'ne echte Masematte[29]"

44. Kapitel
Wieder ein Mädchen

Nach einigen Tagen. Jede Spitze der Chausseesteine fühlte ich in meine Fußsohlen eindringen. Neben mir ging Albert, den ich wieder aufgesucht und der mich mit beleidigter Miene empfangen hatte.

Ohne Unterbrechung, ohne Rast marschierten wir, um die nächste Herberge noch vor der Nacht zu erreichen.

Gegen Abend gab Albert sein verletztes schweigsames Wesen auf. Er erzählte, dass ein Kellner in der Nacht, in der wir in Frankfurt waren, bei einem Einbruch ertappt worden sei. Nach allem, was er hinzufügte, musste ich glauben, dass es der Kellner aus der Kaschemme war.

Albert hatte seine Erzählung noch nicht ganz beendet, da trat aus einem kleinen Seitenweg, der aus hochgeschossenem Korn auf die Chaussee führte, ein Mädchen auf uns zu. Sie war ohne Kopfbedeckung, mit beschmutzter blauer Schürze, wie ein Dienstmädchen, das eben von der Feldarbeit kommt.

„Hier geit et ja wull nach L.?", fragte sie.

Ja, wenn sie hin wollte, wir hätten denselben Weg.

Unterwegs, während die Dunkelheit die Ferne verhüllte und die Farben verwischte, erzählte sie, dass sie aus einer

---

29 tagscheues Geschäft, gewaltsamer Diebstahl (Ostwald: Rinnsteinsprache, S. 100)

anderen Gegend stamme. Sie sei bei einem Bauer im Dienst gewesen, der ihr so wenig zu essen gegeben habe, dass sie es vor Hunger nicht mehr ausgehalten hätte. Nun wollte sie sich in der nächsten Stadt einen neuen Dienst suchen. Seit acht Tagen habe sie nichts weiter im Magen als Kartoffeln, schlechte, stinkige Viehkartoffeln.

Sie ging so zutraulich neben uns auf der nachtblauen Chaussee, dass selbst Albert ihr kein böses Wort sagte.

Er brummte nur leise vor sich hin: „Unrecht bleibt Unrecht! – Aushalten müssen – Pflicht! –"

Aber das Mädchen verstand ihn nicht.

So kamen wir in die Stadt und zur Herberge. Als uns der Vater eintreten sah, kam er uns gleich mit rotem, zornigem Kopfe entgegen:

„Hier dürfen keine Weiber übernachten!"

Ich legte all' meine Beredsamkeit ein, wies daraufhin, dass das Mädchen keine Tippelschickse sei.

„Das ist ganz gleich. In keiner deutschen christlichen Herberge werden Weiber aufgenommen!"

Das Mädchen stand da, wie wenn sie in Schande geraten wäre. Ihre tränengefüllten Augen sahen flehentlich mich und den Wirt an.

„Aber haben Sie nicht das Kreuz vor der Tür und heißt es nicht: Kommet her zu mir alle, die ihr mühselig und beladen seid!", schrie ich ihn an.

Einen Augenblick war er verdutzt. Dann schob er uns hinaus aus der warmen Stube in die feuchtkalte Frühlingsnacht.

Und nun irrten wir weiter, das weinende, fassungslose, kindlichzarte Mädchen zwischen uns.

Keine von den Gastwirtschaften der Stadt wollte uns drei aufnehmen. Wenn die Wirte das Mädchen ohne Gepäck sahen, betrachteten sie uns voller Misstrauen – nein, sie hätten keine Betten frei. Eine kleine, verwachsene Wirtin meinte, wenn wir im Schweinestall schlafen wollten. –

Dieses Gebaren empörte uns. Trotzdem unsere Knie zitterten, trieb ich zum Weitermarsch.

Irgendwo musste sich doch ein Nachtlager für uns finden. So zogen wir die dunkle Vorstadtstraße hinaus.

45. Kapitel
Kundenball

Alte Gehöfte und einzelne Scheunen. Zwischen Lehmhügeln führte ein Seitenweg zu einem Haus, hinter dessen Flurfenster eine Lampe brannte. Das konnte ein Gasthof sein. Vielleicht war man hier draußen nicht so wählerisch wie in der Stadt.

In der niedrigen Gaststube saßen einige Kleinbauern und Knechte bei ihren Schnapsgläsern. Sie unterbrachen nicht ihr Gespräch bei unserem Eintreten. Die Wirtin, eine ältere Frau mit sorgenvollen Zügen, winkte ihrer Tochter.

Die kam hervor hinter dem bis zur Decke reichenden Holzgitter des Ladentisches und führte uns still über den Hof nach einer Scheune.

Die Töne eines alten, schwindsüchtigen Leierkastens wimmerten uns entgegen. Das Mädchen stieß eine kleine Tür in dem breiten Scheunentor auf – wir standen vor einem Haufen wüsttanzender Weiber und Kerle, beschienen von zwei Stalllaternen.

Über die als Gastraum dienende Tenne hinweg waren zwei Stangen von Heuboden zu Heuboden gelegt – an ihnen schwebten die matt schimmernden Lichtspender über dem wirren Knäuel flatternder Röcke, beschmutzter

Jacken, bloßer Füße und fettiger, glühender Gesichter mit stieren Augen.

Rechts saß ein alter, verwachsener Mann und drehte unermüdlich an seinem kleinen Kasten, aus dem trotz seiner hastigen Dudelei nur abgerissene Bruchstücke eines Rheinländers – ab und zu auch tonloses Pfeifen und dann wieder nichts als die krächzenden Töne der Begleitung kamen, der die führenden Klänge der Melodie fehlten.

Aber was er nicht gab, ersetzten sich die Tanzenden durch allgemeinen Gesang:

Im Grunewald, im Grunewald is Holzauktion!
Is Holzauktion, is Holzauktion!
Da tanzt auch Kohn –
Von dem alten Kohn der Sohn!
Von dem alten Kohn der Sohn mit 'ner Weibsperson.

Bis jetzt hatten wir erstaunt von der Türe aus zugesehen, da packte mich plötzlich ein Weib um die Hüften und riss mich in den Trubel mit hinein. An ihrem Gekreisch erkannte ich sie – es war die Schicksenmutter, – Mutter Jette. Sie riss mich mit herum, und im Schwindel, der mich bald ergriff, drehte ich mich zu der Musike:

Im Grunewald, im Grunewald is Holzauktion!
Is Holzauktion, is Holzauktion!
Da kost' die Fuhre Süßholz bloß 'n Dahler,
Für'n Dahler kriegste se schon!

Mutter Jette ließ mich los. Sofort kamen ihre Tochter und noch einige Weiber. Da war so ein altes verschrumpeltes Geschöpf mit glänzendem, hagerem Gesicht. Sie schielte mich mit begehrlichen Augen an und wollte mich durchaus neben sich auf ein über zwei alte Fässer gelegtes Brett ziehen.

Eine andere, hochgewachsene junge Frau warf sich mir sofort an die Brust.

„Ach du vieljeliebter, einziger Mann! Jott, wie liebe ick dir! Mache mit mir, was du willst."

Schamvoll zog sie sich ihre zerfetzte Schürze über das lachende Gesicht. Dann beugte sie meinen Kopf nahe an ihren Mund und sagte, wie wenn es die andern nicht hören sollten, aber doch laut genug mit ihrer weichen Stimme:

„Komm, Jeliebter – woll'n wir mal tanzen jehn? Da hinter die Bretterwand is 'n feines Lager for junge Liebesleute! Ach, bloß eenen Kuss!", seufzte sie schmachtend.

Die Umstehenden kreischten laut lachend auf: „Ach – die Fenus von Müllern hat et doch am besten raus!"

Von allen Seiten wurde ich gezerrt und gestoßen, fast alle Weiber wollten mich hinter die Bretter führen – für fünf – drei – zwei Nickel.

Da mischte sich endlich die Mutter Jette darein:

„Schnapsmüllern, Sabberberta, gelbe Liese – lasst mal den Jungen laufen. Der will mit keene Schickse tapern. Am wenigsten mit euch alte Jestelle!"

Die hochgewachsene Schnapsmüllern war die erste, die zurücktrat. Sie hatte etwas Elegantes in ihren Bewegungen, das in den zerfetzten Röcken und löchrigen Jacken, zwischen all den plumpen, eckigen Gestalten der andern umso mehr hervortrat. Die verschrumpelte Sabberberta ließ mich jedoch nicht so leicht ziehen.

Mit einer gewissen Hartnäckigkeit drängte sie sich mir auf, bis ich grob wurde. Da schlich sie sich davon mit bösen Blicken aus ihren Schielaugen, sich den Sabber aus den Mundwinkeln wischend.

Mutter Jette machte mich nun mit der gelben Liese bekannt.

Das war eine gutgewachsene Frau von etwa fünfundzwanzig Jahren, dunkelblond mit gelblicher Gesichtsfarbe und tiefblauen Augen. Sie sah ordentlicher und sauberer aus als die andern, hatte ihre Haare fest geflochten um den Kopf gewunden und zog ihr Kind, ein Mädchen von acht Jahren, mütterlich mahnend, zurück aus dem Haufen der Kinder, die sich in unserer Nähe balgten. Ihr schmales Gesicht hatte etwas Zartes, Ergebungsvolles an sich, wie das Mädchen, das heute ihrem Dienstherrn entlaufen war. Mutter Jette erzählte mir, dass sie mit siebzehn Jahren das Kind geboren habe, von wem, wisse sie nicht, sie sei nur einmal auf einem Jahrmarktsball gewesen – dann habe sie der Dienstherr aus dem Hause gejagt. Und da keiner ein Mädchen in guter Hoffnung als Dienstmädchen annehmen wollte, sei sie schließlich ins Tippeln geraten.

Ihr letzter Schecks sei ihr nicht etwa ausgekniffen – nee, dazu sei die gelbe Liese viel zu ordentlich, eine viel zu tüchtige Gattin. Sie wolle sich nur verändern, weil der Schecks verschütt gegangen sei.

Ob ich nicht mit der gelben Liese loszittern wolle?

Ich musste der Werberin und der gelben Liese einen Korb geben. Doch sie nahmen mir das nicht übel und sprachen so freundlich wie vorher mit mir weiter. Sie erklärten mir, dass die Schnapsmüllern die geschiedene Frau eines Geheimrats sei. Sie heiße im Kundenkreise Fenus von Müller, weil sie von sich sage, sie sei einst so schön gewesen wie eine gewisse Fenus.

Die Schnapsmüllern ging eben mit einem kleinen Krüppel hinter den Verschlag.

„Die is ja so verrückt nach Männer – bei der hält et keener länger als acht Dage aus.

Na – und warum is se so runterjekommen? Weil se außer ihrem Mann immer noch 'n paar andere hatte and dazu Schnaps trank. – Na, wenn Kraftfritze merkt, det seine Frau sich mit dem kleenen Pucklinski injelassen hat, jibt et wieder Mord un Dotschlag. – Sage mal, wat is denn det for 'ne Pflanze, die du da mitjebracht hast?" Sie deutete nach dem Dienstmädchen.

Die saß zwischen mehreren lustigen Kunden, die harmlose Gesichter machten und sie durch derbe Scherze zum Lachen brachten. Ich ging zu ihr und wollte sie aus dem Kreise dieser duften Brüder ziehen. Aber da drängten sich gleich mehrere der halb angetrunkenen Scheekse zwischen:

„Eifersucht – nee, sowat jibt et hier nich." Wenn eene Schickse nicht mehr mit ihrem Schecks gehen wolle, dann könne sie einen andern heiraten. Ob die andern aber ooch 'ne anständige Hochzeit ausrichten könnten?

„Jawoll! Hier is 'n Flachs (Markstück)! Nu mal Musike, und dann wird jeschmort (getrunken)!", rief einer der drei, die das Mädchen bei sich hatten.

Der Alte auf dem Tisch drehte wieder an seinem Kasten dieselben Bruchstücke – dieselben krächzenden Töne.

46. Kapitel
Kundenhochzeit

Da ging die Tür auf, und der Alte trat herein, der sich für den Mann von Mutter Jette ausgegeben hatte. Kaum sahen die Männer ihn, so stürzten sie auf ihn zu.

„Nu wird's aber lustig! Der Schneidermeister!"

„Wo kommst du denn her? Du hast dich ja so lange nich sehen lassen?"

„Deine Alte hat schon jroße Sehnsucht nach dir."

Der Schneidermeister behielt seine Ruhe und Zurückhaltung. Erst als er von seiner Frau hörte, wurde er lebendiger.

„Ist das alte Stücke Wischlappen da? Hat der Wind das Luderzeug doch in meine Klauen getrieben? Na – warte man, du Schicksenmutter, du alte Reichsfechterin! Jetzt witschste mir nich mehr mang die Fingern durch!"

Der Lärm senkte sich sofort. Die Kunden, Schicksen und die dazwischen hockenden Kinder machten dem Manne Platz. So konnte er geradeaus auf seine Alte, auf Mutter Jette, zuschreiten.

Die saß ganz harmlos da und plauderte mit der Schnapsmüllern. Dabei winkte sie mit den Augen ihrem Schwiegersohn zu, der stumm vor sich hin qualmte aus seiner Tabakspfeife. Und doch schien es, als achte sie nicht auf ihre Umgebung. Selbst auf den Anruf des Schneidermeisters hörte sie nicht.

Da sprach er nicht mehr, um sich in ihre Erinnerung zu bringen. Ein dumpfer Klatsch – Mutter Jette fasste wimmernd nach ihrem Gesicht.

Ehe der Schneidermeister zum zweiten Mal seine Faust in das Gesicht der Mutter Jette fallen ließ, hatte ihm der Schwiegersohn ein Bein gestellt und ihn an den Schultern nach hintenüber gerissen.

Der Schneidermeister fiel weich. Mehrere Kinder hatten sich dort am Boden hingekauert, mit Würfeln spielend – er fiel der Länge nach über sie hin.

Gequietsche – Geschrei – Gewimmer. Ein paar Weiber sprangen hinzu, zogen ihre Sprösslinge fort – die Schlägerei ging weiter.

Die Kunden und die Schicksen kreischten vergnügt auf, als der Schneidermeister wie eine Feder wieder auf die Beine sprang und dem Burschen seine hageren Finger in die Kehle krallte.

„Der Schneidermeister bügelt – er verbügelt den breiten Karl!“, rief einer.

„Der breite Karl lässt ooch keen Gras wachsen, wo er hinfasst!“, meinte ein anderer, der, die Hände in den Hosentaschen, mit qualmender Pfeife vor den Zuschauern stand.

Richtig – da klatschte und buffte er auf den wütend verzerrten Mund des Schneidermeisters und auf die breite Nase. Seine Lippen schwollen auf – das Blut schoss aus den Nasenöffnungen, des Schneidermeisters Hände wurde locker. Noch ein paar Puffe in die Augen –: „Die passen ja famos für meine Hand!“, keuchte der breite Karl – der Schneidermeister ließ von ihm ab.

Jetzt standen sie mit pfeifender Brust dicht voreinander. Jeder hatte Respekt vor seinem Gegner, und doch sah man ihnen an, dass ihre Sache noch nicht erledigt war. Keiner wollte sich für überwunden erklären.

„Du fauler, stinkiger Kerl schämst dich nicht, dich von den beiden Frauenstücken ernähren zu lassen?! Du – du Aasmade!“, stieß der Schneidermeister hervor.

Der breite Karl sah ihn von oben bis unten an, machte: „P–h!“ – und ließ verächtlich die Lippe hängen: „Weeßte, aus dir spricht ja bloß der reene Neid. Du musst wohl jetzt alle Dage Kohldampf schieben, nu du keenen mehr hast, der die Pickelei ’ranfährt?!“

Schrilles und heiteres Gelächter in der Runde.

Der Schneidermeister erblasste: „Von dir brauche ick ja nischt anzunehmen – am Ende haste nich mal so viel, um alleene satt zu werden!“

Der breite Karl achtete nicht auf das Gelächter. Die Schultern hochziehend, meinte er: „Dir würde noch die Plautze platzen von dem, wat ick wegschmeiße!“

Nun wanden sich die Kunden wieder vor Vergnügen über den Schneidermeister, der nichts zu erwidern wusste.

Er stieß einen gurgelnden Schrei aus und stürzte mit aufgekrampften Händen auf den Burschen los, ihm wieder an die Kehle springend.

Es dauerte nicht lange, da lagen sie in einem Knäuel am Boden zwischen Bänken, Kisten und alten Fässern. Jetzt stürzten Mutter Jette und ihre Tochter hinzu und wollten dem Burschen beistehen. Aber da rissen die Kunden die beiden Frauen zurück – die Männer müssten allein miteinander klar werden.

Die Schicksen traten zwar für die Beteiligung der Frauen am Kampf ein – doch die Kunden litten es nicht, dass Mutter Jette und die weinende Tochter sich zwischen drängten. Det haben de Männer alleene zu befummeln, die müssen sich alleene vereinbaren!

Der Schneidermeister lag wohl unten, aber er konnte durch kleine Stöße den Kopf des Burschen auf die scharfe Kante einer Tonne schlagen lassen.

Der Bursche schlug dafür rücksichtslos zu. Mutter Jette schrie: „Reißt sie doch auseinander, sie schlagen sich noch dot! Der Olle wollte durchaus, det wir man bloß for ihn auf die Fahrt steigen – ach nee – reißt se doch von eenander – dem Karl blutet ja schon die Stirn! –“

Keiner hörte auf sie; hetzend und vor Freude grinsend, umstanden alle die beiden Schläger. Da rief Mutter Jette außer sich:

„Jott – Schneider, lass doch bloß den Jungen! – Wenn du denn nich anders willst, jeh ick wieder mit dir. Aber lass doch de Liese mit'n Jungen loofen – se is doch nu alt jenuch!“

Die Kämpfer hielten erschöpft inne.

Mutter Jette wiederholte ihr Angebot.

„Na!“, drohte Karl, seine Faust zur Unterstützung des Gebots hebend.

„Meinetwegen!“, brummte der Schneidermeister. Sie rappelten sich auf.

Die Kunden hatten kaum den Handel begriffen, als auch schon Rufe ertönten:

„Wie is et denn mit die Hochzeitsfeier?!“

„Det Versöhnungsfest wird doch nich so trocken vor sich jehn, als wenn wir in die Wüste Sahara säßen? Lasst doch mal de allgemeine Begeisterung in Nahrung setzen – begeistert ihr mal mit dem jroßen Jeist – dem *Spiritus brennibus*!“

Der Schneidermeister war noch nicht so ganz zufrieden, dass er nur seine Frau und nicht seine Tochter zurückerhalten sollte. Aber als Mutter Jette aufopferungsvoll ihre Ersparnisse hervorholte und sie ihm aushändigte, glänzten seine verschwollenen, blutunterlaufenen Augen auf. Ein kleines Mädchen wurde mit einer alten, leeren Weinflasche nach Schnaps geschickt. Mutter Jette machte sich auf den Weg, ein Abendbrot für alle Anwesenden zu besorgen.

Als sie wiederkam, war schon die erste Schnapsflasche leer; das Kind wurde zum zweiten Mal nach dem Schank geschickt.

Mutter Jette öffnete ihre Schürze – ein ganzer Berg aus allerlei Fleischüberresten. Sie erzählte freudestrahlend, dass sie in dem Gasthof am Tor einen ganzen Eimer Hundefutter für zwei Bleier erhalten habe. Sie schüttete alles auf den Tisch aus; die Kunden und Schicksen suchten ihre Brotreste aus Rocktaschen und unter den schweißigen Hüten hervor. Eine der Frauen zog einige Brotschnitten aus einem kleinen, roh zusammengefügten Kinderwagen, der einen beißenden Geruch von dem darin ruhenden, quärrenden Säugling verbreitete – und nun stießen und zerrten sie einander, um soviel wie möglich von den Fettigkeiten zu erlangen. Die Schnapsmüllerin erstickte beinahe an einem

Knochen, den sie gierig in den Mund geschoben. Kinder quiekten und quärrten – und zu allem wimmerte und ächzte der Leierkasten.

Die Flasche war schon zum dritten Mal gefüllt.

Da umarmten sich der Schneidermeister und der breite Karl. Einander abschmatzend, gelobten sie getreue Verwandtschaft.

„Siehste, warum haste mir nich jleich det Mädel, die Liese, gelassen."

„Ja, wenn ick dir jleich erkannt hätte!"

Ein schallender Schmatz.

Dann sah der Alte den strammen Burschen an, wischte sich den Mund und sagte tiefernst:

„Der Bissen war mir zu fett – da muss ick jleich eenen zum Verdauen nehmen."

Und er stülpte die Flasche vor den Mund.

Ich machte Mutter Jette auf die Kerle aufmerksam, die das junge Dienstmädchen in ihrer Mitte hatten.

„Ach Jotteken, det arme Wurm!", meinte sie. „Wat wird nu aus der, wenn se nich hier 'rauskommt? – Um unsereens is et ja nich schade. Wir sind ja von früh uff dran jewöhnt. Wat meine Olle war, die war ooch schon 'ne Schickse. Ja" – sie sprach stolz – „ick kann dir sagen, wir sind schon 'ne alte Schicksenfamilie. Meine Olle war 'n unehelichet Kind. Un weil die Mutter von ihr starb, und der Vater, der Dorfschulze, sich nich um det Jöhr kümmern wollte, haben se meine Mutter in't Armenhaus gesteckt. Na – und da hat se denn bald det Betteln lernen müssen – zum Sattessen war't danischt – Aber't war' doch schade um det junge Ding!"

Sie redete mit andern Schicksen, die ihr helfen sollten, das Mädchen den Männern zu entreißen. Doch die wiesen sie zurück:

„Uns hat ooch keener gewarnt und herausgewiesen!" – Sie tranken und tanzten weiter. –

Ich ging nun allein zu dem Mädchen und sagte, sie solle mal hervorkommen aus ihrer Ecke; ich hätte ihr was zu sagen. Da fuhr mich der eine der Kerle, ein Mensch mit glattem Gesicht, der seine augenbrauenlosen Augen immer pfiffig zukniff und dessen Mundwinkel ein stetes, überlegenes Lächeln umspielte, höhnisch an:

„Sag mal, haben wir das Mädel hierher gebracht – oder du?! Das Mädchen weiß ja, wer sie hierher verschleppt hat!"

Ich sah, das Mädchen schenkte mir kein Vertrauen mehr, sondern sah mich zornig und verachtungsvoll an. Und in der Erinnerung, dass sie dort, wo sie gut aufgehoben gewesen wäre, hinausgewiesen wurde, trat ich zurück und verschmähte die Flasche der Kunden und die Liebkosungen der Schicksen nicht. Als ich eine Leuchtkugel kommen ließ, nahmen mich alle kameradschaftlich als einen der ihren auf. –

Aus dem wüsten Wirrwarr der Nacht sind mir nur noch einige Szenen im Gedächtnis:

Der Kunde mit dem schlauen, abstoßenden Lächeln fragte das Mädchen, ob es nicht einsehe, dass solch ein Leben vernünftiger sei als die Schufterei, bei der es sich nicht einmal hätte satt essen können. Das Mädchen sagte zögernd, halb voll Angst, halb voll Vergnügen auf die halbtrunkenen Tobenden blickend:

„Ja, so ganz unrecht häddste wull nich!"

Ein zehnjähriges Mädchen war nach Schnaps geschickt worden. Als es nicht wiederkam, suchten wir es und fanden es auf dem Hofe neben dem Misthaufen, es hatte die halbe Flasche ausgetrunken.

Der Vater schimpfte und stieß es mit den Füßen – die andern jauchzten über das schlaue Ding.

Ein Schwertrunkener fiel über mehrere schlafende Säuglinge. Einer von diesen musste einen bösen Schaden erlitten haben – er schrie noch nach Stunden – den Wimmerkasten übertönend. Einige erfahrene Schicksen trösteten die Mutter: „Det is janz jut; so 'n krankes Schrabbinchen is besser als der feinste Kohl – det bringt noch am meisten in. Und 'n kleener Krüppel kriegt von jedem wat! Der hat's später mal am besten!"

Eine Schickse lieh sich das Kind auf eine Woche gegen eine Mark. –

Aus einem Winkel kroch ein Krüppel zwischen die tanzenden Weiber und schlug voll Ärger wild um sich – keine hatte sich um ihn gekümmert. Mit trunkener Wollust riss er sie an den Röcken zur Erde.

Sie kreischten und lachten. Eine schrie, auf seine Beine weisend, die bis zum Knie fehlten:

„Mensch, wo haben se dir denn 'ne Etage kürzer jemacht?"

Unter dem Gelächter und Gejuchze der Bande zog er sich zurück, einen Frauenschuh mit sich schleppend, den er heimlich unter seinem Rock verbarg und an sein Herz drückte. –

Das letzte, was ich an diesem Abend erlebte:

Der Alte, der mit seinen Kameraden mich und Leichtfuß einst aus der kleinen Penne geworfen, setzte sich zu mir und erzählte unter Tränen, dass er mich – zwar nicht bestohlen – das hätte die Wirtin getan – aber er habe es gesehen und auch sein Teil von der Beute bekommen.

Nun lasse es ihm keine Ruhe mehr, er wolle mir wieder gerade ins Gesicht sehen können, er sei ein ehrlicher Mensch und könne keinen betrügen – nee, seine Ehrlichkeit gehe ihm über alles, und er wolle ooch weiter nischt, als dass die anerkannt werde.

47. Kapitel
Kundenehre

Durch das geöffnete Scheunentor kam der klare Widerschein heller, frühlingsfrischer Morgensonne.

Zwei Landjäger traten herein, ein Berittener hielt draußen.

„Na, da suchen sie sich mal den Kerl aus!“, meinte der eine Uniformierte zu einem Mann, der scheu und schüchtern ihnen folgte. Langsam gingen sie durch die Tenne, auf deren Boden vom Rausch hingestreckte Weiber und Männer lagen.

„Nee, nee, dat sün se nich – damang sün se nich –!“ Der Mann stand verwundert still vor den quer am Boden Liegenden.

Ich lag in einer Reihe Kunden, die es sich auf Strohsäcken hinter der Tennenwand bequem gemacht hatten. Durch einen breiten Spalt in der Bretterwand konnte ich die Gruppe in der Tenne beobachten. Meine Nachbarn lagen noch in tiefem Schlaf. Mich hatte ein nagender Schmerz in der Rückenhaut zwischen den Schultern nur leise schlummern lassen. Beim Öffnen der Tür war ich emporgefahren. –

„Aberst ick möt doch mien Stiwweö widder hewwen!“, beharrte der Mann. „Sehn Se, Herr Wachtmeester! Ick bün nu mal so gaudwillig west un hew den Strolch im Wagen sloopen lahn. Und darbi hädd hei sähn, dat ick mien Röhrstiwwel in dat Köckenfinster stellt hew. Und da hadd hei se maust. As ick se hüd früh antrecken wull – futsch sin se – ick kann barftens gahn!“

„Ja, ja – aber wenn wir nu nich zufällig hier vorübergekommen wären? Wir haben ooch nu nich ville Zeit nich – wir müssen pünktlich zur Parade. Also nu mal hintern Verschlag!“ Die Landjäger kletterten herüber zu uns.

Einzelne Kunden waren erwacht und drückten sich in die Ecken, die Pferdedecken über die Köpfe ziehend.

Der Bestohlene versuchte, allen ins Gesicht zu sehen.

„Beeilen Sie sich! Beeilen Sie sich! Wir haben nicht viel Zeit!", trieb der Landjäger.

Hier und dort rieben sich Kunden den Schlaf aus den Augen. Erschreckt und gehorsam sprangen mehrere auf. Sie schienen an eine Razzia zu glauben. Aber die Landjäger beachteten sie nicht.

Albert hatte sich inzwischen auch erhoben. Verstört, mit Entsetzen in dem wirren Blick versteckte er sich unter einigen Strohsäcken. Er machte das so ungeschickt und auffällig, dass es die Beamten bemerken mussten.

Sie zerrten ihn ans Licht.

Der Bestohlene erklärte mit Gewissheit, dass Albert nicht der Dieb sei. Die Landjäger untersuchten ihn. Da sie nichts Verdächtiges an ihm fanden, ließen sie ihn laufen.

Er sah ihnen zitternd zu und schlich heimlich, immer noch Entsetzen im Auge, über den Hof um die Ecke. Inzwischen glaubte der Mann, den Dieb in einem jungen Burschen erkannt zu haben.

Der leugnete mit aller Bestimmtheit – reichte seine Papiere hin – sie müssten doch sehen, dass er kein arbeitsscheuer Mensch sei. Er ließe sich das nicht gefallen, so ohne Beweis in solchen Verdacht gebracht zu werden. Trotzig und hartnäckig blieb er dabei, dass er nicht der Dieb sei. Auf alle Fragen der Beamten sagte er zuletzt nur, sie sollten doch die Kunden fragen. Die könnten ja bezeugen, dass er seit gestern Nachmittag auf der Penne sei.

Er lehnte sich an die Scheunentür: „Fragen Sie die Kunden!"

Der Bestohlene schwankte schon mit seinen Behauptungen. Ganz bestimmt könne er den Burschen nicht als den Dieb bezeichnen, aber –

„Fragen Sie die Kunden“, beharrte der Bursche. „Ich war seit gestern Nachmittag hier.“

„Na, die Kunden werden Sie nicht verraten! … Aber wozu die lange Ziererei – fragen können wir sie doch mal … Kommt mal raus!“, schrie der Wachtmeister in die Scheune herein.

Fast alle drängten vor das Tor. In der Frühsonne rieben sie sich den Schlaf aus den schnapsigen Augen.

„Ja, ja, der ist schon seit gestern Mittag in der Penne! Ja, ja!“

„Kerls, dass ihr nicht schwindelt, sonst geht's euch nachher umso schlimmer an die Leber.“

„Aber, Herr Wachtmeester! Wat hätten wir denn davon, wenn wir uns von eenen Spitzbuben, der sich in unse Reihen geschlichen, kompermittieren ließen. Nee – immer bei der Wahrheit bleiben. Ach Jotte ja, – wenn wir det nich immer blieben – denn braucht' et uns wahrhaftig nich so mies zu jehn!“

„Also, – der ist wirklich hier gewesen?“, herrschte der Landjäger einen älteren Mann an.

„Ja, natürlich! Der is hierjewesen.“

„Na, denn is ja woll alles richtig. Und Sie können ja morgen mal bei mir vorsprechen!“

Damit ritten die Landjäger zur Parade. Der Bestohlene ging langsam hinterdrein.

In der Scheune umringten die Kunden den Burschen:

„So, da biste noch mal vorbeigeschliddert an de linke Winde!“

Ein großer, hagerer Mann, der einen Schifferbart trug, rief:

„Töw, den ward ick, de nich mal upp Kundenehre hölt!“

Dazu schüttelte er seine emporgereckte, knochige Faust.

„Na aber ock 'n Sluck ob den Sreck!“

48. Kapitel
Bei der Tante

Während der Bursche die Schnapsflasche herumreichte, bemerkte ich, dass Albert verschwunden war. Ich suchte ihn draußen und geriet auf die Landstraße. – Auf einem Meilenstein stand: 23 Kilometer bis Landsberg.

Rasch vorwärts, zum Onkel! …

In dem Fenster einer gebrechlichen Taglöhnerhütte sah ich mich – was sie wohl beim Onkel sagen würden, wenn sie mich so sähen? So verkommen, mit ausgefransten Hosen und schmieriger, zerfetzter Jacke, mit Stiefeln, die ich nur noch über der Schulter tragen konnte, ohne Halstuch und Kragen. Nur mit dem schmutzigen Hemde …

„Na ja, also darum hat ihn der Vater aus dem Hause gejagt!", würde die Tante sagen. Nirgends dürfte ich erzählen, wie es mir unterwegs gegangen. Keiner dürfte das erfahren.

Ja, bis es dunkel geworden, müsste ich wohl warten, ehe ich in die Stadt ging. Meine Tante würde sich sonst zu sehr schämen …

Die Sonne brannte auf dem baumlosen Sandweg, der sich die Hügel hinaufzog. Die Sohlen meiner nackten Füße schienen geröstet zu werden von dem heißen Sand – aber als ich mir ausmalte, wie sie mich empfangen würden, überrieselte es mich, wie wenn kalte Eisspitzen meinen Ricken hinabritzten.

Mit diesem Gedanken ging ich die letzten Schritte hinauf zum Scheitel des Hügels. Die Ebene lag vor mir. In rundlichen Stufen senkten sich die Hügelreihen hinab. Aus vereinzelten Gruben blickte das helle Gelb des Sandes. Schroffere Hänge waren mit blauem Blütentuch überzogen, auf dem das lichte Weiß junger Birken leuchtete.

Drüben, wo der letzte Absatz des Hügelrandes ins flache Land griff, mühten sich Pferde vor einem Pfluge auf schrägem Acker. Dort hinunter ging der Weg im Zickzack an Bauernhöfen, Ziegeleien und Schnapsbrennereien vorbei nach der Stadt. Die städtischen Häuser, Kirchen und Fabriken erhoben sich über die Bauernhütten. Und da glitzerte der mit wuchernden Weidenbüschen umrandete Fluss. Und die große Pappelallee –

Das Haus, dessen schwärzliches Ziegeldach kaum aus dem Blütengewölk der Obstbäume herauslugen konnte, war das des Onkels.

Wie gut es tun müsste, wieder in der sauberen Giebelstube schlafen zu können, pünktlich am Tisch zu sitzen – und dann zu arbeiten. So recht mit Genuss und Befriedigung – etwas Neues, Unerwartetes leisten.

Ich wollte schon den Weg hinabsteigen. Da fühlte ich wieder den Schmerz im Rücken – meine zerrissenen Hosen, die zerschlissene Jacke das löcherige Hemd brannte mir auf dem Körper wie Nesselstiche.

Nur nicht so vor alle Verwandten und Bekannten hintreten, nicht so heruntergekommen … Die Tante:

„Der war ja voll Ungeziefer!“

Ich stieg den Hügel hinab nach der Richtung, aus der ich gekommen war …

Die Arbeiter kehrten aus den frühlingsgrünen Wiesen und Feldern heim. Kinder und Frauen zogen kleine Wagen, die sie mit duftendem Gras vom Wegrand gefüllt, nach den Ziegenställen hinter den geduckten Häusern der Vorstadtbewohner. Drüben erhob sich das Haus des Onkels – breit und stattlich – wie eine Buche über dürftigen Föhren zwischen den Arbeiterhütten. Die Ladenfenster waren hell erleuchtet.

Wie einen manchmal der Abend gänzlich umgestaltet – ich wollte nicht wegen kleinlicher Scham meine Jugend auf der Landstraße vergeuden und ging durch den breiten Torweg, um vom Hof in die Privatwohnung zu kommen.

Im Zwielicht stand bei dem Pferdestall die schwarzgekleidete Tante. Sie überwachte die Futterausgabe. Als ich in das Licht der Hoflaterne trat, wendete sie sich stumm von mir ab.

Im kühlen Steinflur wartete ich auf sie. Ich weiß nur noch, wie mir die heißen Hände zitterten vor Auflehnung gegen diese Zurückweisung. –

Sie kam bald, sah kalt zu mir auf und sagte höhnisch:

„Na ja – was soll man denn weiter erwarten von einem, den sein Vater hinausgeworfen! Nun sind wir ja gut genug – gut genug, solchen –ja, solchen wieder zu einem anständigen Menschen zu machen!"

„Nein, du bist nicht gut genug dazu!", stieß ich zwischen den zusammengebissenen Zähnen hervor.

„Ach, kiek eins! Kiek eins! Jetzt will dat Küken schon wedder klüger sün as de Henn! ... So, dat haste woll mit dien' Ollen ook so gedeichselt? Na, die Hörner wirste dir bei uns schon afstöten; die werden wir dir schon'n büttjen verkniepen – dat heeßt, wann wir Lust hädden, so'n Brusewind in't Huus tau nehmen ... Aberst – dat jiwwt nich, dat jiwwt nich!", schrie sie plötzlich auf. „Ih, so een'n, de sich gegen de Öllern erhebt, so'n Leichtsinn, so'n Neunmalklugen – de hädd hi nix tau soken! ... Dat sall'n wi noch unnerstützen? Nee und abermals nee!!"

Die Tür, die vom Flur nach dem Laden führte, wurde aufgestoßen. Der glatte, glänzende Schädel des Onkels streckte sich heraus:

„Aber selbstverständlich bleibt der Junge hier! Du bleibst!"

„Nein – nein!“ … wie mich meine Worte schmerzten und zur Tante:

„Da sind ja die Kunden besser als Verwandte! … Die halten doch wenigstens kameradschaftlich zusammen. Da da geh ich doch lieber zu denen –“

Äußerlich ruhig ging ich hinaus in die zunehmende Dunkelheit der Straßen, in denen die Fledermäuse über den Lärm des Frühlingsabends dahinhuschten …

49. Kapitel
Eine Mutter

Die Kaufleute, bei denen ich um Stellung fragte, sahen meine verwitterte Kleidung:

„Nein, wir brauchen niemand.“ Ich ging zu Bauern.

„Ach – so ’n lüttjen Kofmich frett mihr (mehr), as hei vadenen kann. Schließlich bringt hei uns noch Krankheiten int Huus.“

Zwei Tage lang hatte ich schon nichts gegessen, da verkaufte ich meine Weste. Für die erhaltenen fünfunddreißig Pfennige aß ich mich wieder mal satt – satt, nein. Ich hatte noch Hunger. In der Dämmerung ging ich an eins der letzten Häuser einer kleinen Landstadt und klopfte an. Ein blondes Mädchen sah heraus aus dem oberen Teil der Haustür: „Was wollen Sie?“

„Ach, ich – nein – nichts – Es ist nur – wenn Sie noch etwas vom Mittag übrig haben.“

„Mutter, Mutter, komm doch mal!“ Eine kleine Frau in schwarzem Tuch, an den Händen und am Halse schwarze Rüschen, steckte ihren vertrockneten Kopf heraus.

Man sieht so schlecht in dem Zwielicht. „Sie sind gewiss auf der Wanderschaft?“

Ich musste in die kleine Stube treten, in der ein feiner Hauch von getrockneten Feldblumen schwebte. Sie zündeten eine kleine Milchglaslampe an, wir setzten uns an den frischgedeckten Abendtisch und die Frau erzählte mit von Tränen erstickter Stimme, ihr einziger Sohn wäre auch unterwegs, und es hätte ihr so weh getan, als sie habe denken müssen, dass er vielleicht nun auch so hungere. Nach dem Essen gab sie mir noch eine Mark mit auf den Weg.

50. Kapitel
In der Ziegelei

Am nächsten Tag erhielt ich Arbeit in einer Ziegelei. Dort traf ich den Badenser wieder. Der Schweiß lief ihm über sein feines, vom braunen Lehm bespritztes Gesicht. Mit seinen schwachen Armen warf er den Lehm in die Form, strich das Überstehende ab und schob den Ziegel aufs Brett.

Die Weiber, von denen die Ziegel unter die Schuppen geschafft wurden, standen schon immer und warteten, dass ein Brett voll sei.

„Nimm ein' Schnaps! Nimm ein' Schnaps!", sagte der Badenser, als mir die Arme von dem unaufhörlichen, tausendfachen Abstreichen der Formen abstarben. „Sonst hältst du es nicht aus. Immer wieder Schnaps – Schnaps. Je länger du arbeitest – immer mehr – sonst wirst du verrückt – verrückt. Ich bin's schon halb. Seit vierzehn Tagen wohl zehntausendmal – oder gar zwanzigtausendmal – so – so –

Der Lehm schwuppte beim Hineinwerfen in die Form.

„Und nichts weiter, nichts weiter … Da, trink auch mal!"

Sein Gesicht glühte schon vom Schnaps.

„Geld genug gibt's ja schließlich. – Zwei Mark und achtzig für den Tag. Aber nu, aber nu von früh morgens um fünf bis abends um acht oder gar zehn bloß so – so – Da, trink'n Schnaps!"

In der Nacht entwichen wir heimlich. –

51. Kapitel
Fremdenstube auf dem Dorf

Da wir beide das Fechten nicht so recht verstanden, gingen wir in die Verpflegungsstation. Beim Landjäger hatten wir unsere Papiere untersuchen lassen. Mit einer Anweisung gingen wir in den Gasthof, der die Verpflegungsstation übernommen hatte.

Es war ein kleines, behagliches Haus. Den größten Raum nahm die Fremdenstube ein. Ein paar Bänke und Tische, ein Ofen – ein Teil des Zimmers war durch eine Holzwand abgetrennt. Auf der waren mit Kreide allerlei Nachrichten geschrieben:

Nierwand – bin am Freitag in Schneidemühl! Rote Anna komm nach Bentschen –

Wir waren noch nicht lange in der Fremdenstube, als ein alter Mann hereinkam, der trotz der heißen Sonne einen Wintermantel trug. Aus der schmutzigen Tasche kramte er sein Brot, seine Schnupftabakdose und seine Bettelpfennige zusammen. Bedächtig zählte er sie.

Die Tochter des Wirtes, eine üppige, aufgeputzte Jüdin, ging an der offenen Tür vorbei:

„Uh, so viel Goldstücke! Na, da können Sie sich aber was für leisten! Da schlafen Sie doch mindestens erster Klasse!"

„Ja, kann ich denn ein Bett bekommen?"

„Na, gewiss doch; Himmelbett, für fünf Pfennig auf der Diele hier!“, sagte sie verächtlich. „Das ist doch nicht zu schlecht.“

Sie setzte sich vor den Fenstern auf die Hausbank.

„Ja, die Frauens!“, meinte der Alte. „Mir soll keine zu nahe kommen. Ich hätte so oft heiraten können.“

Das Mädchen erhob sich und sah zum Fenster herein, bissig lächelnd:

„Was, mit Geld? ’ne Millionärstochter?“

„Ja, gewiss hatten sie Geld. Aber ich wollte eben nicht heiraten. Meine Braut hatte sich vorher mit anderen eingelassen, und das hat sie mir verheimlicht. Und weil das nicht ohne Folgen blieb, da kriegte ich genug!“

„Gewiss, Sie sind eingefleischter Junggeselle. Sie würden die hübscheste Frau verschmähen!“

Nach einer Weile klagte der Alte: „Ja, was soll nu so’n alter Mann? Arbeit krieg ich mit meinen 73 Jahren nich, und so wird man hin und her gehetzt. Es gibt eben kein Erbarmen, kein Erbarmen! – Ja, die Invalidenrente haben sie mir nich bewilligt. In die Landarmenanstalt soll ich. Aber das habe ich doch nich verdient. Ich habe mich bisher ernährt durch meine Arbeit – und soll nun in die Anstalt! – Nee, das habe ich nich verdient … dazu habe ich keine Ruhe …“

Der verwelkte, bärtige Wirt öffnete den Verschlag und holte dem Alten ein Päckchen heraus, das er mit den Fingerspitzen anfasste und ihm zuwarf:

„Hier haben Sie Ihre Ausstattung!“

Der Alte nahm den Spott ruhig hin und zählte seine Wäsche – ein Hemd – ein Paar Strümpfe – zwei Taschentücher; die schmutzigen Taschentücher wollte er an den Wirt verkaufen, der wies sie zurück: nicht geschenkt nehme er sie.

Nach einer Weile feilschte er doch mit dem Alten und trug die erhaltenen Taschentücher in den Verschlag, wo er ein ganzes Lager von alten Uhrketten, Pfeifen, Messern, Stiefeln und allerlei Kram hatte.

Gegen Abend füllte sich die Stube:

Eine Bauernmagd, die in der Häckselmaschine ein Bein verloren, ein alter, triefäugiger Landarbeiter, dessen junge Frau die Kinder mitschleppte und fortwährend jammerte: „Ach Gottchen! Ach Gottchen! Was hat man nun, dass man den Dzekkan gefreit hat? Betteln muss man für ihn. – Blind wird er, blind!"

„Red nich! Nich ich, – du wolltest heiraten!"

„Ach Gottchen! Betteln muss man für ihn!"

Ein paar alte, schwerhörige Weiber kamen mit ihren Kindern. Sie seien Dorfarme aus der Umgegend Aber da sie nichts weiter als Wohnung vom Dorf bekämen, müssten sie betteln gehen. Eine Frau in frischem Waschkleid stöhnte:

„Ach, seitdem mein Mann tot ist – da ist es zu schlecht. Und was man für die Reinlichkeit anwendet, muss man dem Magen entziehen. – Kinder, ihr dürft mich mal nicht im Stich lassen im Alter. Macht, holt uns raus, wenn ihr größer werdet, holt uns raus aus diesem Leben!"

Auch ein paar Kunden kamen. Sie hatten sich aber nicht die Verpflegungsmarke geholt: „So dumm – die Wassersuppe abends, das bissken Schlummerpech und die Morgensuppe – dafor ooch noch drei, vier Stunden arbeeten. Un dann müsst ihr doch noch'n paar Stunden tippeln bis zur nächsten Station. Wo wollt ihr da die Zeit hernehmen zum Mittagfechten? Überhaupt muss man doch noch wat Festet in'n Magen kriegen ..."

Die Stube war bald so voll, dass auf den Tischen und Bänken keiner mehr Platz fand. Späterkommende fragten den Wirt, wo sie schlafen sollten?

Er wies stumm auf den Fußboden.

Die legten sich murrend in wirrem Durcheinander – Männer, Frauen und Kinder. Mehrere Männer reizten einander auf. Als schon alles dunkel war, riefen sie über die sich unruhig Umherwälzenden hinweg:

„Der Kerl! Was der sich denkt ... So von oben herab – ohne ein Wort: Ihr gehört auf den Fußboden!"

„Wenn er doch nichts anders hat."

„Ja, aber wie dies Hundeblut es macht – ohne ein Wort!"

„Ich schlag dem Kerl die Tür ein!", rief einer, sprang auf und hämmerte mit den Fäusten gegen die Tür, hinter der die Wirtsleute schliefen.

„Rosalie! Rosalie! Geh' zum Kommissar! Se wollen uns berauben!", schrie der Wirt mit geller Stimme, die von der Angst unterdrückt wurde.

„Ih – lass den Herrn Kommissar nur kommen. Wir werden ihm sagen, wie du uns behandelst ..."

„Nun geh, lass ihn holen!", drängte der Kunde. „Ja gewiss! Gewiss! Ich lass ihn gleich holen, wenn ihr euch nich beruhigt!"

„Na, da kannst du doch den größten Schaden haben."

Der Kunde zog sich auf seinen Platz zurück. Noch lange wurde heftig mit Schmerz und Hass über die Behandlung gesprochen, die sich der Arme, der Kunde gefallen lassen müsse.

Beim Erwachen sah ich, wie die Frauen ihre Hemden vom Leibe zogen und das Ungeziefer heraussuchten. Keine suchte ihre Nacktheit zu verbergen, keine suchte sich den Blicken der Kinder und Männer zu entziehen; alle drängten sie zum Fenster, um im Licht deutlicher sehen zu können.

Die Männer machten es ihnen bald nach.

Einer hatte bohnengroße Löcher im Rücken.

„Ja, det kommt von die deutschen Reichskäfer. Wenn ick nach de Landarmenanstalt jehe, um sie ausbrennen zu lassen – kann ick mir uff een Jahr linke Winde jefasst machen – ick war schon zwee Mal drin …"

Gegen Mittag hatten wir endlich den Haufen Chausseesteine zerkleinert, wie uns der Landjäger gewiesen. Nun bekamen wir unsere Papiere zurück und sollten sofort weiter zur nächsten Station.

„Ih", sagte der Badenser, „mit'n hungrigen Schlung[30]? - Nee, da erhalten sie einen wahrhaftig nicht den Genuss an der Arbeit. – Komm nur –, jetzt suchen wir uns e Töppche Mittag – und dann lassen wir die nächste Station links liegen!"

52. Kapitel
Muss verlassen die blühende Welt …

Der Herbst kam über uns. Wir waren bis in die schlesische Webergegend gekommen. Der Badenser wollte versuchen, hier die Grenze zu überschreiten. Die Kunden hatten uns abgeraten, in die Webergegend zu gehen. Sie sei zu arm. Man müsste hungern, wenn auch die Weber ihr Essen mit den Anklopfenden teilten – satt werde man bei ihnen nie.

Die letzte Nacht unseres Beisammenseins verbrachten wir in einem Gasthof der Weberdörfer, die sich meilenlang die Vorstufen des Gebirges hinaufziehen – die alten Weberbaracken von Fabrikkasernen überwuchert. Gegen Abend hatte sich in den Schluchten des Gebirges ein Gewitter zusammengezogen. Zwischen den Bäumen und Felsen rollten die Wolken und Nebelballen hin und her und wurden

30 wie im Verb schlingen, altes Wort für Schlund, Kehle, Gurgel

vom Wind durcheinander gewälzt. Jäh öffneten sie sich und gossen ihren Inhalt über die Bäume, über die Wege aus. Sofort war der lehmige Boden überschwemmt.

Die dicht ineinandergedrängten Zweige boten keinen Schutz gegen das herabschießende Wasser. Mühsam arbeiteten wir uns die herabfallenden Wege hinunter, am Steingeröll Halt suchend, beschwert vom Wasser.

Vor uns aus dem Regen kamen getragene Töne von einer Mädchenschar:

„Muss verlassen die blühende Welt! ..."

Und am Abend im Gasthof hörten wir sie wieder. Sie saßen dicht beieinander in einer halbdunklen Ecke, hatten ihre Tücher fest über Kopf und Schultern gezogen – die Augen von Sehnsucht verschleiert und den Mund klagend geöffnet:

„Muss verlassen die blühende Welt."

Die Kunden schwiegen still und sannen düster vor sich hin. Einer, der krampfhaft während des Gesanges gepafft hatte, fragte gereizt die Mädchen:

„Na, warum verlasst ihr denn eure schöne Welt, euer Weberkaff?"

Die Mädchen antworteten nicht, scheu rückten sie näher zusammen in ihrer Ecke.

Den Kunden hatte das Lied so erregt, so zornig gemacht, dass er auf sie eindrang:

„Warum? Warum! Wenn ihr keine Arbeit mehr habt – warum sucht ihr euch keine Schätze?"

Eine antwortete schnippisch:

„Weil ma keene wulle!"

Und sie rückten noch enger zusammen.

Eine Ältere meinte freundlicher: „Nu, was sull'n ma denn oock anfange? In dam Neste hat ju keens nich vun da Mannsleut a Böhm iebrig for a Mädel. Un man hat duch

uch a Magen. Un das is halt da schwere Not, ju, das is da schwere Not!“

Nach einer Weile sangen die Mädchen wieder. Es war ein anderes Lied, aber es klang wie „Muss verlassen die blühende Welt!“

Die Kunden wurden von dem Gesang aufgeregt und empfindlich für die geringsten Beleidigungen. Ganz verzweifelt und leidenschaftlich schlugen sie einander und tranken bald darauf wieder Brüderschaft. Jener, der die Mädchen angeschrieen hatte, suchte verstört nach einem, der ihn mittrinken lasse. Keiner wollte mit ihm was zu tun haben.

„Mensch, du warst ja schon in der linken Winde!“

„Na, is das etwa ne Schande?“

„Nee, aber du wirst bald wieder ’nein kommen.“

„Na, was kann ich denn dafür? Es will einen ja kein Mensch, wenn man in der linken Winde war … Lass mich doch mal an der Pulle lecken – bloß mal ’n bissken lecken … Die verfluchten Weibsen mit ihrem Gesang. Da wird man ganz hin … Lass mich doch mal an der Pulle lecken!“

„Nee …“

Endlich fand er einen, der ihn mittrinken ließ. Nun wurde er gesprächig. Ja, in solchem Korrektionshaus, da lerne man was! Oh, er könne es schon zeigen. Aber erst noch mal an der Pulle lecken. – Er hätte zwar den Schnaps abgeschworen – aber nu schon wieder zehn Wochen unterwegs und dann die Singerei – und sie singen auch immer wieder! …

„Sag mal, hast du ’ne jute Flebbe?“

Der andere, ein junger, aber abgerissener Mensch, gestand schüchtern ein, dass er schon länger als sechs Monate unterwegs, dass seine Arbeitszeugnisse verfallen seien.

„Na siehste! – Wenn du nu Pech hast! Dann sitzt du fest." – Leise flüsterte er dem Jüngeren zu: „Schmeiß 'ne Leuchtkugel – dann mache ich dir 'ne Flebbe, dass du wie ein unschuldig-frischgeborenes Kind weitertapern kannst. Bloß rasch Soruff – sonst werde ich noch verrückt. Nu schon wieder zehn Wochen – zehn Wochen! ... Mädels, bindet euch die Mäuler mit euren Schürzen zu. Man wird ja ganz verdreht!", schrie er hinüber.

Der Jüngere zögerte noch.

„Soll'n se dich krachen gehn lassen? Willst du Rulchen machen (vorgeschriebene Reiseroute bis zur Heimat befolgen)? Willst du in die linke Winde?!"

„Wer sagt das? ... Nu mach! Es bleibt bei der linken Flebbe!"

Sie gingen hinaus auf den Hof und schlichen in die Nähe eines der hellerleuchteten Fenster der Wohnstube des Wirtes. Der Ältere holte einen in Schiefer eingekratzten Zinken (Stempel) hervor, legte eine Art amtliches Schriftstück unter ein Blaupapier, setzte den Schiefer drauf und drückte mehrmals.

„Siehste, ziemlich deutlich. Nu schreib ich dir noch 'n Zeugnis, dass du nur wegen Arbeitsmangel entlassen bist – und dann ins nächste Kaff zum Burgemorum (Ortsschulzen) – den Bettelzinken[31] 'nein drücken lassen – möglichst groß wie die Dillinger Wichsschachtel[32], so 'n Kaffer findet nich raus, dass das 'ne linke Flebbe is. Da kannste sicher sein!"

„Ja, aber – wenn nu –"

---

31 Ortsgeschenkstempel (Ostwald: Rinnsteinsprache, S. 22). Eine zweite Bedeutung für Bettlerzinken ist die Markierung von Häusern und Straßen mit Geheimzeichen, die nachfolgende Bettler über die Chancen und Risiken des Bettelns informieren.

32 Wichskasten: Zylinderhut (Ostwald: Rinnsteinsprache, S. 167)

Ein älterer Kunde, der fest und sicher auftrat, näherte sich den am Fenster Stehenden:

„Na, du brauchst keine Angst haben. Ich muss auch schon mit der linken Flebbe tippeln. Noch nicht einmal haben sie mich feste gemacht!“

Dann wendete er sich an den Flebbenfabrikanten: „Kannst mir auch mal ’ne neue Flebbe machen. Aber mit Ei!“

„Ja, denn hol man eins. Ich trink’s aber aus!“

Der Kunde brachte ein Ei. Nachdem der Flebbenfabrikant es ausgesogen, schnitt er es vorsichtig auf, zog die innere Haut von der Schale, drückte damit von einem alten Schein einen echten Stempel ab und übertrug ihn auf einen Korrespondenzbogen einer größeren Fabrik.

„Ja, den hab ich mitwandern lassen, als ich Umschau hielt“, meinte der Kunde, der sich die Legitimation hatte machen lassen.

Der Flebbenfabrikant hatte nervös bei der Arbeit gezittert:

„Die Frauens singen immer noch! ... Na, heut kann ich mir ja mal was leisten – zwee Flebben – eene mit Ei – dafor jibt’s fufzig Poscher!“

Er saß bald wieder vor einem Schnapsglase, weit vornübergebeugt. Neben ihm saß der ältere Kunde, der sich die Flebbe mit Ei hatte machen lassen – ich – ich selbst. Ich feierte Abschied vom Kaufmann und schloss neue Brüderschaft mit dem Flebbenfabrikanten, der mich nach Oberschlesien in die Industriegegend mitnehmen wollte, wo es viel zu holen gebe. Mein neuer Tippelbruder lauschte mit Tränen in den Augen dem Gesinge der Mädchen, die wieder anstimmten:

„Muss verlassen die blühende Welt“

53. Kapitel
Im Schlackenberg

Mit den Händen hatten wir uns eine Höhle in den Schlackenberg gegraben. Die heißen Wände wärmten unser Schlafloch. Über uns stießen die Weiber die Karren mit der rauchenden Schlacke und glimmenden Asche hin und her und kippten sie um; die Stücke kollerten den Abhang hinunter.

Da waren wir also in Oberschlesien und hatten ein gut geheiztes, unentgeltliches Nachtlager.

Bei uns saß ein alter Hüttenarbeiter, der im Schnapsrausch vor sich hin sprach:

„Ach – haben doch oft genug morgens Stromer gelegen in den Schlickhaufen! Ih – war ich selbst mal Aufseher hier … Ja, Kubista war hier Herr! Kubista hat aber nie die Bettler, die Unbeständigen fortgejagt vom Ort, wo sie ihr Haupt zur Ruhe betteten. Das hat Kubista nie getan … Kommt doch das Volk hierher und denkt – liegt doch das Gold hier auf der Straße. Ja, hat sich was! Finden sie nicht mal Arbeit, finden sie keine Wohnung. Und dann kriecht das in die Schlacke … Kenn ich, kenn ich! –Ich hab's nicht gebraucht. Ich war Aufseher. Aber dann kam neuer Direktor. Sollte ich meine Weiber mehr antreiben – wollte ich nich – können wir Kubista nicht gebrauchen, sagt der Herr Direktor. Schön. Geh ich am nächsten Tag hin – der neue Herr Aufseher ist tüchtig. Kommen ein paar Heizer aus der Hütte, fragen, ob ich Arbeit habe – sag ich ja! Müssen sie wohl merken, dass Schwindel – weil ich, der Aufseher Kubista, mit ihnen sprach – trinken sie mir mein Wodka aus und geben mir leere Buddel. Dann gehen sie und lachen – lachen! Ja, da hab ich geweint – aus Scham, wie sie so lachten. Und dann sah ich den neuen Aufseher oben bei den Karren. Es zuckte in den Fingern, in denen, wie wenn ich einem die Kehle zuschnüren müsste. Bin ich auch auf einmal oben – halten mich doch die Kerle, die mir, dem Kubista, mir gehorcht hatten, fest und fragen den neuen Herrn Aufseher, ob sie mich sollen verprügeln. Der sagt nichts, und ich – ja, ich wusste nicht mehr, was ich von ihm wollte.

War ich doch entlassen – war ich doch nicht mehr Aufseher. War er es doch! Was hatte ich da oben zu suchen? … Ich war ja wieder Unbeständiger. Einer ohne Dach über dem Kopf, ohne Familie. War ich doch vor zwanzig Jahren von der Familie gezogen, um Arbeit zu suchen. Bald hier, bald da – immer unbeständig – unbeständig. Und wie ich ward Aufseher – da sind ja alle weg von der Heimat, kein Mensch wusste, wo … Nu stand ich da, und der Aufseher sah mich an wie ein Richter. Und da sagt ich: Lasst mich, lasst mich! und ging …"

Greller roter Schein fällt in unsere Höhle. Gewaltige Schatten ragen dicht vor uns – ein paar Hochofen. Schlanke schwarze Schlote wie Säulen mit sprühendem Knauf, der in rastloser Reihenfolge neue Formen annimmt. Durch bläuliche Streifen strahlen weißglühende Funkenaugen, rötliche Kugeln tanzen auf den Spitzen der Flammenzungen, die grellgelb, braunrot herauslecken aus der dichten Feuermasse – schwarzer Rauch drängt sie auseinander und wieder weißliche Funkenaugen, rötliche Kugeln und immerfort wechselnde Flammenzungen. Verlöschend fallen die Funken wie abgestorbene Blätter. Die glühenden Rußfetzen zerflattern, schwarzer Staub rieselt über die Erde …

Wie glühende Schildkröten lagern langgestreckte Hüttenwerke, aus deren breiten, abfallenden Dächern feuriger Qualm dringt, Funkenschwärme aufflattern und durchleuchteter Dampf aufsteigt. Die großen, von der Erde bis zum Dach reichenden Fenster scheinen zu brennen. Reihenweise liegen diese Ungetüme wie eine lauernde Herde beieinander. Aus einzelnen winden sich mannsstarke Röhren. In rechtwinkeligen Ecken gebrochen, schräg durcheinandergezogen, schlingen sie sich wie riesenhafte Schlangen um die Werke.

Kleine Häuser, Wagen, Tragstangen umgeben die Bauten, kaum zu erkennen in dem flackernden Zwielicht und den tiefen Schatten.

Überall flammen die grünlichen und schwefelgelben Lichter der Hochöfen auf; aus den fernliegenden Zinkhütten strahlen sie weißlich, aus den Koksöfen rot und feurig – bald auf einem Hügel, bald in einer Senkung. Auf allen Seiten rollen Eisenbahnzüge über die zerrissene Erde. Weiterhin huschen elektrische Straßenbahnen vorüber.

Am Tage führte uns der Alte nach der berühmten Destillatji des Mikeska in Beuthen. Die Sonne schien. Aber der Himmel war trübe und schmutzig von dem Rauch, der in dicken Ballen den Schlotwäldern entquoll. Wie Wasser aus Springbrunnen, so sprudelte es schwarz, grau, rotbraun aus den unzähligen Rauchquellen. Und wäre der Himmel klar gewesen – er hätte sich doch nicht in den Grubenteichen spiegeln können, deren stumpfe Flächen soviel Gift aushauchen, dass die Büsche und Bäume an ihren Rändern die dürren Zweige und Blätter hängen lassen, mit unnatürlich gelbgrauen Farben. –

„Sag' mal“, fragte der Alte, „geht es euch auch so, dass ihr erst trinken müsst Schnaps, ehe ihr gehen könnt anklopfen bei den Menschen? … Ach – verdammt mich nicht – ich hab' nur noch zwanzig Pfennig – muss erst haben Schnaps, sonst kann ich nicht sagen: Lohn's euch die Mutter Maria und ihr Sohn! … Aber heut vertrink' ich nicht alles … nur einen Groschen! Nur einen Groschen.“

Als wir in dem niedrigen Schankraum standen, mehrere hundert Menschen aneinandergeschoben – Männer und Weiber – Bauern in grellbuntem Putz und Bergleute in rußigen Kleidern – am Schanktisch, hinter dem eine ganze Reihe Schnapsfässer aufgestapelt, das ärgste Gedränge, das wüsteste lärmende Durcheinandersprechen, wildes Verlangen von den schwitzenden Schänkern, die mit aufgekrempten Ärmeln die Bierbecher ähnelnden Schnapsgläser füllten – die elende, einstöckige Baracke, die mit Kohlenstaub, Maschinenschmiere, Ruß und Asche beschmutzten Wände, die wirre Menge von elektrischen Glühlampen überleuchtet – – da zitterte und zögerte der Alte, nach dem ersten Kornis Klinken zu putzen.

Unter großen Qualen gab er seinen letzten Groschen für Kornis hin.

Ich versuchte, es dem alten Kubista nachzumachen, und trank mir auch Mut. An diesem Tage konnte ich so gut reden, dass die Arbeiterweiber heulten, wenn ich ihnen mein Schicksal erzählte.

Und mir selbst liefen die Tränen über die Backen. Noch nie habe ich soviel fechten können – noch nie ist mir so viel geschenkt worden …

54. Kapitel
Im Stroh

Heut abend komme ich in die Penne – ein Stall hinter der Destillatji des Hüttenortes L. – Da liegt einer im Stroh. Ich stoße ihn an mit dem Fuße:

„Na, du hast wohl wieder die Plautze voll!"

Er rückt und rührt sich nicht.

Ich setze mich an den Tisch, der in der Ecke steht, krame mein Essen aus und sättige mich.

Als die andern kamen, sahen wir, dass der im Stroh tot war.

Und da weiter kein Platz, schliefen wir neben ihm …

Wir erwachten erst, als die Wintersonne durch die Türritzen leuchtete. –

55. Kapitel
Es ist widersinnig –

Der alte Kubista hatte uns von einem Grafen erzählt, der allen Kunden, die auf seinem Gut bettelten, einen Topf Essen aus der Küche geben lasse. Eine oder auch zwei Nächte dürfe man im Kuhstall schlafen. Und wenn man weitergehe, bekomme man ein Gebetbuch mit, manchmal auch Kleidung. Allerdings müsse man sich für einen Katholiken ausgeben. Könne man Polnisch, so dürfe man mit am Tisch des Grafen essen und erhalte unter Umständen Geld zur Reise.

Gestern wollte ich noch nicht gehen – aber heute – es ist widersinnig, an kleinlicher Scham zugrunde zu gehen.

Wenn ich schon im Stall oder hinterm Zaun verrecken soll, – dann aber vorher herrlich und in Freuden –geschwindelt! –

56. Kapitel
Erntebier

Eine Zeitlang wanderte ich mit einem gutmütigen, aber aufbrausenden Schlächtergesellen. Er hatte mich in einer

Herberge befreit von mehreren wütenden Burschen, die an einem regnerischen Tage aus quälender Langeweile über mich hergefallen waren und mich schlagen wollten. Aber weil er mit seinen zertretenen Stiefeln, dem bunten Baumwollhemd und seiner zerrissenen Jacke einen bösen Eindruck machte und mit seinen breiten Schultern und derben Muskelarmen stets von den Bauern zur Arbeit aufgefordert wurde – wovon er doch nichts wissen wollte – musste ich für ihn mit fechten.

Manchmal grunzte er dankbar dafür. Aber schließlich wurde das meine Pflicht, und er schrie mich zornig an. Ja, zuletzt schlug er mich mit seinem Stock in die Kniekehlen und trieb mich die sonnigen, staubigen Wege zwischen den reifenden Feldern in die Dörfer.

Da erwischte ich in einem großen Bauernhause einen großen Topf Erbssuppe mit Speck. Die alte Mutter – alle andern waren auf dem Felde – fütterte auf dem Hofe die Hühner. Ich nahm einen Eimer – schüttete die Suppe hinein und brachte sie meinem Schlächter, der hinter einem Busch auf mich wartete.

Er ließ mir meinen geringen Teil und leerte gemächlich den Eimer.

Auf der Straße zogen mehrere verschwitzte Männer und Mädchen vorbei – hin zum Hause.

Der Schlächter ward grob, als ich sagte, wir müssten weiter. Er wollte nach der guten Mahlzeit ruhen.

Da erzählte ich ihm, die Bauersfrau hätte mir gesagt, wenn ich den Eimer wiederbrächte, bekäme ich auch einen Schluck Erntebier.

Rasch nahm er den Eimer und ging zum Hause.

Mehrere Männer kamen ihm entgegengerannt – und als er nach dem Hause mit dem Erntebier fragte, hieben sie mit Knüppeln und Riemen auf ihn ein:

„Wat – Erntebier? – da hast et!"

Der Schlächter wollte sich wehren – da bekam er einen Faustschlag, dass er hinstürzte. Nun lag er still – und als wir uns später einmal wiedertrafen, sagte er nur:

„Mensch – dat Erntebier war verflucht stark gebraut!"

57. Kapitel
Steineklopfen

Durch Schneegestöber von Oberschlesien nach Berlin – in der schwarzen Ecke war mir der Boden zu heiß geworden. Und die Pennen in den kleinen Städten waren überfüllt, die Landstraßen gar zu belebt mit Kunden und die Kaffs und Mochums zu sehr abgekloppt. Was war da zu holen?

Berlin kenne ich. So als Kommandoschieber jeden Tag nach einem anderen Vorort – das lohnt sich noch. Dafür werde ich schon sorgen, dass mich kein Bekannter in Berlin sieht. –

Unterwegs hatte ich noch ein nettes Erlebnis. Mein Haupthieb war in jedem Kaff stets der Gallach (Pastor). Da gab's meist was auf einen duften Kohl. Einmal stapf ich auch durch den Schnee auf ein Kaff los. Die bleiche Sonne grellt auf den weiten Feldflächen – dann wird sie immer mehr verhüllt und verdunkelt von Schneewolken. Es dauert nicht lange – der Wind wirft mir dichte Schneeschauer ins Gesicht. Ich ducke meinen Kopf tief in mein Jackett, die Hände in den Taschen – bei jedem Schritt eine Stelle gesucht, wo der Fuß, der in brüchigen Schuhen steckt, nicht zu sehr in die kalte, durchdringende Nässe des schmelzenden Schnees tritt – ehe ich's denke, stehe ich vor der Gallachswinde.

Das Mädchen meldet mich.

Der Pastor, ein Mann mit fanatisch zusammengezogenen Brauen und weißen, langen Haaren, führt mich in den Stall: „Wer nicht arbeiten will, soll auch nicht essen! Zerkleinern Sie die Steine, so bekommen Sie Essen und Geld zum Nachtlager."

Ich sah den großen Haufen Feldsteine.

„Donnerwetter!", entfuhr es mir, „die janzen Klamotten?"

„Hm – was? Was?"

„Ach, ich meine nur – die janze Bescherung schaffe ich nicht in einem Tag."

„Aber lieber Mann, die zerschlagen sich doch schnell. Das ist auch nicht zu viel verlangt für Zehrung und Nachtlager."

Ich setzte mich hin und schlug tapfer drauflos.

Als der Pastor nach einer Stunde wiederkam, schwitzte ich; noch nicht ein Zehntel hatte ich zerhämmern können.

„Nun, nur so weiter, und mit Gottes Hilfe werden Sie rechtzeitig fertig", meinte der Pfarrer.

„Aber die Dinger sind hart!", antwortete ich harmlos.

Der Pastor sah mich prüfend an und ging schweigend hinaus.

Er las nach dem Mittagessen seine Zeitung – sein Kopf sank im Entschlummern gegen die Lehne des Sessels und das Blatt rutschte ihm aus den Händen; da konnte ich melden, dass ich fertig sei. Er kam ärgerlich mit in den Stall, besah sich die in einen Korb geschütteten Steinchen und gab mir meinen Lohn:

„Sehn Sie, nun haben Sie's doch rascher geschafft, als Sie glaubten. Nun können Sie noch weit genug marschieren."

Ich machte, dass ich weiterkam. Nur mit Mühe schaffte ich noch meine Strecke von dreißig Kilometern.

Ob dem Pastor nicht auch die Steine etwas hart vorgekommen sind, als er sie ausschüttete und unten nichts weiter als die unbehämmerten großen Stücke fand, die ich nur mit einer Schicht zerschlagener bedeckt hatte?

Und wenn das ganze Meer ersäuft! – Man lernt's, seinen Vorteil wahrzunehmen ...

58. Kapitel
Großstadtpennen

Na, da war ich nu in der Penne in der Oranienstraße.

Oben im Schlafsaal lagen wir zu dreißig beieinander. Der Hausknecht hatte uns draußen im eisigkalten Flur die Hemden untersucht – dicht aneinandergedrängt standen wir mit nacktem Oberkörper im Zuge. – Dabei hatte ich mit ein paar jungen Burschen Bekanntschaft geschlossen. Und als das Gas ausgedreht worden war und die stinkenden Nachteimer an der Tür standen, wurden wir handelseinig: Ich sagte ihnen Adressen meiner Bekannten, von denen ich wusste, dass sie keinen unbeschenkt abwiesen – und sie gaben mir Adressen in Vororten.

Einige Tage hielten wir uns in der Oranienpenne auf –jeden Abend uns gegenseitig mit neuen Adressen versorgend. Dann ging's nach der Augustpenne und später nach der Andreaspenne, der Herberge der Bäcker draußen bei den Konkordiasälen. Hier erlebte ich zum erstenmal, dass ein Herbergsvater einen mittellosen, aber sauber gekleideten Menschen aufnahm, ohne von ihm Geld zu fordern.

„Ja, unser Vater! – der ist ganz anders als die in den christlichen Pennen. Das is'n Vater!“, sagte ein Mann, der sich als ein Stammgast der Andreaspenne vorstellte. Er flickte für wenige Pfennige unsere Hosen und erzählte dabei, dass er früher als Exzentrik[33] an den größten Varietés Deutschlands und Amerikas aufgetreten sei … , Ja, wenn ick's nich so uff de Brust hätte – det, wat se in de keniglichen Theaters machen, det, det wär for mir wie nischt. Wat kenn'n denn die jroß? … Det mache ick schon lange."

Dann erzählte er einiges aus seinem früheren Leben.

Das öffnete einem andern Alten, der sonst stumpf vor sich hin starrte, den Mund: „Ich war noch jung – da merkte ich, dass mir mein Weib nicht treu war, dass sie einen, der bei uns in Schlafstelle, ihre Gunst zuwandte – und da ging ich. Da war ich ja doch überflüssig … Und nu sage mal, wat hat denn det Leben noch for'n Wert, wenn man nich mal Treue verlangen kann? Nee, nee, ick will ooch weiter nischt als een Sticke Brot un 'n Nachtlager – det andre – äh – det is ja wie 'ne dinne Eisdecke uff'n Fluss – man denkt, sie trägt – na, un is man druff – jawoll, da kracht man in!"

Die Burschen, mit denen ich die Vororte abklopfte, wurden nun auch gesprächiger. Bis jetzt hatten sie nur in den Kaffeeklappen und Pennen umhergetollt. Das Vertrauliche, Ernsthafte der Alten erschloss ihre sorgfältig verborgene Vergangenheit.

Der eine war aus einer Lehre gelaufen, in die ihn sein Vater gegen seinen Willen gegeben hatte.

Der zweite hatte „keinen Vater gehabt" und schon als Schulkind mitarbeiten müssen. – „Morjens bei't Zeitungsdragen lernte ick'n paar andere kennen. Un als wa nu injesegnet war'n, sollten wa als Loofburschen jehn. Da krichten wa aber nich jleich Stellung, un da hörten wa, als wa uns 'n Arbeetsmarcht holten, wie sich zwee wat von't Fechten erzählten. Na, wat sollten wa uns'n de Lunge aus'n Hals rennen, wenn wa so leben konnten. Bei Mutta'n jeh'ck seit-

33 mit Komik dargebotene Akrobatik

dem nich mehr hin … Wat soll ick'n da? Die hat nischt, un man ärjert sich bloß, wenn man sieht, wie die kleenen Bäljer rumloofen. –"

Der dritte erklärte, wie er aus dem Waisenhaus entlaufen sei – weil er wegen Obstdiebstahls bestraft werden sollte: „Ich hatte bloß mal übern Zaun von unsers Waisenvaters Garten gelangt – wir kriegten sonst im ganzen Jahr keen Obst. –"

Der vierte hatte aufs Schiff gewollt. –

Sie nahmen das ihnen beschiedene Schicksal nicht zu schwer und erzählten mit Behaglichkeit und unter Lachen, wie sie in die Bettelei gekommen. Sie betrachteten das wie ein Glück.

Einige von diesen jungen Leuten hatten manchmal sonderbar apathische Stunden, in denen ihnen alles gleichgültig war. Solch ein Jüngling wurde einmal von einem älteren Mann genötigt, an seine Eltern zu schreiben:

„Ich bin doch aus demselben Kaff. Ich kenn' doch seine Eltern. Vater is Chausseeaufseher. Dem geht's ganz gut. Der kann doch für den Jungen sorgen!"

„Was soll ich zu Hause?", fragte der Junge. „Da muss ich bloß wieder in de Lehre –"

„Sei doch froh! Wenn de was Ordentliches kannst, is das Leben leichter!"

„Ach – ich habe keene Lust zum Lernen – ich behalte nichts!", sagte der Junge müde und lächelnd, halb wehmütig, halb zufrieden.

Der Ältere meinte: „Junge, Junge! – So dumm war ick ooch mal. Jetzt tut mir's leid, det ick damals nich hörte und nach Hause jing – zu Muttern. …"

Andere junge Leute wieder waren fast immer aufgeregt. Viele von ihnen tranken schon oft große Mengen Schnaps. Hielt ihnen das jemand vor, so antworteten sie dreist: „Vater hat ooch immer jesoffen! Is ihm janz jut bekommen." Und sie sangen:

Det ick an de Pulle lutsche,
Is nur meiner Mutter Schuld,
Denn se hat mir, denn se hat mir
Mit de Pulle injelullt!

Ein älterer Mann lachte dazu. Er hielt auf sein Äußeres, trug einen Gummikragen mit einem wehenden Schlips. Den blonden Bart ließ er lang wachsen, ebenso die Haare, die er aus der Stirn strich. Die Nägel seiner zarten Finger verschnitt er spitz. Und mit einem Havelockmantel[34] deckte er die Blößen seiner andern Kleidung zu. Stets schleppte er sich mit einem Packen alter, schmieriger Zeichnungen in Zeitungspapier. Voll Stolz erzählte er von seinen „Kollegen", die er alle besuche. Und er nannte viele bekannte Namen. Heute Mittag sei er erst bei einem gewesen. Der hätte ihm zwar nur fünf Mark gegeben, weil seine Frau krank sei und er auch noch für kranke und erwerbslose Verwandte zu sorgen habe. Aber dem habe er's gegeben. Dem hätte er gesagt:

„Ihnen geht's doch gut! Sie haben Ihre Wohnung – Ihr Atelier! Sie können doch mehr geben! Fünf Mark sind entschieden zu wenig!"

Er sah sich selbstgefällig um und strich seinen blonden Bart.

Ein anderer Alter erzählte, er habe draußen in einem Vorort auf einem Feldweg eine Dame getroffen und habe von ihr was verlangt.

---

34 mantelartiger Umhang mit Armlöchern, aber ohne Ärmel, wie ihn Sherlock Holmes getragen hat

Sie habe gesagt, sie habe keine Geldtasche bei sich. Und sie sei auch nur auf dem Wege, um einer alten Frau, die in einer Feldhütte hause, Brot und Butter zu bringen. Ob ich der alten Frau das nehmen wolle? Dabei lächelte sie freundlich.

Da sagte ich ihr meine Meinung, zeigte ihr meinen Knüppel und schrie sie an:

„Du Kapitalistenbiest! Dir muss man den Schädel einschlagen!"

Kleinlaut fügte er hinzu:

„Wenn sie nich 'n jroßen Köter bei sich gehabt hätte, denn hätte ick zujeschlagen ..."

Ein junger frischer Kerl meinte:

„Überhaupt – wir haben ebenso gut Recht auf ein anständiges Leben wie die Künstler. Die tun ja auch nicht immer was. Das darf doch nicht entscheiden, ob ich Stunde um Stunde schufte – ich bin doch ein Mensch – so gut wie andere!"

„Wir sind überhaupt alle gleich!", rief ein anderer junger Mann aus. „Ob das nu ein Künstler is oder 'n Reicher – wenn se nichts tun, sind sie genau so Bummler wie wir. Mensch – geh doch mal hin nach'n Kurfürstendamm un seh dir die Menschheit an! Vor allem die Weiber! Nicht den Finger krumm machen – aber Seide und Samt auf dem Körper – Perlen um den Hals – Brillanten an den Fingern – Schuhe aus Schlangenhaut und die feinsten Pelze – und dann noch geschminkt und gepudert – und nach Parfüm stinken sie meilenweit. Da kriegt man erst die Wut auf diese Gesellschaft –"

Ein Mann im besten Alter, dessen tiefliegende Augen manchmal halb geschlossen waren, der aber sonst wie ein frischer Naturbursche aussah, lächelte milde:

„Junge – was kennst du von den Weibern ..."

Seine Augen flackerten.

Und dann erzählte er von Erlebnissen mit Frauen. Wie in einer Stadt am Rhein in einer Bäckerherberge die Tochter weinend auf der Treppe gestanden habe, als er weitermarschierte … Wie ihn eine hübsche Witwe mehrere Monate bei sich beherbergt habe – bis ihn wieder die Wanderlust davontrieb … Und dann diese Dame, die ihn mit ihrem Auto angefahren habe. Ihm sei nichts weiter geschehen. Nur seine Hose sei schmutzig und zerrissen gewesen. Sie habe sich mehr erschrocken als er. Und dann habe er sie Unter den Linden wieder getroffen. Widerstandslos – wie im Traum sei sie ihm gefolgt nach seiner Bleibe, die er auf einem alten Fuhrhof in dem alten Viertel nördlich vom Hackeschen Markt gehabt habe. Wie oft habe sie ihn in der Kammer besucht! Und helfen wollte sie ihm – eine gute Stellung verschaffen. Und schließlich habe sie furchtbar geweint, als sie gemerkt habe, dass ihm die kleine Tochter vom Fuhrherrn mehr wert war als sie – und dass er wieder weiter wollte. Sie sei eben auch nicht glücklich gewesen – trotz ihrer seidenen Wäsche – ihrer Pelze und Brillanten und Autos.

„Auto – ja – bei mir zu Hause werden sie sich wundern, wenn ich im Auto ankomme. Im Auto – sonst gehe ich nicht nach Hause!“, sagte der andere junge Kerl. Er hatte einen alten Gummimantel hinter sich hängen und holte aus dem unter seinem Stuhl liegenden Rucksack ein schmieriges Heft hervor. Indem er mit den Spitzen seiner Finger darauf klopfte, sagte er:

„Da ist mein Vermögen drin. Ein paar Hunderttausend mindestens!

„Wieso?“, fragte ein anderer.

„Na, 'ne Erfindung! Ein ganz leichter Motor. Habe schon das Patent beantragt. Ist so gut wie sicher. Und hier hinten habe ich meinen Lebenslauf aufgeschrieben. Hochinteressant – wie ich Zigaretten aus dem Saargebiet geschmuggelt habe und wie sie mich erwischten – das hat keiner von euch erlebt!“

Mehrere wendeten ein, dass sie ganz andere Abenteuer erlebt hätten. Und mit dem Motor – er sei doch kein Techniker und erst müsse er einen Kapitalisten haben – ob ihm dann nicht die Idee gestohlen werde?

Der junge Kerl aber lächelte von oben herab, zuversichtlich und spöttisch zugleich.

„Ich werde was in Berlin! Mindestens Mitinhaber einer großen Fabrik. Ich schaffe es!“

Die jungen Leute gaben ihm alle recht.

Einzelne waren gleichgültig. Sie wollten nichts weiter als dies erbärmliche Leben auf der Landstraße und in Pennen und Kaschemmen. Mehrere aber waren einig, dass sie mit allen Mitteln sich zu einem bessern Leben verhelfen wollten – ohne Arbeit. Wenn's nötig sei, mit Schwindel. Und sie sahen voll Bewunderung zu einem hin, der sich in einem politischen Prozess wichtig gemacht und verstanden hatte, dabei viel Geld aus den Taschen und Kassen bekannter Persönlichkeiten zu ziehen.

Nur wenige wollten reuevoll nach Hause zu Vater und Mutter … Die meisten waren verschlagen und fröhlich und blickten neidvoll zu mehreren Krüppeln hin, die am Nachbartisch ganze Taschen voll Kleingeld auskramten, und zählten und sich gute Speisen kauften.

Einer lächelte herüber und schlug sich auf das leere Hosenbein:

„Ja, ja – ein Glück, dass se mir das Bein abgeschossen haben. Sonst hätte ich auch so wenig wie ihr … Das war mein Glück!“

59. Kapitel
Beim Pastor

Meine nächste Tätigkeit war, die Geistlichen abzukloppen. Die wenigsten von ihnen empfingen mich; meist öffnete das Dienstmädchen und schickte mich mit einer Anweisung auf den Verein gegen Bettelei oder für die Arbeiterkolonie fort.

Die Arbeiterkolonie war überfüllt, und ich hätte auch keine Lust gehabt, auf mehrere Monate mich in vollständige Unmündigkeit zu begeben, wie sie es dort verlangen. Die Unterstützungen des Vereins gegen Bettelei halfen mir nicht heraus.

Ein einziger Geistlicher beschäftigte sich näher mit mir – ein alter, gebrechlicher Herr, der mich in seine dürftige, altmodische Wohnung führte und lange Zeit mit mir sprach. Es war so warm in dem Zimmer mit den weißen Gardinen, dem verblichenen Teppich und den wackeligen Mahagoni-Stühlen – die Hand des Alten strich so weich und gütig.

Von ihm ging ich zu einem berühmten Prediger. Als ich in das glänzende Portal trat, wo weiche, rote Teppichläufer über Marmorstufen leiteten, wies mich der Pförtner zurück. Eben kam ein starker Herr im Pelz die Treppe herab:

„Was will denn der Mann?“

„Ach – ein Bettler – Herr Prediger.“

„Kommen Sie wieder – habe jetzt dringende Geschäfte!“

Ein salbungsvoller Blick, gemischt mit Verurteilung.

„Kutscher! Nach Kroll!“[35]

Die Equipage rollte davon. An der nächsten Säule las ich, dass dort ein Wohltätigkeitsfest abgehalten werde.

---

35 Das auch Krolloper genannte Gebäude, das ungefähr dort stand, wo sich heute das Bundeskanzleramt befindet, diente in seiner langen Geschichte als Vergnügungsstätte und Opernhaus.

60. Kapitel
Straßenbettel

Ein gefährliches, aber einträgliches Geschäft sollte es sein, vor den eleganten Lokalen der Friedrichstadt die herauskommenden Gesättigten anzusprechen. Mit meinem dünnen Rock ging ich fröstelnd durch die Reihen der warmgekleideten Spaziergänger. Wie die Kerle es als selbstverständlich betrachten, dass ich ihnen ausweiche!

Na – ihr – ihr verbummelt euer Leben auch.

Wenn ich nicht dächte, manchen von euch rupfen zu können – ihr solltet schon meinen spitzen Ellenbogen fühlen!

Vor dem leuchtenden Fenster einer Bar. Ein Pärchen tritt heraus. Er streng vornehm, mit glattem Gesicht, sie überladen mit schillerndem Geflatter. Ich ziehe meinen Hut und gehe ein paar Schritte mit:

„Bloß was fürs Nachtlager. Ich hab' noch nich mal 'n Nachtlager, Herr Baron!"

Er hört mich nicht.

Da stößt ihn das Mädchen an, und er gibt mir was aus seiner Billettasche.

Ihr leichtsinniges Lachen schallt aus allen Ecken der Passage zurück – umso viel wärmer und schmerzlicher und doch mit viel mehr leidenschaftlicher Lust.

„Schatz, komm mit!" Ein älteres Mädchen flüstert's kokett, ihr verschminktes Gesicht lockend verzerrt.

„Ich kann ja nich!", sag ich bedauernd. „Möcht wohl gern mal 'n weiches Nachtlager haben. Bin ein armer Reisender."

„Quatsch mich nich an!", sagt sie bissig.

Suchend irrt sie weiter in der leeren Straße, zwischen deren toten Fronten sich die Laternen wie auseinandergezerrte Perlen einer Lichtschnur hinziehen.

Dann sieht sie sich ein paarmal um nach mir. Ich gehe ruhig meinen Weg nach meiner Penne, draußen am Görlitzer Bahnhof.

Sie bleibt an einer Laterne stehn. Als ich in den Lichtkreis komme, betrachtet sie mich forschend.

„Da, da! Hier, iss dich mal satt – mehr hab' ich nich!", ruft sie und drückt mir ein paar Groschen in die Hand.

Ich werde ärgerlich: „Von euch brauch ich nischt!"

Da geht sie mit mir weiter und fragt und erzählt.

Aber den nächsten alten Herrn begleitet sie und ruft mir zu:

„Geh' nach dem Café H...; ich komme hin und zahl für dich. Oder besuche mich in der P...straße 20 bei der Witwe Mertens!"

61. Kapitel
Vor dem Polizeigericht

Nun hatte mich der Greifer (Geheimpolizist) doch erwischt. Nach ein paar Tagen standen wir mehr als hundert in der Zelle, die dicht vor dem Aburteilungsraum lag: alles durcheinander, Bettler, Obdachlose, Männer, die wegen kleiner Ungebührlichkeiten auf der Straße festgenommen waren. Fragen und Rufe schwirrten durcheinander. Hier sahen sich ja die Bekannten auf Monate, Jahre zum letzten Mal. In dem Getöse konnte ich kaum mich selbst verstehen, als ich auf den Ruf eines Schutzmanns mich meldete. Er führte mich und vier andere in den Gerichtssaal, aus dem uns ein Schwarm Verurteilter entgegenkam.

Quer vor den drei hohen, vergitterten Fenstern, durch die das schwache Licht eines regnerischen Wintertages dringt, steht ein langer, dunkler Tisch. Der Raum für die

Angeklagten ist von braunen Holzschranken umgeben, die das Zimmer in zwei Hälften teilen. An der einen Wand ist noch ein schmaler Raum für Zuhörer und wartende Zeugen. Die übrigen Wände sind kahl. –

Der Richter, ein etwa dreißig Jahre alter Mann mit Schmissen[36] im gesunden Gesicht, wirft lebhaft seinen Talar zurück und sagt zum Schöffen: „Sehen Sie! Man muss die Bande nur durchschauen! Mit einem bisschen Menschenkenntnis trifft man stets das Richtige! – Aber was meinen Sie, meine Herren; ich glaube, wir machen eine kleine Pause?"

Der Staatsanwalt sitzt an der einen Schmalseite des Tisches rechts vom Richter, ist ein älterer, kleiner, kurzhalsiger Mann mit kräftigem Bauch, spricht stets so aufgeregt, dass ein Wort von dem andern verschlungen wird: „Gewiss! Gewiss! Machen wir eine Pause!"

Der erste Schöffe sieht aus wie ein alter Hausbesitzer. Sein schwaches, weißes Haar hängt in Strähnen um ein rasiertes, rotes Gesicht, in das nicht eine einzige tiefe Falte gedrückt ist. Er ist von seiner Würde und den Vorgängen ein wenig berauscht: „Hm!" Er nickt nur.

Der zweite Schöffe, ein junger Fabrikant mit vollem Gesicht; sein erhobener, kurzgeschorener Kopf und die kleine senkrechte Falte vom Mund nach unten deuten Entschlossenheit, Selbstgefälligkeit und Überhebung an; er lächelt wie bei einem gelungenen Geschäft: „Ja, ja!"

Alle vier erheben sich und schreiten hinaus.

Der Protokollführer, ein hagerer, schwarzbärtiger Mann, folgt ihnen schweigend.

---

36 Gesichtsnarbe, die von einem in schlagenden studentischen Verbindungen durchgeführten Ritual (Mensur) stammt, bei dem sich zwei Studenten mit Säbeln als eine Art Mutprobe gegenseitig im Gesicht verletzen. Insbesondere bei Medizinern und Juristen war dieser Nachweis ihrer Zugehörigkeit zu einer Verbindung verbreitet.

Wir Männer im Anklageraum, die allein im Saal bleiben, treten zusammen.

Der erste, ein großer Mann von dreißig Jahren, in dünner Kleidung, am Hals sieht das schmutzige, weiße Hemd heraus; sein Gesicht ist mit unregelmäßigen Stoppeln bewachsen; er lächelt wehmütig: „Na, wat habt ihr ’n ausjefressen?“

Der zweite, klein, in Werkstattkleidung mit großer blauer Schürze und verschüchtertem Gesicht, krault sich in seinem Backenbart: „Ja – ick hatte eenen übern Durscht getrunken. Na – denn weeß man doch nich, wat man dhut. Det musste doch zujeben! Denn kann man doch nich verurteilt werden? Wat?“

Der erste, der sich durch seine Erfahrenheit aufgerichtet fühlt: „„Ja, wat haste denn eigentlich jemacht?“

Der zweite: „Ja siehste – wenn man nu so – ick hatte jrade keene Arbeit. Und denn jeht eenem det so im Koppe rum, und denn drinkt man schließlich eenen. Siehste, wie dat nu so kommt, wir erzählten alle von de Walze, wat wir da for Zicken jemacht hatten – na, du weeßt ja, wie det is – und da dachte ick, ick tipple immer noch – weeßte, so im Schumm (Rausch) – und da jeh’ ick denn in eene Kneipe und schnurre den Wirt an. Na ja, ick dachte eben, ick bin noch uff de Walze – so im Schumm dachte ick det – ick hatte doch eenen jedrunken. Na, der versteht aber keenen Spaß nich und lässt eenen Blauen holen, und ick nu mit nach Nummer Sicher … Na, du, wat meenste, können se mich inlochen?“

Der erste lacht resigniert, verächtlich: „Denkste, een bissken wird wat druff jejeben, wenn du im Schumm warst? Wenn se jerade Lust haben, kriegste doch deine acht Wochen!“

Der zweite, erschreckt: „Nee, nee! Ick wollte doch aber jar nich! Dat war doch bloß so – so janz ohne Überlegung!“

Der erste nickt nur lächelnd; nach einer Pause: „Siehste, ick habe selbst keen rechtet Zutrauen nich, trotzdem ick doch Zeugen habe … Ick bin nemlich Ziehmann[37]. Bis jetzt habe ick schon acht Jahre hintereenander bei eener Frau jearbeetet, die ’n paar Möbelwagen hat. Aber det jeht immer bloß so ’n paar Monate, so in de Ziehzeit. Und wenn da nu nischt is, denn muss man sich so durchhelfen – als Straßenhändler oder sowat. Na, aber diesmal machte ick pleite. Und denn jriffen se mir ’n paarmal bei’t Fechten. Vor vierzehn Tage hieß ’t, ick sollte mir Arbeet schaffen. Sonst spazierste in’t Arbeetshaus. Ja, wo nu hernehmen und nich stehlen? Vor drei Tage kappten se mir wieder … Aber ick habe ja Zeugen … Meine Meestern und der Inspektor von Scheller, die können beschwören, dat ick mir um Arbeet beworben habe. Ick war ja noch bei ’ne janze Zucht andere – aber die kann man doch nich alle herbestellen … Et genügt ooch, det ick die beeden habe.“

Der zweite sieht ihn wegen seiner Sicherheit bewundernd an.

Sie starren eine Weile vor sich hin. Man hört die Richter nebenan lachen.

Der erste, der den dritten fragend angeblickt hat, als dieser nicht spricht: „Na, un du!“

Der dritte, eine kurze, kräftige Gestalt, in der derben Kleidung der Landarbeiter, sieht keinem gerade in die Augen; sein aufgedunsenes Gesicht verzerrt sich zu breitem Grinsen: „Wat schall sün? Ick wollte eben een Haus abkloppen; da kömmt een Mann und fragt, ob ick da wat heben

37 Umzugshelfer bei einer Spedition. Da es früher durchaus üblich war, Mietverträge einheitlich zu einem bestimmten Zeitpunkt im Jahr beginnen und enden zu lassen, ergab sich eine Ziehzeit, in der besonders viele Umzüge stattfanden. Dies ist auch heute noch in einigen Regionen der Schweiz so.

will. Jau, segg ick, ick nehm' wat. Un da hädd er mi nach een' Polizisten gebracht. Na – nu bin ick hier."

Der erste sieht ihn vergnügt an: „So –ja! … Wo biste denn her?"

Der dritte: „Aus Schönow, bei Landsberg an der Warthe."

Der erste: „Na, warum biste denn nicht in deinem Kaff geblieben?"

Der dritte: „Ja sühste – wat die Marie is von Radomski, dem Pferdeknecht – und ick, wir wollten heiraten. Aberst nu da in Schönow is nix nich im Winter zu verdienen. Und nu ging sie im Herbst nach Berlin und ick hinterher. Sie schall hier in Dienst sün. Aberst ick konnte sie nich finden … Und Arbeet hatte ich oock nich gleich. – Na, und nu is ja oock so vülle schöner."

Der erste lacht.

Der zweite, erstaunt: „Nee, du findest das Rumlungern schön?"

Der dritte: „Der leewe Gott muss mi woll dazu bestimmt hewwen … Na und sien Brot find't man – und 'n Snaps fällt oock noch hie und da ab … Ach ja, der leewe Gott lässt keenen nich umkommen!"

Der erste lacht laut auf, fragt dann: „Wenn du nu aber zwee Jahr Arbeetshaus uffgepackt kriegst?"

Der dritte: „Nee, nee, dat krieg ick nich! Der leewe Gott wird schon dadervor sorgen."

Der erste, ernster werdend, fast niedergeschlagen: „Wenn er dafür sorgen wollte! …"

Der zweite: „Wenn ick det hätte ahnen können! Na – nu ooch noch in Haft …"

Die drei lassen die Köpfe sinken und starren auf ihre Mützen, die sie in den Händen drehen.

Ich: „Na, die Hauptsache ist, dass man sich nicht verblüffen lässt. Man wird sich doch verantworten können?"

Der erste: „Ach – hier sind se kurz anjebunden – verflucht kurz anjebunden."

Ich zum fünften, der für sich in der Ecke steht: „Na, Albert, das hast du dir wohl nicht gedacht, dass wir uns hier so treffen würden? … Aber wie du aussiehst! Mensch, dir fallen ja schon die Haare aus vom vielen Hungern! – Wie kommst du nur hierher?"

Albert, verdrossen: „Sie haben mich wieder nich in Ruhe gelassen, sie haben mich bis in die Stellung verfolgt, die ich in Rixdorf bekommen hatte – Äh!" Er zieht sich ganz zurück.

Das Lachen nebenan wird stärker.

Der Richter öffnet die Tür und kommt herein: „Zielt nach den Waden und trifft die Nase – ist gut! Sehr gut!" (Lacht, bezwingt sich und setzt sich auf seinen Platz.)

Die andern folgen ihm.

Der Gerichtsdiener, ein alter, misstrauischer Mann, lässt eine Frau und drei Männer in den Zuschauerraum: „So, warten Sie hier, bis Sie aufgerufen werden."

Der Richter hat unterdessen seine Akten aufgeschlagen: „Robert Keller."

Der erste Angeklagte tritt vor: „Hier."

Der Richter, geschäftsmäßig fortfahrend: „Geboren am dreißigsten September Achtzehnhundertneunundsechzig zu Berlin."

Der erste: „Ja."

Der Richter: „Schon vorbestraft?"

Der erste: „Ja, wegen Betteln – zu Haft."

Der Staatsanwalt, hastig einfallend: „Der Angeklagte ist am zehnten November sechsundneunzig zu drei Tagen Haft verurteilt; am zweiundzwanzigsten November desselben Jahres abermals zu einer Woche Haft. Vor vierzehn Tagen ist er wieder beim Betteln ergriffen und ihm aufgegeben worden, sich Arbeit zu verschaffen. Er hat dies aber nicht getan. –"

Der erste, mit aufleuchtendem Auge, rasch zum Richter: „Doch habe ich mich um Arbeit bemüht. Ich habe ja Zeugen dafür!"

Der Richter, in seine Akten sehend: „Sie wollen sich bei der Fuhrwerksbesitzerin Martha Seifert und beim Inspektor Horwitz um Arbeit bemüht haben. Gerichtsdiener, führen Sie die Zeugen vor."

Der Gerichtsdiener lässt die Frau und einen der Männer aus dem Zuschauerraum vor den Tisch treten.

Der Richter: „Sie sind Frau Martha Seifert?"

Die Frau, eine einfache, schüchterne Person mit übergeworfenem Umschlagetuch: „Ja."

Der Richter: „Hat der Angeklagte bei Ihnen gearbeitet?"

Die Frau: „Ja, er hat bei mir gearbeitet."

Der Richter: „Er will schon jahrelang bei Ihnen gearbeitet haben. Wie kommt es, dass er schon zweimal wegen Bettelns vorbestraft ist?"

Die Frau wendet und dreht sich: „Ja – er hat ja eigentlich immer bei mir gearbeitet. – Aber – das ist eben – wir haben nur ab und zu zu tun."

Der Richter: „Danach frage ich Sie nicht! Hat er in den letzten vierzehn Tagen bei Ihnen gearbeitet?"

Die Frau verlegen: „Ja – er war bei mir –"

Der Richter, ihr in die Rede fallend: „Ich mache Sie darauf aufmerksam, dass Sie nachher vereidigt werden! Machen Sie sich keines Meineids schuldig! Er hat also bei Ihnen gearbeitet nach dem achten Dezember?"

Die Frau: „Nee, gearbeitet hat er nicht bei mir, aber –"

Der Richter, aufbrausend: „Herrgott, was ist das für eine – Zeugin! Ich hätte bald was anderes gesagt ... Antworten Sie mir doch auf meine Frage genau! Nun hätten Sie bald einen Meineid geschworen! Wie unvernünftig sich die Menschen selbst hineinreiten! … Nun also?“

Die Frau, ganz leise, zitternd: „Gearbeitet hat er nicht bei mir.“

Der Richter nickt befriedigt: „Schön!“

Der erste, rasch: „Aber um Arbeit habe ich doch angefragt, Frau Seifert!“

Der Richter, mit den Akten aufschlagend: „Warten Sie, bis Sie gefragt werden!“ (Zur Frau.) „War er bei Ihnen?“

Die Frau, zögernd: „Ja, er war ja ein paarmal bei mir. Ich habe ja auch noch seine Papiere.“

Der Richter, abwehrend: „Ist gut, ist gut!“ Er setzt sich die Kappe auf und erhebt sich. „Sie werden jetzt schwören.“

Die Schöffen, der Staatsanwalt und der Protokollführer erheben sich auch.

Der Richter: „Sprechen Sie mir nach: Ich schwöre – bei Gott dem Allmächtigen und Allwissenden –, dass ich nach bestem Wissen und Gewissen – die reine Wahrheit gesagt habe – nichts verschwiegen und nichts hinzugesetzt habe. – So wahr mir Gott helfe!“

Die Frau wiederholt das Vorgesprochene absatzweise mit ängstlicher Miene.

Der Richter, nachdem er und die andern sich gesetzt: „Inspektor Horwitz?“

Der Inspektor, ein starker Mann in grauer Joppe, stellt sich breitbeinig vor den Tisch: „Hier.“

Der Richter: „Kennen Sie den Angeklagten?“

Der Inspektor sieht den mit strengem Gesicht an und schüttelt den Kopf. „Nein – nein! –“ (Schüttelt den Kopf.)

Der Richter zum Angeklagten: „Na, was soll das?!“

Der erste zum Inspektor, fast bittend: „Aber besinnen Sie sich doch! Ich war ja erst vor acht Tagen bei Ihnen!“

Der Inspektor achtet nicht auf ihn: „Ja – ich kenne ihn nicht. Da kommen bei uns so viel anfragen – da ist es nicht möglich, den einzelnen im Gedächtnis zu behalten. Überhaupt – morgens ist es jetzt noch so dunkel … Es kann ja sein, dass der Mann angefragt hat – aber ich kenne ihn nicht – nein –“

Der Richter erhebt sich wie vorher und nimmt ihm den Schwur ab.

Der Staatsanwalt, eifrig: „Der Angeklagte ist des wiederholten Bettelns überführt worden. Auch hat er nicht nachweisen können, dass er sich um Arbeit bemüht hat. Er ist ein großer, starker Mann in den besten Jahren. Er hätte wohl dauernde Arbeit finden können. Aber er ist eben zu faul! Darum beantrage ich, dass er wegen Arbeitsscheu auf einundeinhalb Jahr dem Arbeitshaus überwiesen wird.“

Der Richter nimmt ein Aktenstück in die Hand, beugt sich zu dem alten Schöffen hin und flüstert ihm hinter den Akten etwas zu.

Der Schöffe, der ganz ergeben zuhört, nickt nur zum Schluss.

Der Richter beugt sich zu dem jüngeren Schöffen hin und flüstert auch mit dem.

Der Schöffe, der schon bei der Rede des Staatsanwalts fortwährend genickt hatte, wie wenn ihm eine freudige Offenbarung gemacht wäre, nickt auch jetzt lebhaft.

Der Richter: „Also der Angeklagte ist der Arbeitsscheu für überführt erachtet und zu einem Jahr Überweisung an das Arbeitshaus verurteilt. Geben Sie sich zufrieden bei dem Urteil?“

Der erste, während er zur Seite geht, mit nach rückwärts abwehrenden Handbewegungen: „Nee! Nee! Damit bin ick nich zufrieden! Ick lege Revision ein! Ick habe mir nach

Arbeit umjesehn! Ick kann doch nich dafür, det ick Saisonarbeiter bin!!"

Der Richter, ohne auf ihn zu achten: „Max Döring?"

Der zweite erblasst, während er vortritt: „Ja."

Der Richter: „Geboren am achten März zweiundsechzig zu Magdeburg?"

Der zweite: „Ja."

Der Richter: „Schon bestraft?"

Der zweite, verwirrt: „N – nein."

Der Staatsanwalt, erregt auffahrend: „Jawohl ist der Angeklagte schon bestraft! Im Jahre vierundachtzig mit drei Tagen, sechsundachtzig mit drei Tagen, mit fünf Tagen und sogar zu zwei Wochen! Wegen Bettelei!"

Der Richter zum Angeklagten: „Sie sollen mal sehen, wenn Sie hier schwindeln wollen! … Geben Sie zu, gebettelt zu haben?"

Der zweite: „Ja, ich weiß das nicht so genau."

Der Richter unterbricht ihn, nachdem er nach seiner Uhr gesehen hat: „Wir haben nicht so viel Zeit!" (Zum Gerichtsdiener): „Den Zeugen Gastwirt Budert!"

Der Gerichtsdiener, der inzwischen die beiden ersten Zeugen hinausgeleitet hat, lässt einen Mann aus dem Zuschauerraum treten.

Der Richter: „Gastwirt Budert?"

Der Zeuge, ein sauber gekleideter, üppiger Mann: „Ja."

Der Richter vereidigt den Zeugen und fragt: „Der Angeklagte hat bei Ihnen gebettelt?"

Der Zeuge: „Ja, er kam eines Abends bei mir herein, wollte einen Schnaps haben und bettelte die Gäste an. Da habe ich ihn festnehmen lassen."

Der Richter: „War er betrunken?"

Der Zeuge: „Na, ganz nüchtern war er wohl nicht."

Der Richter zum Angeklagten: „Sie hatten also schon vorher gekneipt und waren betrunken?"

Der zweite, schamhaft, stottert: „Nee – be – betrunken war ich wohl gerade nich. Ein oder zwei Glas hatte ich getrunken. Sehen Sie, und da hatten wir von der Wanderschaft gesprochen – davon habe ich auch die Haftstrafen – und da war mir – und da dachte ich, ich wäre noch auf der Wanderschaft – und da dachte ich –"

Der Richter winkt: „Schon gut! Schon gut!"

Der Staatsanwalt, eindringlich und aufgeregt: „Der Angeklagte hat selbst bestritten, dass er betrunken war. Ich beantrage demnach, auf Grund seiner Vorstrafen, sechs Wochen Haft gegen ihn!"

Der Richter nimmt wieder ein Aktenstück, flüstert mit dem Schöffen rechts, flüstert mit dem Schöffen links, der auch jetzt heftig nickt, und verkündet: „Der Angeklagte ist zu vier Wochen Haft verurteilt. Haben Sie was zu bemerken?"

Der zweite sieht ihn verblüfft und ängstlich an, geht mit offenem Munde rückwärts, ohne etwas zu sagen.

Der Richter: „Friedrich Knaak?"

Der dritte tritt mit gebeugtem Rücken vor: „Zu Befehl, hoher Gerichtshof!"

Der Richter, lächelnd: „Geboren am elften Juni achtzehnhunderteinundsiebzig zu Schlawe?"

Der dritte: „Jawohl, hoher Gerichtshof!"

Der Richter: „Sie sollen am dreizehnten Dezember beim Betteln ergriffen worden sein?"

Der dritte mit weinerlicher Stimme: „Ach, hoher Herr Gerichtshof! Ick wollte ja man bloß eins nach Arbeit anfragen. Ach, ick wäre ja so froh, wenn ick man bloß Arbeit hätte! … Aber der leewe Gott muss mi woll uff die Prob' stellen wollen – ick had keene nich gleich kriegen können – und – und ick wollte ja so gern arbeeten!"

Der Richter: „Na ja, na ja! Den Zeugen Sekretär Eggers!"

Der Gerichtsdiener, der den Gastwirt hinausgelassen hat, lässt den Sekretär vortreten.

Der Richter: „Sekretär Eggers?“

Der Zeuge: „Ja.“

Der Richter vereidigt den Zeugen und fragt: „Der Angeklagte hat Sie angebettelt?“

Der Zeuge: „Ja, ich traf ihn auf der Treppe und fragte, ob er da was wolle. Da sagte er: ‚Ach ja, bitte! Wenn sie mir was geben wollten!‘ Da nahm ich ihn mit zum Schutzmann.“

Der Staatsanwalt, hastig: „Der Angeklagte ist überführt, gebettelt zu haben. Ich beantrage vier Wochen Haft gegen ihn!“

Der dritte, schluchzend: „Ach – du barmherziger Gott! Bedenken Sie doch, hoher Herr Gerichtshof, ick will jau so gern arbeeten! Und ick heww jau zum Nüjahr ein Stellung als Kuhhirt. Jau, und wenn ick nu veer Wochen sitzen soll, dann bün ick as wedder ohne Arbeet. Und ick arbeete wirklich gerne, wirklich gerne! … Und dann ist doch oock dat Fest – und Weihnachten – und ich arbeete zu gerne, zu gerne!“

Er schluchzt laut auf und wischt sich mit dem Ärmel die Tränen von den Backen.

Der Richter, milder: „Na ja, na ja!“, flüstert mit dem Schöffen rechts und flüstert mit dem Schöffen links, immer mit dem vorgehaltenen Aktenstück. Der alte Schöffe nickt freudig mehrmals, der jüngere nickt immer noch regelmäßig, doch gemessener, gnädiger. „Ja, der Angeklagte ist des Bettelns schuldig befunden und zu vierzehn Tagen Haft verurteilt. Acht Tage sind durch die Untersuchungshaft für verbüßt erachtet.“

Der dritte, beim Wegtreten: „Ick danke schön! Ick danke schön!“

Der erste lacht kurz auf.

Ich werde nur zu drei Tagen verurteilt, da ich noch nicht vorbestraft bin.

Albert antwortet auf alle Fragen nicht, sieht nur in furchtbarer Aufregung ängstlich umher, so dass ihn der Richter und der Staatsanwalt misstrauisch betrachten.

Der Richter verkündet: „Der Angeklagte ist des häufigen Bettelns und Landstreichens für überführt erachtet und zu sechs Monaten Haft verurteilt worden!" (Mit erhobener Stimme zum Gerichtsdiener): „Rasch, führen Sie die nächsten herein!" (Zu den Schöffen): „Ja, man muss die Gesellschaft kennen! Mit einem bisschen Menschenkenntnis trifft man stets das Richtige! (Sieht nach der Uhr): Donner … –! Schon so spät! Es muss doch schneller gehn! …"

62. Kapitel
Weihnacht in der Herberge

Ungeduldig und verzweifelt waren alle die Jüngeren, die ich vor Weihnachten traf. Sie machten die übereifrigsten Anstrengungen, noch vor dem Fest Arbeit zu bekommen. Das war hier, im rheinisch-westfälischen Industriebezirk, wohl leicht möglich – wenn es nicht gerade im Hochwinter gewesen wäre, wo zwischen den Festen so viel Betriebe still lagen.

Die Älteren waren ruhiger.

„Na, wartet nur – das Fest! … So böse wird's schon nicht werden!"

Und mit einer gewissen Feierlichkeit und geheimnisvoll leuchtendem Gesicht schwiegen sie. Mit kindlicher Unruhe forschten dann die Unerfahrenen, warum das Fest nicht so böse werden würde.

Da fand sich denn immer einer, der seine Erlebnisse zum Besten gab.

Die Spannung steigerte sich, je mehr wir uns dem Feste näherten. Die meisten wurden ruhiger, gesetzter und freundlicher im Wesen. Andere wurden immer bissiger.

Und endlich Heiligabend!

Die Penne war überfüllt. In Hast und Aufregung sprachen alle durcheinander. Jeder wollte dem andern erzählen, wie gut es ihm heute beim Fechten ergangen. Und der andere hörte gar nicht zu – denn er musste ja auch berichten, wie es ihm ergangen.

„Nu hört mal auf mit dem Rauchen!“, sagte der Herbergsvater, „und betragt euch anständig! Heute am Christabend!“

Die meisten gehorchten. Nur ein paar, die verzweifelt und angetrunken vor sich hin stierten, mussten mit Gewalt gezwungen werden, das Rauchen einzustellen.

Dann sangen wir:

„O, du fröhliche“

Und

„Stille Nacht! heilige Nacht.“

Der Herbergsvater hielt eine halbstündige Andacht, in der er uns ermahnte und immer wieder an die Eltern und Geschwister erinnerte.

Die brennenden Kerzen des Weihnachtsbaumes spiegelten sich in manch nassem Auge. Als es dann hieß, wir würden morgen früh sehen, was das Christkind uns mitgebracht, und als wir oben im Schlafsaal lagen, ging die Rührung in Niedergeschlagenheit und erschütternder Verzweiflung unter:

„Können wir dafür, dass wir so leben. So unterwegs? Warum quälen sie uns noch mit solchen Erinnerungen und Mahnungen? …“

Und in Schmerzen wälzten sie sich die ganze Nacht ruhelos auf ihrem Lager.

Morgens war die Stimmung wieder freudiger. Es gab zwei Tassen Kaffee, eine große Kuchenstolle und ein Erbauungsbuch: „Wanderstab für Pilgersleute". Einige, die bei allem ganz gelassen geblieben waren, versuchten sofort, das Buch zu verhandeln.

Vor dem Kaffeetrinken hatte uns ein Hauptmann a. D. von M. eine schneidige Predigt gehalten. Laut, wie auf dem Kasernenhof, schallte seine Stimme in der Fremdenstube.

„Na, seht ihr, wie im Paradiese, wo auch solch schöner Baum stand, wie der Weihnachtsbaum da – wie im Paradiese der erste Sündenfall kam, so ist zu Weihnacht durch das Erscheinen unsers Heilands im Fleische die Rettung gekommen. Der Retter eint in sich selbst schon als Kind Gottheit und Menschheit und sühnt auf Golgatha die Sünde der ganzen Welt! Auch meine Sünde – auch eure Sünde! All die großen Heilsverheißungen sind durch ihn erfüllt und jedes aufrichtige Heilsverlangen wird durch ihn gestillt … Aber nun hoffe ich von euch, ihr Rumtreiber, dass ihr euch der Gnade würdig zeigt und deren Folgen durch ein gutes, verdienstvolles Leben erwerbt, damit ihr mal mit – Augen grade aus! Vorwärts, marsch! marsch! in den Himmel reinmarschieren könnt! … Na, man will doch mit seinen Soldaten Ehre einlegen. Ich erwarte, dass ihr euch Mühe gebt, damit mir nich mal der liebe Gott sagt: Von M.! Du hast schlechte Rekruten anjeworben! Dem einen fehlt ein Stück Fleiß in den Armen, dem andern fehlt die Rührsamkeit in den Stelzen – na, Jungs – ihr wisst, wie's gemeint is – un nu eins gesungen!"

Die Kunden waren ernst und gehorsam seinen Befehlen gefolgt. Als er hinausging, wurde ihre Stimmung heiterer als vorher. Nur einer ärgerte sich, dass der Hauptmann seinen Namen genannt und gewissermaßen so dankverlangend und hochmütig mit uns gesprochen.

Gleich darauf kam eine Kiste mit Kleidungsstücken. „Von einem unbekannten Geber", meinte der Herbergswirt.

„Seht ihr", sagte der Unzufriedene, „der das schickt, das ist ein vornehmer Mann! Det is janz wat anders, als sich hinstellen: Ja, der Herr v. M. der kümmert sich um euch, ihr Halunken. Na – der will ja bloß 'n Orden in't Knopploch haben."

Die anderen ließen sich nicht in ihrer Freudigkeit stören. Sie drängten sich um den Herbergsvater, der die Kleidungsstücke verteilte.

Das war ein trockener Mann mit asketisch schmalen Lippen und niedriger Stirn.

„Immer ruhig! Stellt euch mal zu beiden Seiten auf! So – nu wolln wir sehen, wer ein Kleidungsstück verdient!"

Sein Gehilfe, ein junger Diakon, wies auf ein paar gänzlich Abgerissene.

„Nein – Sie sind auch zu unerfahren – zu unerfahren!", tadelte der Herbergsvater. „Das sind die, die es nicht verstehn, mit ihren Sachen umzugehn, hauszuhalten. Die verdienen es nicht. Sie müssen immer nach den Stiefeln sehn. Ich habe das gleich herausgehabt – wer ordentlich mit seinen Stiefeln ist, wer sie sauber hält – der ist ein tüchtiger Kerl!"

Die gänzlich Abgerissenen sahen mit grauen Gesichtern und frierend zu, wie sich die anderen die guterhaltenen Röcke und Hosen überzogen.

Die Penne leerte sich heute später als sonst. Der Herbergsvater schickte mehrere nach offenen Stellen. Einen Goldschmied fragte er, ob er schon Umschau gehalten. Sonst solle er mal zu einem Meister gehn, der schon vor 14 Tagen einen angenommen. Der sei allerdings bald wieder fort, da der Meister nur dreißig und nicht vierzig Pfennige für die Stunde geben wolle. Aber – es sei eine gute Stelle!

Als die andern zurückkamen, beschwerten sie sich untereinander, dass der Herbergsvater sich verpflichtet fühle, den Kunden zu den allerschlechtesten Stellen zuzureden. Sie erzählten, zu welch niedrigen Preisen ihnen Arbeit angeboten war.

„Na, nu denken se, en Kunde muss mit allem zufrieden sein. Darum wollen die Krauters ooch Kunden. Dat is jrade wie de Sklaverei – zu jedem Preis weg!“

„Is nich noch wat anders hier?“

„Na, da sind ja soviel Stellen angezeigt!“, meinte einer mit einer Handbewegung nach der Arbeitsmarkttafel, auf der Schuhmacher, Schneider, Tischler, Schmiede und Arbeiter verlangt wurden.

„Ih – die stehen schon ein paar Wochen an!“

Unzufriedene Äußerungen tauchten schnell unter in dem feierlichen Ton, der alle beherrschte. Und als nach dem Mittag die meisten mit gefüllten Taschen heimkehrten in die Herberge, war wieder alles lustig und munter.

Ein Kunde, der bisher ebenso wie die meisten anderen in alten Familienblättern gelesen, stand auf:

„Na, haben Sie nicht – den ‚Maschinenbauer‘ – oder den – ‚Techniker‘ – irgendeine Metallfachzeitung da? Ewig bloß die ‚Sonntagsfreunde‘, ‚Hausfreunde‘ und ‚Erzählungen fürs Volk‘, da wird man ja ganz twatsch.“

„Wie wär’s denn hiermit: ‚Fluch und Segen‘ – ‚Bewährte Treue‘ – ‚Feldmarschall Blücher‘?“

„Nein, was Wissenschaftliches!“

„Ja“, ein bedauerndes Achselzucken vom Diakon.

Bis jetzt hatten sich alle ruhig und gesittet benommen. Die meisten schienen ihren Stolz darin zu setzen, sich so festlich und würdig wie möglich zu bewegen.

Nun ging der Kunde, der ein wissenschaftliches Buch haben wollte, zu seinen Freunden, ob sie mit in die andere, die sozialdemokratische Penne kommen wollten? Da gäbe es wenigstens Fachzeitschriften, da erfahre man doch, wie's in der Welt, im Beruf zugehe. Aber hier – das sei doch nicht für Männer, das sei für Kinder – das ewige Lesen von solchen Sachen mache kindisch!

Das hatte er so wegwerfend gesprochen, dass sich die andern schämten, in den Familienblättern weiterzulesen. Mehrere folgten ihm.

Bald entfernten sich immer mehr Gruppen. Jene, die wiederkamen, hauchten Schnapsgeruch aus. Die zuerst mit aufgebrochen waren, fingen bald an zu singen. Ab und zu verschwand immer wieder einer:

„Hier ist es ja zum Brechen langweilig." Und sie erzählten einander, wie es wohl früher zur Weihnacht gewesen, wie es wohl zu Hause sei – und bald standen sie wieder auf, um in der Schnapskneipe nebenan sich vollzutrinken: „Det jehört zu'n richtijet Fest! – Det machen die feinen Leute ooch so! Det jehört sich so!"

Ein halbwüchsiger Bursche stellte sich in die Mitte der Stube und brüllte laut:

„Hau – juh!"

Der Diakon und der Hausdiener schlugen ihn und warfen ihn hinaus. Je mehr sie sich aber über ihn ärgerten, je eher war er wieder drin und kreischte noch lauter.

Beim Schlafengehen waren fast alle angetrunken. Sie rühmten sich, wie viel sie hatten draufgehn lassen. Einer erklärte, wie er auch den Rock, den er am Morgen vom Herbergsvater geschenkt bekommen, verschmort habe. Ein zweiter erzählte, wie er und ein zweiter einst in einer Schicksenpenne ein Dienstmädchen aufgegriffen. Sie hätten es bis nach Berlin verschleppt – einer habe es festgehalten, während der andere Klinken geputzt habe: „Da verloren wir uns …"

„Vielleicht ist sie verschütt gegangen", meinte ein anderer.

„Ja, wer weiß", – aus seinem Sprechen war ein leichter Spott zu hören – „ich habe sie nicht wiedergefunden. – Ja, wenn man so'n Mädel angelernt hat; die versteht das Fechten … die Fettigkeiten! Einen ganzen Beutel voll!"

Ich fragte, ob er das Mädchen in einer Schicksenpenne bei Schneidemühl kennengelernt habe.

Ja – ein anderer hatte sie mitgebracht.

Wir schlossen Freundschaft miteinander – er reichte mir im Finstern seine Schnapsflasche – es kam mir jetzt zu dumm vor, dass ich ihm einst das Mädchen hatte entreißen wollen.

Einige heulten und wimmerten in ihrer Trunkenheit – dass sie so verlassen, immer unterwegs seien. Bei den andern brach die ganze Wut durch, die sie sonst immer demütig verstecken mussten – einer hatte berichtet, wie ihn ein Herr „gemeines Individuum! Zuchthausbande!" gescholten. In dem dunklen Zimmer ganz unter sich ergingen sie sich in den wildesten Ausdrücken. Es kränkte sie am stärksten, dass man sie, die unfreiwillig Arbeitslosen, für Verbrecher hielt.

Dann sprachen sie noch über jene Handwerksburschen, die sich in der größten Not zum Gegenstand der Liebe zum eigenen Geschlecht prostituieren, gaben sich auch Straßen am Berliner Tiergarten und im Westen an, wo diese Menschen ihren Erwerb suchen – alles mit wollüstiger Verachtung.

Ab und zu lallte einer: „Gib mir mal den Sorgenbrecher!"

63. Kapitel
In sonnigen Bergen

Auch das Plattmachen (im Freien nächtigen) habe ich nun kennengelernt. Ich war den Rhein hinauf gewalzt, hatte in Bayern bei Großbauern übernachtet, die mir fürs Schnurrenerzählen manche Maß kommen ließen, und hatte und hatte auch die Schweiz durchwandert – die Schweiz, wo ich eine der schönsten Stunden meiner Tippelzeit durchlebte. Ich ging als Hausierer, das heißt, ich hatte nur zur Sicherheit einen Hausierschein zu vier Franks für die Woche. Es war ein kostspieliges Leben, brachte aber was ein. – Einmal gehe ich an einem Pensionat vorbei, das auf einer Halde lag, über dem Tal, zum Hintergrund die beeisten Berge.

Im letzten Sonnenglühen stehn die Mädchen – fast alle schon so groß wie Damen und doch noch mit den offenen Haaren, kurzen Kleidern und dem zarten Gesicht des Kindes – alle Reize dieser Kinder, die nicht mehr Kinder sein wollen. Sie sprechen auf Englisch über mich. Ich komme ihnen so sonderbar vor. Ich sei kein Tourist und doch auch kein Händler. Die Händler aus der Gegend gingen nicht so sauber.

Ich ging auf sie zu und bat, auch englisch sprechend, um etwas Essen.

Sie stießen leise Schreie aus. – Dann brachten sie mich zur – Madame – und sammelten sich um mich, als ich auf der Veranda speiste.

Eine lachte so sehr, dass ich, als Landstreicher, Englisch könne; sie musste von den andern fortgeführt werden.

Es dauerte gar nicht lange, da saßen sie alle mit am Tisch, und eine suchte der andern im Fragen zuvorzukommen, damit ich ja nur mit ihr spreche. Und da sie sich zuerst vor mir erschreckt hatten, versicherten sie mir jetzt fortwährend, dass sie mich nicht fürchteten; nein, ich solle nur nicht denken, dass sie mich fürchteten. Übermütig und vertraut leuchteten ihre Augen und ihre weißen Zähne.

Dieser Duft von ihren luftigen Kleidern und ihren losen Haaren will immer noch nicht von mir weichen.

64. Kapitel
Plattmachen

Bald darauf war ich wieder in Westfalen. Wir warteten in der Penne auf die Schlafmarken. Das Laufen und das Warten hatte uns müde gemacht, und einige entschlummerten sanft in ihrer Ecke. Die siebzig Kunden konnte der Vater nicht rasch genug einschreiben – und plötzlich schimpfte er auf die Schlafenden.

Die verantworteten sich.

Er zitterte vor Zorn, zankte und fluchte.

Wir wollten uns das nicht gefallen lassen. Er wollte mehrere hinauswerfen. Die wehrten sich. Da ließ er die Polente holen, und nun mussten wohl sechs – auch ich – plattmachen.

Wir verkrochen uns in ein dichtes Buschwerk. Anfänglich vertrieben wir uns die Zeit mit Rauchen und Trinken. Dann rückten wir eng zusammen und versuchten zu schlafen. Von der Chaussee kamen vereinzelte Geräusche fahrender Wagen. Bald verschwanden sie.

Die warme, weiche Sommernachtluft löste sich in feuchte Kühle.

Als sich der erste blasse Widerschein mit den aufsteigenden, von den Wiesen herübergleitenden Nebeln mischte, hatte noch keiner von uns festen Schlaf gefunden.

Fröstelnd drängten wir uns näher zusammen.

Einer entfachte aus trockenen Reisern ein traurig flackerndes Feuer, das die übermüdeten Züge noch mehr bleichte und fratzenhaft verzerrte.

Als aber ein Schlaftrunkener hineingetaumelt war, wurden die Flammen ausgetreten.

Der östliche Halbring des Horizonts blutete im Feuer der aufgehenden Sonne. – Die Nachtwolken verbrannten im hellen Licht – uns durchschüttelte noch der eisige Atem des Morgennebels …

65. Kapitel
Im Krankenhaus

Unser erster Gang nach dieser Nacht war in die Penne, wo wir uns aufwärmen wollten. Wir knöpften die Jacken zu, bohrten die Hände in die Hosentaschen – uns ward nicht wärmer.

Einer von den wenigen, die noch nicht auf die Fahrt gestiegen, schwärmte vom Plattmachen.

„Ach“, machte ein anderer, „die schönste Platte is nischt. Irgend ’n Knacks kriegt man doch weg.“

Er redete uns zu, in die Teewinde (ins Krankenhaus) zu gehn. Wir hätten ganz gewiss Fieber. Er gehe auch in den Grützkasten, in die Teewinde. Seine Füße seien zu verbraucht. Stöhnend zog er seine Stiefel ab. – Die Zehen waren blutig, wund und geschwollen, die Gelenke dick.

„So sind unsere auch!“ Die andern zeigten ihre zerschundenen, wundgeriebenen Füße – wie ich sie jeden Morgen, jeden Abend gesehen. Selten hatte weniger als die Hälfte der Kunden offene Füße. Sie legten ihre schmutzstarrenden Fußlappen herum und zogen mit Ach und „Ä–eh!“ die harten, brüchigen Stiefel drüber. Einer zeigte ein rotes Knie, von dem er sich die Haut fortgescheuert. Es sah schon ganz brandig aus. – „Ich, ich gehe noch nicht in den Grützkasten", meinte er. „So lange wie's geht, wird getippelt."

Die andern stimmten ihm zu. Ja, man gehe doch erst hinein, wenn gar nichts mehr mit einem los sei. Wenn's auch dort 'ne feine Pickelei und manchmal sogar Wein gebe, damit man kräftiger werde – man werde doch erst aufgenommen, wenn man ganz hin sei. Dann könne man sich ja allerdings erholen.

Ja, unter den jungen Ärzten gebe es wohl manche, die einen armen Tippelbruder aus Mitleid aufnehmen, wenn er auch nicht schwerkrank sei – aber die älteren seien doch meist verflucht abweisend.

Gegen Abend packte mehrere das Fieber so schwer, dass die Kunden mitleidig ausriefen:

„Seht ihr aber schlecht aus!"

Einige wurden ohnmächtig. Da brachte uns derselbe Herbergsvater, der uns am Abend vorher hinausgejagt hatte, ins Krankenhaus.

Das Wohltuendste waren die reine Wäsche und die reinen Betten – und dass die Ärzte keinen Unterschied zwischen uns Kunden und den anderen Kranken machten. Ich weiß noch, wie ich im letzten Winter nur einmal das Hemd hatte wechseln können, als ich von einer Dame in einer Villa ein abgelegtes Nachthemd ihres Mannes bekam. Mein altes, zerfallendes Hemd verwendete ich zu Schnupftüchern und Fußlappen. Wie wurde ich von manchem beneidet, dass ich meine durchgelaufenen Füße in frische Lappen wickeln konnte, während sie ihre schweißigen, schwarzen Fetzen nehmen mussten …

Eines Nachmittags, als die andern Kranken von ihren Verwandten besucht wurden und wir Kunden einsam in unsern Betten lagen, erzählte mir ein Nachbar, um über die Verlassenheit hinwegzukommen, dass er einmal mit einem Irrsinnigen im Krankenhaus gelegen habe. Der wäre gänzlich verwildert aufgegriffen worden, mit langgewachsenem Haar und zerfetzten Kleidern. Erst hätten ihn die Ärzte und die Polizei für einen ganz abgefeimten Kunden gehalten. Dann habe er meinem Nachbar in einer Mondnacht erzählt, dass er immer verfolgt werde. Einst habe er bei einem Meister gearbeitet, dessen Frau dem untreu gewesen. Das habe er dem Meister gesagt. Aber anstatt dass dieser die Frau fortgejagt, habe er ihn furchtbar geschlagen und hinausgeworfen. Und von der Zeit an verfolge ihn der Meister. Überall, wo er gearbeitet, habe der Meister die Leute gegen ihn aufgehetzt. Und nicht allein das – auch auf der Landstraße und in den Wäldern habe er ihn verfolgt, und die Richter, vor die er wegen Landstreicherei gekommen, hätte der Meister beeinflusst, dass sie ihn schwer verurteilten. Und er wisse auch, dass der Arzt, der ihn jetzt behandle, auf Anstiften des Meisters ihn vergiften wolle. Ob er sich etwa was vorzuwerfen habe, dass er den Meister von der Untreue seiner Frau unterrichtet? Na, ein vernünftiger Mensch müsse doch überall auf Ordnung sehen.

Und ob mein Nachbar mit ihm entfliehen wolle? Der Arzt habe ganz gewiss so einen giftmischerischen Blick.

Da unterrichtete mein Nachbar die Ärzte, und der Irre wurde in eine Heilanstalt gebracht.

„Wie hieß er?“, fragte ich meinen Nachbar.

„Ach, wie war's doch – ja – Albert nannte er sich, Tischler war er …“

66. Kapitel
Keiner kam –

Ein sonniger Morgen. Die Sonnenstrahlen durchleuchteten die weißen Vorhänge des Krankensaals. Zwei Wärter brachten einen Bewusstlosen herein.

Sein verblichenes, eingefallenes Gesicht kam mir so bekannt vor.

Sie legten ihn mir gegenüber in die Reihe der Schwerkranken und wuschen seine Füße, von denen er sich die Haut abgelaufen. Mit allen Mitteln versuchten sie, ihn ins Leben zurückzurufen. Es gelang nicht.

Dann schrieben sie seinen Namen auf die schwarze Tafel über seinem Kopf – es war der Badenser.

Als die Ärzte am nächsten Morgen ihren Rundgang machten, war sein Kopf müde zur Seite gesunken, wie bei einer Blume, die kein Wasser bekommen und verwelken musste.

Die Wärter trugen seine Leiche hinaus. Keiner kam und erkundigte sich, wo er geblieben.

67. Kapitel
Der Mensch will leben –

In Mülheim an der Ruhr traf ich einen zwanzigjährigen Schlächtergesellen, der vor vier Wochen von Braunschweig fortgegangen war und nun nach Köln wollte. Ich ging mit ihm zusammen nach Duisburg. Unterwegs wurde ihm in der dichtbevölkerten Gegend allein dreimal Arbeit angeboten. Er nahm sie jedoch nicht an.

„So dumm!“, sagte er und schlug mit seinem Stahlstock an den Zäunen entlang. „Was ich mir vorgenommen habe, werde ich auch durchsetzen. In Köln finde ich auch noch was, im Winter haben wir immer viel zu tun."

Im nächsten Sommer wollte er nach Bayern, das allgemein als das Dorado der Wanderburschen gilt. Auch das rheinisch-westfälische Industrie- und Bergwerksgebiet wird bevorzugt, weil es wegen seiner dichten Bevölkerung viel Bettelgelegenheiten und Unterschlupfe bietet. Hier halten sich besonders viele von jenen auf, die eine fanatische Wanderlust haben. Ein Arbeitskollege erzählte mir von einem solchen, mit dem er zusammen in einer Werkstatt gearbeitet. Diesen hatte es bei dem ersten Frühlingssonnenstrahl davongetrieben. Er hatte zwei Tage lang von seinem Arbeitsschemel aus unruhig die Sonne beobachtet. Am dritten Tage ließ er Arbeit, rückständigen Lohn, Kleidung und Wäsche im Stich und machte sich, wie er ging und stand, auf die Walze.

In Hamburg lernte ich persönlich einen derartigen Menschen kennen. Ich war nachmittags in das Volksspeisehaus gegangen. Da es sehr gefüllt war – etwa 150 Männer saßen in dem schmucklosen, hallenartigen Raum an den langen Tischen –, so musste ich mir mit der Kaffeetasse in der Hand erst einen Platz suchen.

Ich fand nach längerem Suchen einen leeren Stuhl bei älteren Leuten. Mir gegenüber saß ein starkgebauter, etwas aufgedunsener Mann, der ab und zu seinen Tabak ausspie und neuen in den Mund schob. Ich suchte unauffällig mit ihm ein Gespräch, indem ich ihn nach seinem Gewerbe fragte.

„Ich bin Maschinenschlosser", meinte er.

Dann fragte ich ihn nach der Arbeitsaussicht in Hamburg.

„Hier ist jetzt, im Winter, für mich nichts los. Ich bleibe auch nicht mehr lange hier. Übermorgen werde ich mal nach Berlin schlurren."

Ich machte ihn darauf aufmerksam, dass dort jetzt wahrscheinlich auch sehr schwer Arbeit zu erhalten sei.

„Die will ich ja auch gar nicht!", meinte er lächelnd und stützte den Kopf auf die breiten Fäuste. „Ich habe hier bloß gearbeitet, weil man doch einen Ort haben muss, wo man ansässig ist. Meine Militärzeit habe ich hier abgemacht, darum komme ich hierher immer mal wieder zurück. Ich bin nun schon acht Jahre unterwegs. Ja, man gewöhnt sich schließlich daran. Wenn ich nicht bei meiner ersten Walze zu lange stellenlos gewesen wäre, machte ich mir vielleicht nichts daraus – aber jetzt geht's nu man immer so weiter!", sagte er fröhlich.

Schon vor Jahren hatte ich so einen Menschen gesehen, der mir im Gedächtnis geblieben war. Ich war als zwölfjähriger Schüler in den großen Ferien zu meiner Tante aufs Land geschickt worden. An einem heißen Nachmittag saß ich mit ihr in der Weinlaube vor dem Hauseingang. Plötzlich ging die kreischende Hoftür und im schleppenden Tritt kam jemand näher. Meine Tante schrak aus ihrem Druseln auf und sah sich den Eindringling an, der vor der Laube stehenblieb und um etwas Essen bettelte.

Meine Tante schalt:

„Warum gehen Sie nicht aufs Gut? Da ist genug Arbeit! Da können sie solche Leute, wie Sie sind, ganz gut zur Arbeit gebrauchen!"

Er sah vor sich nieder:

„Ja, ich würde ja auch ganz gern arbeiten – aber – ich halt's ja nicht mehr aus! Keine Woche halt' ich's aus! – Wenn man erst so verkommen und verlaust ist –"

Sie ging scheltend ins Haus, kam aber bald wieder und gab ihm ein Butterbrot.

Später kam ich oft mit solchen Menschen zusammen, denen die Landstraße zur Heimat geworden war.

Im Oderbruch begegnete ich einem Manne von siebzig Jahren, der schon vier Jahrzehnte die Landstraße „maß". Und in der Arbeiterkolonie Friedrichswille arbeitete ich mit vielen zusammen, die nicht fähig waren, sich an ein festes Heim zu gewöhnen.

In einem Düsseldorfer Gasthof konnte ich auch die nächtlichen Gewissensqualen eines alten Mannes beobachten. Ich hatte am Abend vorher mit ihm am Tische gesessen; er hatte drei oder vier Glas Bier getrunken und dabei Schimpfreden auf alles Mögliche geführt. In der Nacht erwachte ich von einem Geräusch. Bei dem verschleierten Mondschein, der kaum bis in unser Zimmer drang, das in einem engen Hofe zwischen alten Baracken lag, bemerkte ich erst nach längerem Hinstarren den Urheber davon: den Alten, der sich unruhig im Bett hin und her warf. Nach einer Weile fing er an zu brummen und zu stöhnen:

„So'n Leben, wär man doch erst tot – Lass doch man – Och du! – Rrreh – So 'n verfluchtes Hundeleben – Warum warste immer so? – Wäre ick doch erst verreckt!"

So ging das stundenlang …

Auch die leichtfertigen Landstreicher können nicht ihrem Gewissen entwandern.

Ich aber – ich war nun so weit, dass ich mich bei diesen Menschen heimisch fühlte – fern von Ehrgeiz – gleichgültig gegen die Zukunft – nur von einem Tage zum andern lebend, für die kleineren Bedürfnisse – immer bereit, mit offenen, scheinbar ehrlichen Augen zu schwindeln – nur um das Leben zu fristen. Frech jede Gelegenheit benutzend. Der Mensch will leben …

68. Kapitel
Schwere Freiheit

Als ich den Brief vom Vater erhielt, der mich zurückrief, war ich auf dem Wege zur Arbeiterkolonie. Ältere Kunden hatten mich gewarnt:

„In der Kolonie halten nur solche aus, die gar keine Willenskraft mehr haben. Da wird man erst ganz und gar zu Unmündigen, zu Kindern gemacht, das bissken Selbständigkeit geht einem bei der allzu großen, gefängnisartigen Fürsorge, der man in der Kolonie unterworfen wird, jänzlich verloren. Jene, die rauskommen, können draußen jar nich mehr fertig werden. Manche kommen ja von da aus wieder in gute Stellen. Aber die meisten taugen nichts mehr in der Freiheit. Sie verbringen ihr Erspartes – und eenes schönen Tages sind se wieder in der Kolonie. Allerdings gibt es ja 'ne Menge, die det jleichmäßige, sorgenlose, aber ooch einschläfernde Leben erstrebenswert finden – for eenen richtigen Mann is det nischt, nach Befehl uffzustehn, zu arbeeten, zu essen und zu schlafen – und ooch zu beten. Geld bekommen die Kolonisten nich in die Hände, alles besorgen die Beamten for se.

Solche Kerle sind janz runter, die nich mal mehr ihr Verdientes verlangen. Die sind janz kindisch."

Ich wollte aber trotzdem in die Kolonie – da traf mich der Brief.

Auf dem Rückweg nach Berlin komme ich auch in einen Heidegasthof. Draußen, im Winde, steht der Wirt in Hemdärmeln und schaut den Weg hinunter, dessen ausgefahrene Geleise sich hinter eine Bodenwelle verlieren. Auf der nächsten Bodenwelle scheinen die Geleise wieder aufzutauchen; doch sind sie zwischen der verdorrten Erika nicht genau zu erkennen.

Am gelblichgrauen Himmel jagt der Wind dunkle, schwere Wolken herauf. Die dürren, geweißten Obstbäume, die jenseits des Weges hinter einer entblätterten Hecke stehen, ächzen, sie beugen sich unter der Wucht des Windes, der über die Erdwellen fegt und alles biegt, nur den Wirt nicht, der fest und aufgerichtet in die Ferne schaut.

Seine starren, störrischen Augenbrauen ziehen sich zusammen über den kleinen, dunkelgrauen Augen. Die sehnigen, verarbeiteten Hände fahren ungeduldig in dem struppigen braunen Haar hin und her. Jäh wendet er sich zum Haus zurück und kommt mit großen harten Schritten ins Gastzimmer; seine Holzschuhe klappen auf dem roten Ziegelboden. Mit einem Fluch lässt er sich auf die hellgelbe Holzbank fallen. Die knochigen Arme stützt er auf den Tisch und starrt vor sich hin, ab und zu mich, sein Gegenüber, mit einem Blick streifend.

Nach einigen Minuten wird die weiße Tür im Hintergrunde geöffnet, und eine eckige dunkle Frau in hellblauem Kattunkleid schaut fragend herein.

„Willst du mich auch ärgern!", knurrt der Mann. „Es ist noch nichts zu sehen!", schreit er plötzlich zornig auf. „Mach', dass du hinauskommst!"

Die Frau zieht den Kopf zurück und schließt die Tür.

Er spuckt wütend aus. Dann starrt er wieder vor sich hin. Draußen jagt der Wind immer mehr Wolken herauf, die schwer drückend auf den Erdwellen des Heidemeers liegen bleiben.

Mit einem Male sieht der Wirt erstaunt auf. Er lächelt.

„Ja, manchmal vergeht einem hier die Geduld ... Da sitzt man und wartet auf Gäste, zu tun gibt's jetzt auch nichts, in dieser Einsiedelei vergeht einem schließlich dazu die Lust ..." Er wird wieder zornig und droht nach der weißen Tür: „Die Hexe! ... Wenn ich das gewusst hätte! ...

Aber wenn man als arbeitsloser Handwerksbursche ein Unterkommen findet … Hi, Hi! Sie wusste ganz gut, warum sie auf einmal so viel zu mauern hatte an der alten Baracke! … Als ich erst ihr Mann war, da war sie ja nicht mehr einsam … Aber ich bin nun hier in die tote Ecke geweht! – Und man kommt nicht weg, man kommt nicht weg! … Sie rückt keinen Pfennig heraus … Am Haus hängt man auch, weil man so viel daran geschafft hat … Aber ich möchte wohl wissen, wie's in den Städten aussieht, mit dem elektrischen Licht, den schnellfahrenden Straßenbahnen und dem Asphaltpflaster."

Etwas Sinnendes, Weiches zieht in sein Auge, sein Nacken bleibt steif.

Ich hatte ihm viel erzählen müssen von den großen Städten, von der wirklichen Welt, wie er meinte.

Wohl eine Stunde habe ich erzählt, während er vor sich hin nickte.

Der tosende Sturm verjagt wieder die über der Heide angehäuften Wolken. Sonnige Helle zittert über dem Heidekraut und durch die nackten Zweige der Obstbäume, von denen der Wind die letzten Blätter zaust und sie über die Hecke wirbelt, sie über das graubraune Heidekraut weht.

Der Wirt zeigt wieder die alte Unruhe. Plötzlich springt er auf und reißt den einen Flügel des quadratförmigen Fensters auf.

Der Wind schlägt dem Hinausschauenden die langen Haarsträhnen ins Gesicht, doch er sieht fröhlich aus.

„Jetzt werden wir wieder einen Gast bekommen!", sagt er, indem er sich mir halb zuwendet.

Bald höre ich den Tritt eines Mannes auf dem festen Boden des Heideweges. Jetzt taucht er vor dem Hause auf.

Es ist ein hochgewachsener, schlanker, blonder Mann, der auf seinem Rücken eine neue Reisetasche trägt.

Freundlich grüßend will er vorüberschreiten, doch der Wirt ruft ihn an: „Na, wie ist's? – Eine Viertelstunde Rast?!"

Der andere zögert, er errötet über das ganze glattrasierte Gesicht. Dann kommt er mit kleinen Schritten herein.

Der Wirt ist gleich bei ihm, nimmt ihm seine Reisetasche ab und nötigt ihn zum Sitzen.

Der Blonde, ein einfacher, sauber gekleideter Mensch in den dreißiger Jahren, bestellt sich eine Flasche Bier.

„Ein Schnäpschen auch?", lächelt der Wirt.

Der Blonde wehrt ab: „Nein, nein! Keinen Fusel!"

Der Wirt setzt sich zu ihm und wird gesprächig. Der Blonde trinkt, ohne dass er's beim Plaudern merkt, die erste Flasche rasch aus. Unter seinen Augen und auf seiner Stirn zeigen sich rote Flecke.

Der Wirt bringt die zweite Flasche. Jetzt spricht auch der Blonde; in gesuchter Weise, glatt und fließend erzählt er: „Nun, ich will vor Ihnen keine Geheimnisse haben. Sie wissen es ja jedenfalls auch, dass ich aus der Arbeiterkolonie komme."

Er lächelt und hebt sein dunkelgrünes Glas mit vornehmer Handbewegung nach mir hin.

„Dahin kann der beste Mensch kommen", sagt er, indem er sich mit seinem gelben Taschentuch den Schaum von den Lippen wischt: „Ich hätte auch gelacht, wenn man mir, als ich noch studierte, gesagt hätte, dass ich einst in die Arbeiterkolonie kommen würde ... Ja, ja! Ich habe studiert! Theologie sogar ... Dann kam ich als Hauslehrer zu einem großen Bergwerksbesitzer ... Wie das aber heiterer Brauch in den Musenstädten ist, ich war auch bei einer Burschenschaft gewesen und hatte stets fröhlich gelebt ... Das gab's auf dem Bergwerk nicht.

Schließlich aber – warum soll ich nicht die Geschichte erzählen?

Da hatte ich mit der älteren Schwester meines Schülers ein kleines Verhältnis … Und wissen Sie, warum sie mir ihre Gunst zuwandte? Weil ihr Vater geizig war und ich ihr hier und da kleine Schmucksachen verehrte, die ich von meiner Mutter geerbt hatte. Als ich keine mehr besaß, wollte sie mehr …

Ich verschaffte mir das Geld dazu.

Einige Wochen später wurde ich verhaftet, weil ich den Bergwerksbesitzer bestohlen hatte …

Nachdem ich meine Strafe verbüßt, bekam ich keine Stellung mehr. Mit mehreren Landstreichern, die ich im Gefängnis kennengelernt, ging ich auf die Wanderschaft. Das gefiel mir. Ich wollte es nicht wieder lassen, aber sie lockten mich in die Arbeiterkolonie. Da habe ich Tischlerei gelernt, und nun will ich arbeiten und mir endlich einen Hausstand gründen.

Ein kleines Weibchen zu haben …"

„Prosit!", sagt er und erhebt sein Glas; „einen Ganzen."

Mit einem Zug stürzt er den Inhalt hinunter und stellt das Gefäß mit einem Ruck dem Wirt hin.

Der lächelt und fragt: „Auch ein Schnäpschen?"

„Auch ein Schnäpschen!", nickt der Blonde.

Die Nacht kommt mit breitem Mantel über die Heide.

Über unserm Tisch brennt eine Hängelampe, auf die der Wirt eine zerbrochene Milchglasglocke gestülpt hat. Ihr Schein fällt aus dem Fenster über den Weg; ein Obstbaum, den die Strahlen treffen, leuchtet gespenstisch auf.

Der Kopf des Blonden, der mir noch gegenüber sitzt, glüht, seine Augen sind geschwollen. Vor ihm steht eine geleerte Weinflasche. Der Wirt pries sie ihm an als etwas Vornehmes; er müsse doch den ersten Tag seiner Freiheit feiern. Das neue Leben wäre doch eine Flasche Wein wert.

Jetzt will der Blonde sein Nachtlager aufsuchen. Er steht taumelnd auf und streift seine Ärmel hoch.

„Hab' ich nicht Muskeln zum Arbeiten?", lallt er und schlenkert mit den schlaffen dünnen Armen.

Der Wirt will erst die Zeche bezahlt haben, ehe er ihm ein Nachtlager gibt.

Der Blonde taumelt hin und her: „Ich kann … doch … arbeiten!"

Er zieht eine gelbe Ledertasche hervor, die er an einer Schnur um den Hals trägt.

Einzeln zählt er dem Wirt das Geld auf. Der wird ungeduldig, als der Blonde immer wieder lallt: „… Und … dann … kann ich … arbeiten … und … hei… heiraten …"

Schließlich nimmt der Wirt dem Blonden die Geldtasche fort und schüttet sie aus. Der sieht erstaunt zu, als der Wirt das Geld zählt. Plötzlich schreit der Wirt wütend auf: „Ha! Das Geld reicht ja nicht mal für deine Sauferei! Nun soll ich dir noch Nachtlager geben?!"

Er packt den Blonden an der Hüfte und schüttelt ihn. Der torkelt und will sich am Tisch halten, während er mit der Linken seine Reisetasche umhängt.

Der Wirt reißt ihm die Tasche fort: „So, für die Zeche." Dann schiebt er den Taumelnden mit starken Armen durch den Flur hinaus in die Dunkelheit. Die Tür wirft er hinter ihm zu, dass das Haus zittert und die Türklingel lange schellt.

„So'n Kerl!", schimpft er, als er mit vor Zorn blassen Lippen wieder im Zimmer steht. „Erst stecken sie ihn aus Mitleid in die Kolonie, um einen ordentlichen Menschen aus ihm zu machen. Kaum ist er 'raus, versäuft er die paar Spargroschen. So'n Hund! Säuft und kann mich nicht mal bezahlen! Der bleibt doch immer ein Landstreicher."

Draußen im Lichtschein taumelt der Blonde am Fenster vorüber. Zornlos, mit stieren Augen, starrt er herein. –

69. Kapitel
Freude und Neid

In der Herberge zu L. – „So, du sollst nach Hause kommen?“, fragen mich ein paar Kunden, „und das Geschäft deines Vaters weiter führen?“

Sie schweigen und starren in ihre Gläser.

Eben hatten sie mir erzählt, dass sie so weit herunter waren, dass sie als Kohlenzieher auf einem großen Ozeandampfer gegangen. In New York hätten sie entfliehen wollen; aber es sei ihnen nicht geglückt, und sie mussten in der verzehrenden Glut des Heizraumes weiter Kohlen karren – sie, die Schriftsetzer. Der eine zeigte, wie ihm die Haare seitdem ausfielen.

„Ja – na, wir müssen ja noch weiter“, meinten sie wehmütig.

Sie wurden munterer und lustig, als sie hier, in der sozialdemokratischen Penne, ihre Fachzeitschriften lesen konnten, und gingen ins Hinterzimmer, wo die Wirtin auf dem schwarzledernen Sofa saß und nähte, mit ihnen sprach und die Gäste, Agenten, Werkführer und Arbeiter mit ihnen wie mit ihresgleichen plauderten.

Nur als ich zum Bahnhof ging, kamen sie ans Fenster und sahen mir mit großen Augen nach, voll Freude, dass es einem von ihnen, den Kunden, wieder gut gehe, ein bisschen voll Neid – und voll Gram –

70. Kapitel
Zu Hause

Zu Hause …

Durch meine zerrissenen Sohlen fühle ich den weichen Teppich. Die wohlige Wärme des Familienzimmers umfängt mich mit ihrem Duft kräftiger Speisen und gepflegter Blumen, mit dem durch schwere Vorhänge gedämpften Morgenlicht.

Ich wage es nicht, meinen zerbeulten Hut hier hinzulegen, mich auf einen der weichen Sessel zu werfen.

Ist das wirklich mein Heimathaus – meins – ? –

Ein tastender Schritt klang vom Nebenzimmer herein. Ich sah, wie dort sich jemand näherte – mit der einen Hand auf den Tisch gestützt – der Vater – mein Vater …

Mit suchendem Blick starrte er mich an.

Auch ich erkannte ihn nur schwer wieder; wie fremd, wie unbekannt war mir dies Gesicht mit den schlaffen Backen und müden Augen.

Da versagten ihm die Füße. Er stemmte sich mit dem Rücken gegen den Tisch und blickte mir mit geöffnetem Munde entgegen. Er wollte wohl etwas Herzliches, Tieferfreuend-Versöhnendes sagen.

Aber er konnte keinen Laut hervorbringen.

Mir war es nicht möglich, mich von der Stelle zu bewegen – still blieb ich in dem ersten Zimmer und senkte den Kopf. –

Endlich hörte ich ein heiseres Gurgeln. Ich schaute hin zu ihm. Er wendete sich ab von mir; über sein Gesicht lief ein lichter Tropfen. – „Wie kannst du mir solchen Kummer machen?“, fragte er leise … „Warum muss man auch so hart sein?

„Geh in dein Zimmer – zieh’ dich um“, fügte er hinzu, gebrochen, rau, mit der schlaff herabhängenden Rechten matt winkend …

In neuen Kleidern, gereinigt und erfrischt, saß ich zum ersten Mal nach achtzehn Monaten mit meinem Vater am Esstisch. Er sprach von Einkäufen und Verkäufen, von Konkursen und Neugründungen – von neuen Mustern, Einsendungen und Agenturen.

Ich verstand ihn nicht sofort. „Wie meinste jleich?“, fragte ich, und er schrie mich an:

„Junge! So pass doch auf, wenn ich mit dir spreche! … Und was für eine gemeine Aussprache hast du denn jetzt? – Na, das kann ja schön mit dir werden. Das kann ja schön werden!“

Wie lockte da wieder die Straße – wo niemand was von mir verlangte …

In Verwirrung schob ich das Fleisch mit dem Messer in den Mund, wie ich es oft mit Wurst und Speck auf der Landstraße gemacht hatte.

„Aber, Junge! So iss doch, wie es sich gehört!“, mahnte der Vater …

Und dann kam unsere Kusine – Trude, die mit dem Bankdirektor verheiratet ist – ihre zwei Schwestern und auch Freundinnen. Sie berichteten über die neuesten Verlobungen, Bälle, Hochzeiten, Theaterbesuche, Ausstellungen, Wohltätigkeitsfeste.

Und ich saß schweigend – dachte an Pennen – Blankhüte – linke Winde –

Mit Gewalt zwang ich mich, ihnen zuzuhören.

Sie wussten es fein zu übergehen – mein Fortsein während der achtzehn Monate – mit der unausgesprochenen Verachtung, die in einem solchen Übergehen liegt. – So etwa, wie man zu einem genesenen Geisteskranken spricht, so unterhielten sie sich mit mir.

Nach mehreren Stunden fragte mich Trude nach den Tippelschicksen.

Ich erzählte, dass ich in L. mit der blonden Jette hatte gehen sollen und wie die Schnapsmüllern hinter dem Verschlag dicht neben den Kunden und Schicksen mit dem Pucklinski sich abgegeben.

Trude winkte mir mit den Augen.

Die jungen Mädchen zogen sich in das nächste Zimmer zurück, ganz voll Entrüstung.

„Aber warum gehen sie? Warum?", fragte ich.

Da sagte Trude mit ihrem alten liebkosenden Klang, in den sie etwas Bedauern und Tadel mischte:

„Du bist doch noch ein rechter – alter Stromer!"[38]

Da lockte die Straße wieder.

Wie oft lockte sie. Aber ich wanderte nur noch im Traum.

Ich wanderte nicht mehr.

---

38 Hier endete die Erstausgabe von 1900. Der Ausgabe von 1928 wurden die darauf folgenden Sätze hinzugefügt.

Inhalt

Taschenbuch, 52 S.	3,99 EUR	ISBN 978-3-945831-09-0
E-Book	2,99 EUR	ISBN 978-3-945831-10-6

Taschenbuch, 387 S. 14,90 EUR ISBN 978-3-945831-05-2

E-Book 2,99 EUR ISBN 978-3-945831-04-5

Taschenbuch, 483 S.	17,90 EUR	ISBN 978-3-945831-07-6
E-Book	4,99 EUR	ISBN 978-3-945831-08-3